北齊 魏 收 撰

魏書

第 八 册

卷一〇八至卷一一四(志)

中 華 書 局

魏書卷一百八之一

禮志四之一第十

夫在天莫明於日月，在人莫明於禮儀。先王以安上治民，用成風化，苟或失之，斯亡云及。聖者因人有尊敬哀思嗜慾喜怒之情，而制以上下隆殺長幼衆寡之節，本於人心，會於神道，故使三才惟穆，百姓允諧。而淳澆世殊，質文異設，損益相仍，隨時作範。秦滅儒經，漢承其弊，三代之禮，蓋如綫焉。劉氏中興，頗率周典，魏晉之世，抑有可知。

自永嘉擾攘，神州蕪穢，禮壞樂崩，人神殲殄。太祖南定燕趙，日不暇給，仍世征伐，務恢疆宇。雖馬上治之，未遑制作，至於經國軌儀，互舉其大，但事多粗略，且兼闕遺。高祖稽古，率由舊則，斟酌前王，擇其令典，朝章國範，煥乎復振。早年厭世，叡慮未從，不爾，劉馬之迹夫何足數！世宗優遊在上，致意玄門，儒業文風，顧有未洽，墜禮淪聲，因之而往。肅宗已降，魏道衰羸，太和之風，仍世凋落，以至於海內傾圮，綱紀泯然。嗚呼！魯秉周禮，國以克固；齊臣撤器，降人折謀。治身不得以造次忘，治國庸可而須臾忽也。初自皇始，迄於武定，朝廷典禮之迹，故總而錄之。

太祖登國元年，卽代王位於牛川，西向設祭，告天成禮。

天興元年，定都平城，卽皇帝位，立壇兆告祭天地。祝曰：「皇帝臣珪敢用玄牡，昭告于皇天后土之靈。上天降命，乃眷我祖宗，世王幽都。珪以不德，纂戎前緒，思寧黎元，龔行天罰。殪劉顯，屠衞辰，平慕容，定中夏。羣下勸進，謂宜正位居尊，以副天人之望。珪以天時人謀，不可久替，謹命禮官，擇吉日受皇帝璽綬。惟神祇其丕祚於魏室，永綏四方。」事畢，詔有司定行次，正服色。羣臣奏以國家繼黃帝之後，宜爲土德，故神獸如牛，牛土畜，又黃星顯曜，其符也。於是始從土德，數用五，服尚黃，犧牲用白。祀天之禮用周典，以夏四月親祀于西郊，徽幟有加焉。

二年正月，帝親祀上帝于南郊，以始祖神元皇帝配。爲壇通四陛，爲壝埒三重。天位在其上，南面，神元西面。五精帝在壇內，壝內四帝，各於其方，一帝在未。日月五星、二十八宿、天一、太一、北斗、司中、司命、司祿、司民在中壝內，各因其方。其餘從食者合一千餘神，餟在外壝內。藉用藁秸，玉用四珪，幣用束帛，牲用黝犢，〔一〕器用陶匏。上帝、神元用犢各一，五方帝共用犢一，日月等共用牛一。祭畢，燎牲體左於壇南巳地，從陽之義。其瘞地壇兆，制同南郊。明年正月辛酉，郊天。癸亥，瘞地於北郊，以神元竇皇后配。五岳名山在中壝內，四瀆大川於外壝內。后土、神元后，牲共用玄牡一，〔二〕玉用兩珪，幣用束帛，五岳等用牛一。祭畢，瘞牲體右於壇之北亥地，從陰也。乙丑，赦京師畿內五歲刑以下。其後，冬至祭上帝于圓丘，夏至祭地于方澤，用牲幣之屬，與二郊同。

冬十月，平文、昭成、獻明廟成。歲五祭，用二至、二分、臘，牲用太牢，常遣宗正兼太尉率祀官侍祀。置太社、太稷、帝社於宗廟之右，爲方壇四陛。祀以二月、八月，用戊，皆太牢。句龍配社，周棄配稷，皆有司侍祀。立祖神，常以正月上未，設藉於端門內，祭牲用羊、豕、犬各一。又立神元、思帝、平文、昭成、獻明五帝廟於宮中，歲四祭，用正、冬、臘、九月，牲用馬、牛各一，太祖親祀。宮中立星神，一歲一祭，常以十二月，用馬薦各一，〔三〕牛豕各二，雞一。

太祖初，有兩彗星見，劉后使占者占之，曰：「祈之則當掃定天下。」后從之，故立其祀。又立□□神十二，歲一祭，常以十一月，各用牛一、雞三。又立王神四，歲二祭，常以八月、十月，各用羊一。又置獻明以上所立天神四十所，歲二祭，亦以八月、十月。神尊者以馬，次以牛，小以羊，皆女巫行事。又於雲中及盛樂神元舊都祀神元以下七帝，歲三祭，正、冬、臘，用馬牛各一，祀官侍祀。明年春，帝始躬耕籍田，祭先農，用羊一。祀日於東郊，用騂牛一。秋分祭月於西郊，用白羊一。

天賜二年夏四月，復祀天于西郊，爲方壇一，置木主七於上。東爲二陛，無等；周垣四門，門各依其方色爲名。牲用白犢、黄駒、白羊各一。祭之日，帝御大駕，百官及賓國諸部大人畢從至郊所。帝立青門内近南壇西，内朝臣皆位於帝北，外朝臣及大人咸位於青門之外，后率六宫從黑門入，列於青門内近北，並西面。廩犧令掌牲，陳於壇前。女巫執鼓，立於陛之東，西面。選帝之十族子弟七人執酒，在巫南，西面北上。女巫升壇，搖鼓。帝拜，后肅拜，〔四〕百官内外盡拜。祀訖，復拜。拜訖，乃殺牲。執酒七人西向，以酒灑天神主，復拜，如此者七。禮畢而返。自是之後，歲一祭。

太宗永興三年三月，帝禱于武周車輪二山。初清河王紹有寵於太祖，性凶悍，帝每以義責之，弗從。帝懼其變，乃於山上祈福於天地神祇。及卽位壇兆，後因以爲常祀，歲一祭，牲用牛，帝皆親之，無常日。

明年，立太祖廟于白登山。歲一祭，具太牢，帝親之，亦無常月。兼祀皇天上帝，以山神配，旱則禱之，多有效。是歲，詔郡國於太祖巡幸行宫之所，各立壇，祭以太牢，歲一祭，皆牧守侍祀。又立太祖别廟於宫中，歲四祭，用牛馬羊各一。又加置天日月之神及諸小神二十八所於宫内，歲二祭，各用羊一。後二年，於白登西，太祖舊遊之處，立昭成、獻明、太祖廟，常以九月、十月之交，帝親祭，牲用馬、牛、羊，及親行貙劉之禮。別置天神等二十三於廟左右，其神大者以馬，小者以羊。華陰公主，帝姊也，元紹之爲逆，有保護功，故別立其廟於太祖廟垣後，因祭薦焉。又於雲中、盛樂、金陵三所，各立太廟，四時祀官侍祀。

泰常三年，爲五精帝兆於四郊，遠近依五行數。各爲方壇四陛，埒壝三重，通四門。以太皞等及諸佐隨配。侑祭黃帝，常以立秋前十八日。餘四帝，各以四立之日。牲各用牛一，有司主之。又六宗、靈星、風伯、雨師、司民、司祿、先農之壇，皆有別兆，祭有常日，牲用少牢。立春之日，遣有司迎春於東郊，祭用酒、脯、棗、栗，無牲幣。又立五岳四瀆廟於桑乾水之陰，春秋遣有司祭，有牲及幣。四瀆唯以牲牢，準古望秩云。其餘山川及海若諸神在州郡者，合三百二十四所，每歲十月，遣祀官詣州鎭遍祀。有水旱災厲，則牧守各隨其界內祈謁，其祭皆用牲。王畿內諸山川，皆列祀次祭，若有水旱則禱之。〔五〕

明年八月，帝嘗於白登廟，將薦熟，有神異焉。太廟博士許鍾上言曰：「臣聞聖人能饗帝，孝子能饗親。伏惟陛下孝誠之至，通於神明。近嘗於太祖廟，有車騎聲，從北門入，殷殷轞轞，震動門闕，執事者無不肅慄。斯乃國祚永隆之兆，宜告天下，使咸知聖德之深遠。」

辛未，幸代，至雁門關，望祀恒岳。後二年九月，幸橋山，遣有司祀黃帝、唐堯廟。明年正月，南巡恒岳，祀以太牢。幸洛陽，〔六〕遣使以太牢祀嵩高、華岳。還登太行。五月，至自洛陽，諸所過山川，羣祀之。後三年二月，祀孔子於國學，以顏淵配。

神䴥二年，〔七〕帝將征蠕蠕，省郊祀儀。四月，以小駕祭天神，畢，帝遂親戎。大捷而還，歸格於祖禰，徧告羣神。

九月，立密皇太后廟於鄴，后之舊鄉也。置祀官太常博士、齋郎三十餘人，侍祀，歲五祭。

太延元年，立廟於恒岳、華岳、嵩岳上，〔八〕各置侍祀九十人，歲時祈禱水旱。其春秋泮涸，遣官率刺史祭以牲牢，有玉幣。

魏先之居幽都也，鑿石爲祖宗之廟於烏洛侯國西北。自後南遷，其地隔遠。眞君中，烏洛侯國遣使朝獻，云石廟如故，民常祈請，有神驗焉。其歲，遣中書侍郎李敞詣石室，告祭天地，以皇祖先妣配。祝曰：「天子燾謹遣敞等用駿足、一元大武敢昭告于皇天之靈。自啓闢之初，祐我皇祖，于彼土田。歷載億年，聿來南遷。惟祖惟父，光宅中原。克翦凶醜，拓定四邊。冲人纂業，德聲弗彰。豈謂幽遐，稽首來王。具知舊廟，弗毁弗亡。悠悠之懷，希仰餘光。王業之興，起自皇祖。綿綿瓜瓞，時惟多祜。敢以丕功，配饗于天。子子孫孫，福祿永延。」敞等既祭，斬樺木立之，以置牲體而還。後所立樺木生長成林，其民益神奉之。

咸謂魏國感靈祇之應也。石室南距代京可四千餘里。

明年六月，司徒崔浩奏議：「神祀多不經，案祀典所宜祀，凡五十七所，餘復重及小神，請皆罷之。」奏可。

十一年十一月，世祖南征，逕恒山，祀以太牢。浮河、濟，祀以少牢。過岱宗，祀以太牢。至魯，以太牢祭孔子。遂臨江，登瓜步而還。

文成皇帝卽位，二年正月，遣有司詣華岳修廟立碑。〔九〕數十人在山上，聞虛中若有音聲，〔一〇〕聲中稱萬歲云。

和平元年正月，帝東巡。歷橋山，祀黃帝；幸遼西，望祀醫無閭山。遂緣海西南，幸冀州，北至中山，過恒岳，禮其神而返。明年，帝南巡，過石門，遣使者用玉璧牲牢，禮恒岳。四月旱，下詔州郡，於其界內神無大小，悉灑掃薦以酒脯。年登之後，各隨本秩，祭以牲牢。至是，羣祀先廢者皆復之。

顯祖皇興二年，以青徐旣平，遣中書令兼太常高允奉玉幣祀於東岳，以太牢祀孔子。

高祖延興二年，有司奏天地五郊、社稷已下及諸神，合一千七十五所，歲用牲七萬五千五百。顯祖深愍生命，乃詔曰：「朕承天事神，以育羣品，而咸秩處廣，用牲甚衆。夫神聰明正直，享德與信，何必在牲。易曰：『東隣殺牛，不如西隣之禴祭，實受其福。』苟誠感有著，雖行潦菜羹，可以致大嘏，何必多殺，然後獲祉福哉！其命有司，非郊天地、宗廟、社稷之祀，皆無用牲。」於是羣祀悉用酒脯。

先是，長安牧守常有事於周文、武廟。四年，坎地埋牲，廟玉發見。四月，詔東陽王丕祭文、武二廟。以廟玉露見，若卽而埋之，或恐愚民將爲盜竊，敕近司收之府藏。

六月，顯祖以西郊舊事，歲增木主七，易世則更兆，其事無益於神明。初革前儀，定置主七，立碑於郊所。

太和二年，旱。帝親祈皇天、日月五星於苑中，祭之夕大雨，遂赦京師。

三年，上祈於北苑，又禱星於苑中。

六年十一月，將親祀七廟，詔有司依禮具儀。於是羣官議曰：「昔有虞親虔，祖考來格；殷宗躬謁，介福逌降。大魏七廟之祭，依先朝舊事，多不親謁。今陛下孝誠發中，思親祀事，稽合古王禮之常典。臣等謹案舊章，并採漢魏故事，撰祭服冠屨牲牢之具，罍洗簠簋俎豆之器，百官助祭位次，樂官節奏之引，升降進退之法，別集爲親拜之儀。」制可。於是上乃親祭。其後四時常祀，皆親之。

十年四月，帝初以法服御輦，祀於西郊。

十二年閏九月，帝親築圓丘於南郊。〔一〕

十三年正月，帝以大駕有事於圓丘。五月庚戌，車駕有事於方澤。壬戌，高祖臨皇信堂，引見羣臣。詔曰：「禮記祭法稱：『有虞氏禘黃帝。』大傳曰『禘其祖之所自出』，又稱『不王不禘』。論曰：『禘自既灌。』詩頌：『長發，大禘。』爾雅曰：『禘，大祭也。』夏殷四時祭：礿、禘、烝、嘗，周改禘爲礿。〔二〕祭義稱『春禘、秋嘗』，〔三〕亦夏殷祭也。王制稱：『犆礿、祫禘、祫嘗、祫烝。』其禮傳之文如此。鄭玄解禘，天子祭圓丘曰禘，祭宗廟大祭亦曰禘。三年一祫，五年一禘。祫則合羣毀廟之主於太廟，合而祭之。禘則增及百官配食者，審諦而祭之。天子先禘祫而後時祭，諸侯先時祭而後禘祫。魯禮，三年喪畢而祫，明年而禘。圓丘、宗廟大祭俱稱禘，祭有兩禘明也。王肅解禘祫，稱天子諸侯皆禘於宗廟，非祭天之祭。郊祀后稷，不稱禘，宗廟稱禘。禘、祫一名也，合而祭之故稱祫，審諦之故稱禘，非兩祭之名。三年一祫，五年一禘，總而互舉之，故稱五年再殷祭，不言一禘一祫，斷可知矣。禮文大略，諸儒之說，盡具於此。卿等便可議其是非。」

尚書游明根、左丞郭祚、中書侍郎封琳、著作郎崔光等對曰：「鄭氏之義，禘者大祭之名。大祭圓丘謂之禘者，審諦五精星辰也；大祭宗廟謂之禘者，審諦其昭穆。圓丘常合不言祫，宗廟時合故言祫。斯則宗廟祫禘並行，圓丘一禘而已。宜於宗廟俱行禘祫之禮。二禮異，故名殊。依禮，春廢犆礿，於嘗於蒸則祫，不於三時皆行禘祫之禮。」〔一四〕中書監高閭、儀曹令李韶、中書侍郎高遵等十三人對稱：「禘祭圓丘之禘與鄭義同，其宗廟禘祫之祭與王義同。與鄭義同者，以爲有虞禘黃帝，黃帝非虞在廟之帝，不在廟，非圓丘而何？又大傳稱祖其所自出之祖，又非在廟之文。論稱『禘自既灌』，事似據。〔一五〕爾雅稱『禘，大祭也』。頌『長發，大禘也』，殷王之祭。斯皆非諸侯之禮，諸侯無禘。禮唯夏殷，夏祭稱禘，又非宗廟之禘。魯行天子之儀，不敢專行圓丘之禘，改殷之禘，取其禘名於宗廟，因先有祫，遂生兩名。據王氏之義，祫而禘祭之，故言禘祫，總謂再殷祭，明不異也。禘祫一名也。其禘祫止於一時，止於一時者，祭不欲數，數則黷。一歲而三禘，愚以爲過數。」

帝曰：「尚書、中書等，據二家之義，論禘祫詳矣。然於行事取衷，猶有未允。監等以禘祫爲名，義同王氏，禘祭圓丘，事與鄭同。無所間然。尚書等與鄭氏同，兩名兩祭，並存並用，理有未稱。俱據二義，一時禘祫，而闕二時之禘，事有難從。夫先王制禮，內緣人子之情，外協尊卑之序。故天子七廟，諸侯五廟，大夫三廟，數盡則毀，藏主於太祖之廟，三年而祫祭之。世盡則毁，以示有終之義；三年而祫，以申追遠之情。禘祫既是一祭，分而兩之，事無所據。毁廟三年一祫，又有不盡四時，於禮爲闕。七廟四時常祭，祫則三年一祭，而又不究四時，於情爲簡。王以禘祫爲一祭，王義爲長。鄭以圓丘爲禘，與宗廟大祭同名，義亦爲當。今互取鄭、王二義。禘祫并爲一名，從王；禘是祭圓丘大祭之名，上下同用，從鄭。若以數則黷，五年一禘，改祫從禘。五年一禘，則四時盡禘，以稱今情。禘則依禮文，先禘而後時祭。便卽施行，著之於令，永爲世法。」

高閭曰：〔一六〕「書稱：『肆類于上帝，禋于六宗。』六宗之祀，禮無明文，名位壇兆，歷代所疑。漢魏及晉諸儒異說，或稱天地四時，或稱六者之間，或稱易之六子，或稱風雷之類，或稱星辰之屬，或曰世代所宗，或云宗廟所尙，或曰社稷五祀，凡有十一家。自晉已來，逮于聖世，以爲論者雖多，皆有所闕，莫能評究。遂相因承，別立六宗之兆，總爲一位而祭之。比敕臣等評議取衷，附之祀典。臣等承旨，披究往說，各有其理。較而論之，長短互有，若偏用一家，事或差舛。衆疑則從多，今惑則仍古。請依先別處六宗之兆，總爲一祀而祭之。」帝曰：「詳定朝令，祀爲事首，以疑從疑，何所取正？昔石渠、虎閣之議，皆準類以引義，原事以證情，故能通百家之要，定累世之疑。況今有文可據，有本可推，而不評而定之，其致安在？朕躬覽尚書之文，稱『肆類上帝，禋於六宗』，文相連屬，理似一事。上帝稱肆而無禋，六宗言禋而不別其名。以此推之，上帝、六宗當是一時之祀，非別祭之名。肆類非獨祭之目，焚煙非他祀之用。六宗者，必是天皇大帝及五帝之神明矣。禋是祭帝之事，故稱禋以關其他，故稱六以證之。然則肆類上帝，禋于六宗，一祭也，互舉以成之。今祭圓丘，五帝在焉，其牲幣俱禋，故稱肆類上帝，禋于六宗。一祭而六祀備焉。六祭旣備，無煩復別立六宗之位。便可依此附令，永爲定法。」

十四年八月詔曰：「丘澤初志，〔一七〕配尙宜定，五德相襲，分敍有常。然異同之論，著於往漢，未詳之說，疑在今史。羣官百辟，可議其所應，必令合衷，以成萬代之式。」

中書監高閭議以爲：「帝王之作，百代可知，運代相承，書傳可驗。雖祚命有長短，德政有優劣，至於受終嚴祖，殷薦上帝，其致一也。故敢述其前載，舉其大略。臣聞居尊據極，允應明命者，莫不以中原爲正統，神州爲帝宅。苟位當名全，化迹流洽，則不專以世數爲與奪，善惡爲是非。故堯舜禪揖，一身異尙；魏晉相代，少紀運殊。桀紂至虐，不廢承歷之敍；厲惠至昏，不闕周晉之錄。計五德之論，始自漢劉，一時之議，三家致別。故張蒼以漢爲水德，賈誼、公孫臣以漢爲土德，劉向以漢爲火德。以爲水德者，正以嘗有水溢之應，則不推運代相承之數矣。以土德者，則以亡秦繼曆，相即爲次，不推逆順之異也。以爲火德者，懸證赤帝斬蛇之符，棄秦之暴，越惡承善，不以世次爲正也，故以承周爲火德。自茲厥後，乃以爲常。魏承漢，火生土，故魏爲土德。晉承魏，土生金，故晉爲金德。趙承晉，金生水，故趙爲水德。燕承趙，水生木，故燕爲木德。秦承燕，木生火，故秦爲火德。秦之未滅，皇魏未克神州，秦氏既亡，大魏稱制玄朔。故平文之廟，始稱『太祖』，以明受命之證，如周在岐之陽。若繼晉，晉亡已久；若棄秦，則中原有寄。〔一八〕推此而言，承秦之理，事爲明驗。故以魏承秦，魏爲土德，又五緯表驗，黃星曜彩，考氏定實，合德軒轅，承土祖未，事爲著矣。又秦趙及燕，雖非明聖，各正號赤縣，統有中土，郊天祭地，肆類咸秩，明刑制禮，不失舊章。奄岱踰河，境被淮漢。非若齷齪邊方，僭擬之屬，遠如孫權、劉備，近若劉裕、道成，事繫蠻夷，非關中夏。伏惟聖朝，德配天地，道被四海，承乾統曆，功侔百王。光格同於唐虞，享祚流於周漢，正位中境，奄有萬方。今若并棄三家，遠承晉氏，則蔑中原正次之實。存之無損於此，而有成於彼；廢之無益於今，而有傷於事。臣愚以爲宜從尚黃，定爲土德。又前代之君，明賢之史，皆因其可褒褒之，可貶貶之。今議者偏據可絕之義，而不錄可全之禮。所論事大，垂之萬葉。宜並集中秘羣儒，人人別議，擇其所長，於理爲悉。」

秘書丞臣李彪、著作郎崔光等議以爲：「尚書閭議，繼近秦氏。臣職掌國籍，頗覽前書，惜此正次，慨彼非緒。輒仰推帝始，遠尋百王。魏雖建國君民，兆眹振古，祖黄制朔，緜迹有因。然此帝業，神元爲首。案神元、晉武，往來和好。至于桓、穆，洛京破亡。二帝志摧聰、勒，思存晉氏，每助劉琨，申威并冀。是以晉室銜扶救之仁，越石深代王之請。平文、太祖，抗衡苻石，終平燕氏，〔一九〕大造中區。則是司馬祚終於郟鄏，而元氏受命於雲代。蓋自周之滅及漢正號，幾六十年，著符尚赤。後雖張、賈殊議，暫疑而卒從火德，以繼周氏。排虐嬴以比共工，蔑暴項而同吳廣。近蠲謬僞，遠即神正，若此之明也。寧使白蛇徒斬，雕雲空結哉！自有晉傾淪，暨登國肇號，亦幾六十餘載，物色旗幟，率多從黑。是又自然合應，玄同漢始。且秦并天下，革創法度，漢仍其制，少所變易。猶仰推五運，竟躡隆姬。而況劉、石、苻、燕，世業促褊，綱紀弗立。魏接其弊，自有彝典，豈可異漢之承木，捨晉而爲土耶？夫皇統崇極，承運至重，必當推協天緒，考審王次，不可雜以僭竊，參之强狡。神元既晉武同世，桓、穆與懷、愍接時。晉室之淪，平文始大，廟號太祖，抑亦有由。紹晉定德，孰曰不可，而欲次兹僞僭，豈非惑乎？臣所以慺慺惜之，唯垂察納。」詔令羣官議之。

十五年正月，侍中、司空、長樂王穆亮，侍中、尚書左僕射、平原王陸叡，侍中、吏部尚書、中山王王元孫，侍中、尚書、駙馬都尉、南平王馮誕，散騎常侍、都曹尚書、新泰侯游明根，〔二〇〕散騎常侍、南部令鄧侍祖，秘書中散李愷，尚書左丞、右丞、霸城子衞慶，中書侍郎封琳，中書郎、泰昌子崔挺，中書侍郎賈元壽等言：「臣等受敕共議中書監高閭、秘書丞李彪等二人所議皇魏行次。尚書高閭以石承晉爲水德，以燕承石爲木德，以秦承燕爲火德，大魏次秦爲土德，皆以地據中夏，以爲得統之徵。皇魏建號，事接秦末，晉既滅亡，天命在我。故因中原有寄，卽而承之。彪等據神元皇帝與晉武並時，桓、穆二帝，仍修舊好。始自平文，逮于太祖，抗衡秦、趙，終平慕容。晉祚終於秦方，大魏興於雲朔。據漢棄秦承周之義，以皇魏承晉爲水德。二家之論，大略如此。臣等謹共參論，伏惟皇魏世王玄朔，下迄魏、晉，趙、秦、二燕雖地據中華，德祚微淺，並獲推敘，於理未愜。又國家積德修長，道光萬載。彪等職主東觀，詳究圖史，所據之理，其致難奪。今欲從彪等所議，宜承晉爲水德。」詔曰：「越近承遠，情所未安。然考次推時，頗亦難繼。朝賢所議，豈朕能有違奪。便可依爲水德，祖申臘辰。」

四月，經始明堂，改營太廟。詔曰：「祖有功，宗有德，自非功德厚者，不得擅祖宗之名，居二祧之廟。仰惟先朝舊事，舛駁不同，難以取準。今將述遵先志，具詳禮典，宜制祖宗之號，定將來之法。烈祖有創基之功，世祖有開拓之德，宜爲祖宗，百世不遷。而遠祖平文功未多於昭成，然廟號爲太祖；道武建業之勳，高於平文，廟號爲烈祖。比功校德，以爲未允。

朕今奉尊道武爲太祖，與顯祖爲二祧，餘者以次而遷。平文既遷，廟唯有六，始今七廟，一則無主。唯當朕躬此事，亦臣子所難言。夫生必有終，人之常理。朕以不德，忝承洪緒，若宗廟之靈，獲全首領以沒于地，爲昭穆之次，心願畢矣。必不可豫，設可垂之文，示後必令遷之。」司空公、長樂王穆亮等奏言：「升平之會，事在於今。推功考德，實如明旨。但七廟之祀，備行日久，無宜闕一，虛有所待。臣等愚謂，依先尊祀，可垂文示後。理衷如此，不敢不言。」詔曰「理或如此。比有間隙，當爲文相示」。

八月壬辰，詔郡國有時果可薦者，並送京師以供廟饗。

又詔曰：「禮云自外至者，無主不立。先朝以來，以正月吉日，於朝廷設幕，中置松柏樹，設五帝坐。此既無可祖配，揆之古典，實無所取，可去此祀。又探策之祭，既非禮典，可悉罷之。」

戊午詔曰：「國家自先朝以來，饗祀諸神，凡有一千二百餘處。今欲減省羣祀，務從簡約。昔漢高之初，所祀衆神及寢廟不少今日。至于元、成之際，匡衡執論，乃得減省。後至光武之世，禮儀始備，饗祀有序。凡祭不欲數，數則黷，黷則不敬。神聰明正直，不待煩祀也。」又詔曰：「明堂、太廟，並祀祖宗，配祭配享，於斯備矣。白登、崞山、雞鳴山廟唯遣有司行事。馮宣王誕生先后，復因在官長安，立廟宜異常等。可敕雍州，以時供祭。」又詔曰：

「先恒有水火之神四十餘名，及城北星神。今圓丘之下，既祭風伯、雨師、司中、司命，明堂祭門、戶、井、竈、中霤，每神皆有。此四十神計不須立，悉可罷之。」

甲寅，集羣官，詔曰：「近論朝日夕月，皆欲以二分之日，於東西郊行禮。然月有餘閏，行無常準。若一依分日，或值月出於東，而行禮於西，尋情卽理，不可施行。昔秘書監薛謂等嘗論此事，以爲朝日以朔，夕月以朏。卿等意謂朔朏二分，何者爲是？」尙書游明根對曰「考案舊式，推校衆議，宜從朏月」。

十一月己未朔，帝釋禫祭於太和廟。帝衮冕，與祭者朝服。既而帝冠黑介幘，素紗深衣，拜山陵而還宮。庚申，帝親省齊宮冠服及郊祀俎豆。癸亥冬至，將祭圓丘，帝衮冕劍舄，侍臣朝服。辭太和廟，之圓丘，升祭柴燎，遂祀明堂，大合。既而還之太和廟，乃入。甲子，帝衮冕辭太和廟，臨太華殿，朝羣官。既而帝冠通天，絳紗袍，臨饗禮。帝感慕，樂懸而不作。丁卯，遷廟，陳列冕服，帝躬省之。既而帝衮冕，辭太和廟，之太廟，百官陪從。奉神主於齋車，至新廟。有司升神主於太廟，諸王侯牧守、四海蕃附，各以其職來祭。

十六年正月戊午，詔曰：「夫四時享祀，人子常道。然祭薦之禮，貴賤不同。故有邑之君，祭以首時，無田之士，薦以仲月。況七廟之重，而用中節者哉！自頃蒸嘗之禮，頗違舊義。今將仰遵遠式，以此孟月，犆礿於太廟。但朝典初改，衆務殷湊，無遑齋潔，遂及於今。

又接神饗祖，必須擇日。今禮律未宜，有司或不知此。可敕太常令剋日以聞。」

二月丁酉，詔曰：「夫崇聖祀德，遠代之通典；秩□□，中古之近規。故三五至仁，唯德配享；夏殷私己，稍用其姓。且法施於民，祀有明典，立功垂惠，祭有恒式。斯乃異代同途，奕世共軌。今遠遵明令，憲章舊則，比於祀令，已爲決之。其孟春應祀者，頃以事殷，遂及今日。可令仍以仲月而饗祀焉。凡在祀令者，其數有五。帝堯樹則天之功，興巍巍之治，可祀於平陽。虞舜播太平之風，致無爲之化，可祀於廣寧。夏禹禦洪水之災，建天下之利，可祀於安邑。周文公制禮作樂，垂範萬葉，可祀於洛陽。其宣尼之廟，已於中省，〔二〕當別敕有司。饗薦之禮，自文公已上，可令當界牧守，各隨所近，攝行祀事，皆用清酌尹祭也。」

丙午，詔有司剋吉亥，備小駕，躬臨千畝，官別有敕。

癸丑，帝臨宣文堂，引儀曹尚書劉昶、鴻臚卿游明根、行儀曹事李韶，授策孔子，崇文聖之謚。於是昶等就廟行事。既而，帝齋中書省，親拜祭於廟。

九月甲寅朔，大享於明堂，祀文明太后於玄室，帝親爲之詞。

十月己亥，詔曰：「夫先王制禮，所以經綸萬代，貽法後昆。至乃郊天享祖，莫不配祭，然而有節。白登廟者，有爲而興，昭穆不次。故太祖有三層之宇，已降無方丈之室。〔三〕又常用季秋，躬駕展虔，祀禮或有褻慢之失，嘉樂頗涉野合之譏。今授衣之旦，享祭明堂；玄冬之始，奉烝太廟。若復致齋白登，便爲一月再駕，事成褻瀆。回詳二理，謂宜省一。白登之高，未若九室之美；幃次之華，未如淸廟之盛。將欲廢彼東山之祀，成此二享之敬。可具敕有司，但令內典神者，攝行祭事。獻明、道武各有廟稱，可具依舊式。」自太宗諸帝，昔無殿宇，因停之。

十八年，南巡。正月，次殷比干墓，祭以太牢。

三月，詔罷西郊祭天。

十九年，帝南征。正月，車駕濟淮，命太常致祭。又詔祀岱岳。

二月癸亥，詔曰：「知太和廟已就，神儀靈主，宜時奉寧。可剋三月三日己巳，內奉遷於正廟。〔三〕其出金墉之儀，一準出代都太和之式。入新廟之典，可依近至金墉之軌。其威儀鹵簿，如出代廟。百官奉遷，宜可省之。但令朝官四品已上，侍官五品已上及宗室奉迎。」

六月，相州刺史高閭表言：「伏惟太武皇帝發孝思之深誠，同渭陽之遠感，以鄴土舅氏之故鄉，有歸魂之舊宅，故爲密皇后立廟於城內，歲時祭祀，置廟戶十家，齋宮三十人。春秋烝嘗，冠服從事，刺史具威儀，親行薦酌，升降揖讓，與七廟同儀，禮畢，撤會而罷。今廟殿虧漏，門牆傾毀，簠簋故敗，行禮有闕。臣備職司，目所親覩。若以七廟惟新，明堂初制，配饗之儀，備於京邑者，便應罷壞，輟其常祭。如以功高特立，宜應新其靈宇。敢陳所見，伏請恩裁。」詔罷之。

十一月庚午，帝幸委粟山，議定圓丘。己卯，帝在合溫室，引咸陽王禧，司空公穆亮，吏部尚書、任城王澄及議禮之官。詔曰：「朝集公卿，欲論圓丘之禮。今短晷斯極，長日方至。案周官祀昊天上帝於圓丘，禮之大者。兩漢禮有參差，魏晉猶亦未一。我魏氏雖上參三皇，下考叔世近代都祭圓丘之禮，復未考周官，爲不刊之法令。以此祭圓丘之禮示卿等，欲與諸賢考之厥衷。」帝曰：「夕牲之禮，無可依準，近在代都，已立其議。殺牲祼神，誠是一日之事，終無夕而殺牲，待明而祭。」員外散騎常侍劉芳對曰：「臣謹案周官牧人職，正有夕展牲之禮，實無殺牲之事。」秘書令李彪曰：「夕不殺牲，誠如聖旨。未審告廟以不？臣聞魯人將有事于上帝，必先有事于泮宮，注曰，『先人』。以此推之，應有告廟。」帝曰：「卿言有理，但朕先以郊配，意欲廢告，而卿引證有據，當從卿議。」

帝又曰：「圓丘之牲，色無常準，覽推古事，乖互不一。周家用騂，解言是尚。晉代靡知所據。舜之命禹，悉用堯辭，復言玄牡告于后帝。今我國家，時用夏正，至於牲色，未知何準？」秘書令李彪曰：「觀古用玄，似取天玄之義，臣謂宜用玄。至於五帝，各象其方色，亦有其義。」帝曰：「天何時不玄，地何時不黃，意欲從玄。」

又曰：「我國家常聲鼓以集衆。易稱二至之日，商旅不行，后不省方，以助微陽、微陰。今若依舊鳴鼓，得無闕寢鼓之義。」員外郎崔逸曰：「臣案周禮，當祭之日，靁鼓靁鼗，八面而作，猶不妨陽。臣竊謂以鼓集衆，無妨古義。」

癸未，詔三公袞冕八章，太常鷩冕六章，用以陪薦。

甲申長至，祀昊天於委粟山，大夫祭。疑。

二十年，立方澤於河陰，仍遣使者以太牢祭漢光武及明、章三帝陵。

校勘記

〔一〕牲用黝犢　諸本「牲」訛「牡」，今據册府卷三二下三五二頁、通典卷四二郊天上後魏道武帝條改。

〔二〕牲共用玄牡一　諸本「牡」訛「牲」，今據册府同上卷頁改。

〔三〕用馬薦各一　册府同上卷頁「薦」作「鹿」。按既云「各一」，應是二物，疑作「鹿」是，但他處不見祭祀用鹿，今不改。

〔四〕帝拜后肅拜　諸本「后」作「若」，册府卷三二下三五三頁作「后」。按通典卷四二也作「后」。上云：「后率六宮從黑門入」，則后亦參與祭祀，「若」字形近而訛，今據改。

〔五〕若有水旱則禱之　諸本「若」訛「各」，今據册府同上卷頁改。

〔六〕幸洛陽　冊府同上卷頁「幸洛陽」上有「四月」二字。按事見卷三太宗紀泰常八年四月，此條前後都記月，不應獨缺，當脫「四月」二字。

〔七〕神䴥二年　冊府同上卷頁上有「太武」二字。按志例凡始見於志的某帝，在年號上必加廟號，這裏上當有「世祖」二字，傳本脫去。冊府例改廟號爲諡號。

〔八〕立廟於恒岳華岳嵩岳上　諸本「華」下脫「岳」字，今據冊府同上卷頁補。

〔九〕文成皇帝卽位二年正月遣有司詣華岳修廟立碑　諸本「二年」作「三年」。冊府卷二六二七七頁作「二年」，卷三二下三五四頁作「興光元年正月」。按拓跋濬於拓跋燾的正平二年十月卽位，卽在本月改元興安，興安只二年，次年改元興光，興光也只二年。這裏「三」字必誤。觀上稱「文成皇帝卽位」，當是卽位後不久事。興安二年正月實在卽位後第三個月，今據冊府卷二六改。冊府卷三二作「興光元年」，恐是以意改。又魏書例稱廟號，不應此處獨稱「文成皇帝」，上當脫「高宗」二字。

〔一〇〕聞虛中若有音聲　諸本脫「有」字，今據冊府卷二六二七七頁補。

〔一一〕十二年閏九月帝親築圓丘於南郊　諸本「閏九月」作「十月」，冊府卷三二三五四頁作「閏九月甲子」。按卷七下高祖紀作「閏月甲子」。是年魏閏九月，丁未朔，甲子是十八日，十月丁丑朔，無甲子。這裏「十月」顯誤，今據紀及冊府改。志例只記年月，其一月不止一事者始記日。冊府

「甲子」疑據紀增，今不補。

〔一二〕周改禘爲礿　諸本「礿」作「祠」，册府卷五八〇六九五三頁作「礿」。按禮記王制「天子犆礿、祫禘、祫嘗、祫烝」，鄭注：「周改夏祭曰礿。」「祠」乃「礿」形近而訛，今據改。

〔一三〕祭義稱春禘秋嘗　諸本「禘」作「祭」，册府同上卷頁作「禘」。按禮記祭義作「禘」，「祭」字訛，今據改。

〔一四〕依禮春廢犆礿於嘗於烝則祫不於三時皆行禘祫之禮　册府卷五八〇六九五四頁作「依禮：春廢祫，犆礿，於禘則禘祫，嘗則禘嘗，於烝則祫烝，不廢三時，三時皆行禘祫之禮」。通典卷五〇祫禘下載此議作「依禮，春廢特礿，於嘗於烝則祫嘗祫烝，不於三時皆行禘祫之禮」。按禮記王制：「天子犆礿、祫禘、祫嘗、祫烝。」鄭注：「犆猶一也，祫合也。中略凡祫之歲，春一礿而已，不祫，以物無成者，不殷祭。」則四時之祭，唯春不祫，其餘三時之祭，禘、嘗、烝都祫。這裏文有訛脫，「廢」下當從册府有「祫」字，卽鄭注「春一礿而已，不合」之意。下文只說嘗、烝，不及夏祭之禘，則四時缺一，也當從册府有「於禘則祫禘」册府倒作「禘祫」一句。最後一句「不於三時皆行禘祫之禮」，和王制本文不合，「不於」二字乃「不廢三時」之訛脫。前云「廢」，後云「不廢」，前後相應。疑原文當作「依禮：春廢祫，犆礿，於禘則祫禘，於嘗、於烝則祫嘗祫烝，不廢三時，三時皆行禘祫之禮」。通典訛脫與此志略同，不可解。

〔一五〕論稱禘自既灌事似據　按語未足，下當有脫文。通典卷五〇「禘自既灌」下有「以往」二字，無「事似據」三字。通典錄文本有節略，「以往」二字乃據論語增，此志原文不必同通典，今於「據」下句斷。

〔一六〕高閭曰　按這是關於祭祀六宗之議，上未叙明，乍觀不知高閭所議何事。通典卷四四注引此節，上有「時大議禋祀之禮」七字，始接「高閭曰」，知上必有脫文。高閭議有云「比較臣等評議取衷，附之祀典」，似當有元宏命羣臣議六宗語，所脫或不止通典所有的七字。

〔一七〕丘澤初志　册府卷四四三頁「志」作「制」，疑是。

〔一八〕若棄秦則中原有寄　按高閭主張以魏承苻秦，此語與閭本意不合，「棄」當是「承」或「繼」之訛，也可能「有」爲「無」之訛。

〔一九〕平文太祖抗衡苻石終平燕氏　按此「太祖」乃指拓跋珪，故云「終平燕氏」，下穆亮等議引述李彪原議稱「始自平文，逮於太祖，抗衡燕趙，終平慕容」，平文和太祖分述，意更明白。但此時「太祖」卽平文帝廟號，下文明云「平文始大，廟號太祖」，拓跋珪廟號是烈祖，至次年四月始改珪廟號「太祖」，豈得先有此稱？疑本作「烈祖」，後人所改。

〔二〇〕新泰侯游明根　諸本「泰」作「秦」。洪氏考異卷一〇云：「『新秦』當作『新泰』。游明根傳卷五五『就拜東兗州刺史，改爵新泰侯』。」按新泰屬北徐州東泰山郡，「新秦」，北魏不聞有此縣，洪說是，今改正。

〔二一〕已於中省　按下文稱策謚孔丘，「帝齋於中書省」，當時洛陽孔廟卽在中書省，這裏「中省」下當脫「置」字。

〔二二〕故太祖有三層之宇已降無方丈之室　諸本「已降」作「巴陵」，通典卷四七太和十六年十月條作「已降」。按元宏以前北魏諸帝並無曾封「巴陵」者。「巴陵」乃「已降」之訛，指拓跋嗣已下諸帝，下云「自太宗諸帝，昔無殿宇」可證，今據改。

〔二三〕二月癸亥詔曰知太和廟已就至可剋三月三日己巳內奉遷於正廟　諸本「二月」作「三月」，通典卷四七作「二月」，又「三月三日己巳」，通典作「五月」。按太和十九年三月庚午朔，無「癸亥」，二月庚子朔，「癸亥」乃二十五日。卷七下高祖紀下太和十九年二月戊辰：「行幸碻磝。太和廟成。」戊辰乃三十日，當是不知確在哪一日，故系於月盡，其廟成實在二月癸亥前。這裏「三月」乃「二月」之訛，今據改。又三月亦無「己巳」，五月己巳朔，非三日。卷七下高祖紀下是年五月庚午卽二日「遷文成皇后馮氏神主於太和廟」。疑「三月三日己巳」爲「五月朔日己巳」之訛。但此志所云所遷者似指歷代神主，紀唯云遷馮太后神主，又差一日，不知何故。

魏書卷一百八之二

禮志四之二第十一

世宗景明二年夏六月，祕書丞孫惠蔚上言：「臣聞國之大禮，莫崇明祀，祀之大者，莫過禘祫，所以嚴祖敬宗，追養繼孝，合享聖靈，審諦昭穆，遷毀有恒，制尊卑，有定體，誠慤著於中，百順應於外。是以惟王創制，爲建邦之典；仲尼述定，爲不刊之式。暨秦燔詩書，鴻籍泯滅。漢氏興求，拾綴遺篆，淹中之經，孔安所得，唯有卿大夫士饋食之篇。而天子諸侯享廟之祭、禘祫之禮盡亡。曲臺之記，戴氏所述，然多載尸灌之義，牲獻之數，而行事之法，備物之體，蔑有具焉。今之取證，唯有王制一簡，公羊一册。考此二書，以求厥旨。自餘經傳，雖時有片記，至於取正，無可依攬。是以兩漢淵儒、魏晉碩學，咸據斯文，以爲朝典。然持論有深淺，及義有精浮，〔一〕故令傳記雖一，而探意乖舛。伏惟孝文皇帝，合德乾元，應靈誕載，玄思洞微，神心暢古，禮括商周，樂宣韶濩，六籍幽而重昭，五典淪而復顯，舉二經於和中，〔二〕一姬公於洛邑。陛下叡哲淵凝，欽明道極，應必世之期，屬功成之會，繼文垂則，實惟下武。而祫禘二殷，國之大事；蒸嘗合享，朝之盛禮。此先皇之所留心，聖懷以之永慕。臣聞司宗初開，致禮清廟，敢竭愚管，輒陳所懷。謹案王制曰：『天子犆礿、祫禘、祫嘗、祫烝。』鄭玄曰『天子諸侯之喪畢，合先君之主於祖廟而祭之，謂之祫。後因以爲常』，『魯禮，三年喪畢而祫於太祖，明年春禘於羣廟，自爾之後，五年而再殷祭，一祫一禘』。春秋公羊魯文二年：『八月丁卯，大事于太廟。』傳曰：『大事者何？大祫也。大祫者何？合祭也。毀廟之主，陳於太祖。未毀廟之主，皆升，合食于太祖。五年而再殷祭。』何休曰：『陳者，就陳列太祖前。太祖東鄉，昭南鄉，穆北鄉，其餘孫從王父。父曰昭，子曰穆。』又曰：『殷，盛也，謂三年祫，五年禘。禘所以異於祫者，功臣皆祭也。祫猶合也，禘猶諦也，審諦無所遺失。』察記傳之文，何、鄭祫禘之義，略可得聞。然則三年喪畢，祫祭太祖，明年春祀，遍禘羣廟。此禮之正也，古之道也。又案魏氏故事，魏明帝以景初三年正月崩，至五年正月，積二十五晦爲大祥。〔三〕太常孔美、博士趙怡等以爲禫在二十七月，到其年四月，依禮應祫。散騎常侍王肅、博士樂詳等以爲禫在祥月，至其年二月，宜應祫祭。雖孔王異議，六八殊制，至於喪畢之祫，明年之禘，其議一焉。陛下永惟孝思，因心卽禮，取鄭捨王，禫終此晦，來月中旬，禮應大祫。六室神祏，升食太祖。〔四〕明年春享，咸禘羣廟。自茲以後，五年爲常。又古之祭法，時祫並行，天子先祫後時，諸侯先時後祫。此於古爲當，在今則煩。且禮有升降，事有文節，通時之制，聖人弗違。當祫之月，宜減時祭，以從要省。然大禮久廢，羣議或殊，以臣觀之，理在無怪。何者？心制既終，二殷惟始，祫禘之正，實在於斯。若停而闕之，唯行時祭，七聖不聞合享，百辟不覩盛事，何以宣昭令問，垂式後昆乎？皇朝同等三代，治邁終古，而令徽典缺於昔人，鴻美慚於往志，此禮所不行，情所未許。臣學不鉤深，思無經遠，徒閱章句，蔑爾無立。但歆澤聖時，銘恩天造，是以妄盡區區，冀有塵露。所陳蒙允，請付禮官，集定儀注。」

詔曰：「禮貴循古，何必改作。且先聖久遵，綿代恒典，豈朕冲闇，所宜革之。且禮祭之議，國之至重，先代碩儒，論或不一。可付八坐、五省、太常、國子參定以聞。」七月，侍中、錄尚書事、北海王詳等言：「奉旨集議，僉以爲禘祫之設，前代彝典，惠蔚所陳，有允舊義。請依前剋敬享清宮，其求省時祭，理實宜爾。但求之解注，下逼列國，兼時奠之敬，事難輒省。請移仲月，擇吉重聞。」制可。

十一月壬寅，改築圜丘於伊水之陽。乙卯，仍有事焉。

延昌四年正月，世宗崩，肅宗卽位。三月甲子，尚書令、任城王澄奏，太常卿崔亮上言：「秋七月應祫祭于太祖，今世宗宣武皇帝主雖入廟，然烝嘗時祭，猶別寢室，至於殷祫，宜存古典。案禮，三年喪畢，祫於太祖，明年春禘於羣廟。又案杜預亦云，卒哭而除，三年喪畢而禘。魏武宣后以太和四年六月崩，其月既葬，除服卽吉。四時行事，而猶未禘。王肅、韋誕並以爲今除卽吉，故特時祭。至於禘祫，宜存古禮。高堂隆亦如肅議，於是停不殷祭。仰尋太和二十三年四月一日，高祖孝文皇帝崩，其年十月祭廟，景明二年秋七月祫於太祖，三年春禘於羣廟。亦三年乃祫。謹準古禮及晉魏之議，幷景明故事，愚謂來秋七月，祫祭應停，宜待三年終乃後祫禘。」〔五〕詔曰：「太常援引古今，並有證據，可依請。」

熙平二年三月癸未，太常少卿元端上言：「謹案禮記祭法：『有虞氏禘黃帝而郊嚳，祖顓頊而宗堯。夏后氏亦禘黃帝而郊鯀，祖顓頊而宗禹。殷人禘嚳而郊冥，祖契而宗湯。周人禘嚳而郊稷，祖文王而宗武王。』鄭玄注云：〔六〕『禘郊祖宗，謂祭祀以配食也。有虞氏以上尙德，禘郊祖宗，配用有德者。自夏以下，稍用其姓代之。』是故周人以后稷爲始祖，文武爲二祧。訖於周世，配祭不毀。案禮，嚳雖無廟，配食禘祭。謹詳聖朝以太祖道武皇帝配圓丘，道穆皇后劉氏配方澤；太宗明元皇帝配上帝，明密皇后杜氏配地祇；又以顯祖獻文皇帝配雩祀。太宗明元皇帝之廟既毀，上帝地祇，配祭有式。國之大事，唯祀與戎，廟配事重，不敢專決，請召羣官集議以聞。」靈太后令曰「依請」。於是太師、高陽王雍，太傅、領太尉公、清河王懌，太保、領司徒公、廣平王懷，司空公、領尙書令、任城王澄，侍中、中書監胡國珍，侍中、領著作郎崔光等議：「竊以尙德尊功，其來自昔，郊稷宗文，周之茂典。仰惟世祖太武皇帝以神武纂業，克清禍亂，德濟生民，功加四海，宜配南郊。高祖孝文皇帝大聖膺期，惟新魏道，刑措勝殘，功同天地，宜配明堂。」令曰：「依議施行。」

七月戊辰，侍中、領軍將軍、江陽王繼表言：「臣功緦之內，太祖道武皇帝之後，於臣始是曾孫。然道武皇帝傳業無窮，四祖三宗，功德最重，配天郊祀，百世不遷。而曾玄之孫，烝嘗之薦，不預拜於廟庭；霜露之感，闕陪奠於階席。今七廟之後，非直隔歸胙之靈；五服之孫，亦不霑出身之敍。校之墳史則不然，驗之人情則未允。何者？禮云，祖遷於上，宗易於下。臣曾祖是帝，世數未遷，便疏同庶族，而孫不預祭。斯之爲屈，今古罕有。昔堯敦九族，周隆本枝，故能磐石維城，禦侮於外。今臣之所親，生見隔棄，豈所以楨幹根本，隆建公族者也。伏見高祖孝文皇帝著令銓衡，取曾祖之服，以爲資蔭，至今行之，相傳不絕。而況曾祖爲帝，而不見錄。伏願天鑒，有以照臨，令皇恩洽穆，宗人咸敍。請付外博議，永爲定準。」靈太后令曰：「付八座集禮官議定以聞。」

四門小學博士王僧奇等議：「案孝經曰：『郊祀后稷以配天，宗祀文王於明堂，以配上帝。』然則太祖不遷者，尊王業之初基，二祧不毀者，旌不朽之洪烈。其旁枝遠胄，豈得同四廟之親哉？故禮記婚義曰：『古者婦人先嫁三月，祖廟未毀，教於公宮。祖廟既毀，教于宗室。』又文王世子曰：『五廟之孫，祖廟未毀，雖庶人冠娶必告，死必赴，不忘親也。親未絕而列於庶人，賤無能也。』鄭注云：『赴告於君也。實四廟，言五者，容顯考爲始封君子故也。』〔七〕鄭君別其四廟，理協二祭。而四廟者，在當世服屬之內，可以與於子孫之位，若廟毀服盡，豈得同於此例乎？敢竭愚昧，請以四廟爲斷。」

國子博士李琰之議：「案祭統曰：『有事於太廟，羣昭羣穆咸在。』鄭氏注：『昭穆咸在，謂同宗父子皆來。』古禮之制，如是其廣，而當今儀注，唯限親廟四，愚竊疑矣。何以明之？設使世祖之子男於今存者，既身是戚蕃，號爲重子，可得賓於門外，不預碑鼎之事哉？又因宜變法，禮有其說。記言：『五廟之孫，祖廟未毀，爲庶人，冠娶必告，死必赴。』注曰：『實四廟而言五者，容顯考始封之君子。』今因太祖之廟在，仍通其曾玄侍祠，與彼古記，甚相符會。且國家議親之律，指取天子之玄孫，乃不旁準於時后。至於助祭，必謂與世主相倫，將難均一。壽有短長，世有延促，終當何時可得齊同。謂宜入廟之制，率從議親之條；祖祧之裔，各聽盡其玄孫。使得駿奔堂壇，肅承禘礿，則情理差通。不宜復各爲例，令事事舛駁。」

侍中、司空公、領尚書令、任城王澄，侍中、尚書左僕射元暉奏：「臣等參量琰之等議，雖爲始封君子，又祭統曰：『有事於太廟，羣昭羣穆咸在，而不失其倫。』鄭注云昭穆，謂同宗父子皆來也。言未毀及同宗，則共四廟之辭。云未絕與父子，明崇五屬之稱。天子諸侯，繼立無殊，吉凶之赴，同止四廟。祖祧雖存，親級彌遠，告赴拜薦，典記無文。斯由祖遷於上，見仁親之義疏；宗易於下，著五服之恩斷。江陽之於今帝也，計親而枝宗三易，數世則廟應四遷，吉凶尙不告聞，拜薦寧容輒預。高祖孝文皇帝聖德玄覽，師古立政，陪拜止於四廟，哀恤斷自緦宗。卽之人情，冥然符一；推之禮典，事在難違。此所謂明王相沿，今古不革者也。」

太常少卿元端議：「禮記祭法云：王立七廟，曰考廟，曰王考廟，曰皇考廟，曰顯考廟，曰祖考廟，遠廟爲祧，有二祧。而祖考以功重不遷，二祧以盛德不毀。迭遷之義，其在四廟也。祭統云：祭有十倫之義，六曰見親疏之殺焉。『夫祭有昭穆，昭穆者所以別父子遠近、長幼親疏之序，而無亂也』，是故有倫。注云：『昭穆咸在，同宗父子皆來。』指謂當廟父子爲羣，不繫於昭穆也。若一公十子，便爲羣公子，豈待數公而立稱乎？文王世子云『五廟之孫，祖廟未毀』，雖爲有所援引，然與朝議不同。如依其議，匪直太祖曾玄，諸廟子孫，悉應預列。旣無正據，竊謂太廣。臣等愚見，請同僧奇等議。」

靈太后令曰：「議親律注云：『非唯當世之屬籍，歷謂先帝之五世。』此乃明親親之義篤，骨肉之恩重。尙書以遠及諸孫，太廣致疑。百僚助祭，可得言狹也！祖廟未毀，曾玄不預壇堂之敬，便是宗人之昵，反外於附庸，王族之近，更疏於羣辟。先朝舊儀，草創未定，刊制律憲，垂之不朽。琰之援據，甚允情理。可依所執。」

十二月丁未，侍中、司空公、領尚書令、任城王澄，度支尚書崔亮奏：「謹案禮記：曾子問曰：諸侯旅見天子，不得成禮者幾？孔子曰：四，太廟火、日蝕、后之喪、雨沾服失容則廢。臣等謂元日萬國賀，應是諸侯旅見之義。若禘廢朝會，孔子應云五而獨言四，明不廢朝賀也。鄭玄禮注云：『魯禮，三年喪畢，祫於太祖，明年春，禘羣廟。』又鄭志：檢魯禮，春秋昭公十一年夏五月，夫人歸氏薨。十三年五月大祥，七月釋禫，公會劉子及諸侯于平丘，八月歸，不及於祫；冬，公如晉，明十四年春，歸祫，明十五年春乃禘。經曰：『二月癸酉，有事於武宮。』傳曰：『禘於武公。』謹案明堂位曰：『魯，王禮也。』喪畢祫禘，似有退理。詳考古禮，未有以祭事廢元會者。禮云『吉事先近日』，脫不吉，容改筮三旬。尋攝太史令趙翼等列稱，正月二十六日祭亦吉。請移禘祀在中旬十四日，時祭移二十六日，猶曰春禘，又非退義。祭則無疏怠之譏，三元有順軌之美。既被成旨，宜卽宣行。臣等伏度國之大事，在祀與戎。君舉必書，恐貽後誚。輒訪引古籍，竊有未安。臣等學缺通經，識不稽古，備位樞納，可否必陳。冒陳所見，伏聽裁衷。」靈太后令曰：「可如所執。」

初，世宗永平、延昌中，欲建明堂。而議者或云五室，或云九室，頻屬年饑，遂寢。至是復議之，詔從五室。及元叉執政，遂改營九室。值世亂不成，宗配之禮，迄無所設。

神龜初，靈太后父司徒胡國珍薨，贈太上秦公。時疑其廟制。太學博士王延業議曰：

案王制云：「諸侯祭二昭二穆，與太祖之廟而五。」又小記云：「王者立四廟。」鄭玄云：「高祖已下，與始祖而五。」明立廟之正，以親爲限，不過於四。其外有大功者，然後爲祖宗。然則無太祖者，止於四世，有太祖乃得爲五，禮之正文也。文王世子云：「五廟之孫，祖廟未毀，雖爲庶人，冠、娶妻必告。」鄭玄云：「實四廟而言五廟者，容高祖爲始封君之子。」〔八〕明始封之君，在四世之外，正位太祖，乃得稱五廟之孫。若未有太祖，已祀五世，則鄭無爲釋高祖爲始封君之子也。此先儒精義，當今顯證也。又喪服傳曰：「若公子之子孫，有封爲國君者，則世世祖是人也，不祖公子。」鄭玄云：「謂後世爲君者，祖此受封之君，不得祀別子也。公子若在高祖已下，則如其親服，後世遷之，乃毀其廟爾。」明始封猶在親限，故祀止高祖。又云如親而遷，尤知高祖之父，不立廟矣。此又立廟明法，與今事相當者也。又禮緯云：「夏四廟，至子孫五。殷五廟，至子孫六。」注云：「言至子孫，則初時未備也。」此又顯在緯籍，區別若斯者也。又晉初，以宣帝是始封之君，應爲太祖，而以猶在祖位，故唯祀征西已下六世。待世世相推，宣帝出居太祖之位，然後七廟乃備。此又依準前軌，若重規襲矩者也。竊謂太祖者，功高業大，百世不遷，故親廟之外，特更崇立。苟無其功，不可獨居正位，而遽見遷毀。且三世已前，廟及於五；玄孫已後，祀止於四。一與一奪，名位莫定，求之典禮，所未前聞。今太上秦公，疏爵列土，大啓河山，傳祚無窮，永同帶礪，實有始封之功，方成不遷之廟。但親在四世之內，名班昭穆之序，雖應爲太祖，而尙在禰位，不可遠探高祖之父，以合五者之數。太祖之室，當須世世相推，親盡之後，乃出居正位，以備五廟之典。夫循文責實，理貴允當，考創宗祊，得禮爲美。不可苟薦虛名，取榮多數，求之經記，竊謂爲允。又武始侯本無采地，於皇朝制令，名準大夫。案如禮意，諸侯奪宗，武始四時蒸嘗，宜於秦公之廟。

博士盧觀議：

案王制：天子七廟，三昭三穆，與太祖之廟而七；諸侯五廟，二昭二穆，與太祖之廟而五；大夫三；士一。自上已下，降殺以兩，庶人無廟，死爲鬼焉。故曰，尊者統遠，卑者統近。是以諸侯及太祖，天子及其祖之所自出。祭法曰：「諸侯立五廟，一壇一墠，曰考廟，曰王考廟，曰皇考廟，皆月祭之。顯考廟，祖考廟，享嘗乃止。去祖爲壇，去壇爲墠，去墠爲鬼。」至於禘祫，方合食太祖之宮。大傳曰：「別子爲祖。」喪服傳曰：「公子不得禰先君，公孫不得祖諸侯。」鄭說不得祖禰者，不得立其廟而祭之也；世世祖是人者，謂世世祖受封之君；不得祖公子者，後世爲君者，祖此受封之君，不得祀別子也；公子若在高祖以下，則如其親服，後世遷之，乃毀其廟耳。愚以爲遷者，遷於太祖廟，毀者從太祖而毀之。若不遷太祖，不須發祖是人之文；〔九〕明非始封，故復見乃毀之節。何以知之？案諸侯有祖考之廟，祭五世之禮。五禮正祖爲輕，一朝頓立。而祖考之廟，要待六世之君，六世已前，虛而蔑主。求之聖旨，未爲通論。曾子問曰：「廟無虛主。」虛主唯四，祖考不與焉。明太祖之廟，必不空置。

禮緯曰：「夏四廟，至子孫五；殷五廟，至子孫六；周六廟，至子孫七。」見夏無始祖，待禹而五；殷人郊契，得湯而六；周有后稷，及文王至武王而七。言夏卽大禹之身，言子謂啓、誦之世，言孫是迭遷之時。禹爲受命，不毀親；湯爲始君，不遷五主；文武爲二祧，亦不去三昭三穆。三昭三穆謂通文武，若無文武，親不過四。觀遠祖漢侍中植所說云然，鄭玄、馬昭亦皆同爾。且天子逆加二祧，得幷爲七。諸侯預立太祖，何爲不得爲五乎？今始封君子之立禰廟，頗似成王之於二祧。孫卿曰：「有天下者事七世，有一國者事五世。」假使八世，天子乃得事七；六世，諸侯方通祭五；推情準理，不其謬乎！雖王侯用禮，文節不同，三隅反之，自然昭灼。且文宣公方爲太祖，世居子孫，今立五廟，竊謂爲是。禮緯又云：「諸侯五廟，親四，始祖一。」明始封之君或上或下，〔一〇〕雖未居正室，無廢四祀之親。小記曰：「王者禘其祖之所自出，以其祖配之，而立四廟。」此實殷湯時制，不爲難也。聊復摽牓，略引章條。愚戇不足以待大問。

侍中、太傅、清河王懌議：

太學博士王延業及盧觀等，各率異見。案禮記王制：「天子七廟，三昭三穆，與太祖之廟而七；諸侯五廟，二昭二穆，與太祖之廟而五。」並是後世追論備廟之文，皆非當時據立神位之事也。良由去聖久遠，經禮殘缺，諸儒注記，典制無因。雖稽考異聞，引證古誼，然用捨從世，通塞有時，折衷取正，固難詳矣。今相國、秦公初構國廟，追立神位，唯當仰祀二昭二穆，上極高曾，四世而已。何者？秦公身是始封之君，將爲不遷之祖。若以功業隆重，越居正室，恐以卑臨尊，亂昭穆也。如其權立始祖，以備五廟，恐數滿便毁，非禮意也。昔司馬懿立功於魏，爲晉太祖，及至子晉公昭，乃立五廟，亦祀四世，止於高曾。太祖之位，虚俟宣、文，待其後裔，數滿乃止。此亦前代之成事，方今所殷鑒也。又禮緯云：「夏四廟，至子孫五；殷五廟，至子孫六；周六廟，至子孫七。」明知當時太祖之神，仍依昭穆之序，要待子孫，世世相推，然後太祖出居正位耳。遠稽禮緯諸儒所說，近循晉公之廟故事，宜依博士王延業議，定立四主，親止高曾，且虛太祖之位，以待子孫而備五廟焉。

又延業、盧觀前經詳議，並據許慎、鄭玄之解，謂天子、諸侯作主，大夫及士則無。意謂此議雖出前儒之事，實未允情禮。何以言之？原夫作主之禮，本以依神，孝子之心，非主莫依。今銘旌紀柩，設重憑神，祭必有尸，神必有廟，皆所以展事孝敬，想象平存。〔一〕上自天子，下逮於士，如此四事，並同其禮。何至於主，惟謂王侯。禮云：「重，主道也。」此爲埋重則立主矣。〔二〕故王肅曰：「重，未立主之禮也。」士喪禮亦設重，則士有主明矣。孔悝反祏，載之左史；饋食設主，著於逸禮。大夫及士，既得有廟題紀祖考，何可無主。公羊傳：「君有事于廟，聞大夫之喪，去樂卒事；大夫聞君之喪，攝主而往。」今以爲攝主者，攝神斂主而已，不暇待徹祭也。何休云：「宗人攝行主事而往也。」意謂不然。君聞臣喪，尚爲之不懌，況臣聞君喪，豈得安然代主終祭也。又相國立廟，設主依神，主無貴賤，紀座而已。若位擬諸侯者，則有主，位爲大夫者，則無主。便是三神有主，一位獨闕，求諸情禮，實所未安。宜通爲主，以銘神位。

懌又議曰：「古者七廟，廟堂皆別。光武已來，異室同堂。故先朝祀堂令云：『廟皆四栿五架，北廂設坐，東昭西穆。』是以相國構廟，唯制一室，同祭祖考。比來諸王立廟者，自任私造，不依公令，或五或一，參差無準。要須議行新令，然後定其法制。相國之廟，已造一室，實合朝令。宜即依此，展其享祀。」詔依懌議。

天平四年四月，七帝神主既遷於太廟，太社石主將遷於社宮。禮官云應用幣。中書侍郎裴伯茂時爲祖祀文，伯茂據故事，太和中遷社宮，高祖用牲不用幣，遂以奏聞。于時議者或引大戴禮，遷廟用幣，今遷社宜不殊。伯茂據尚書召誥，應用牲。詔遂從之。

武定六年二月，將營齊獻武王廟，議定室數、形制。兼度支尚書崔昂、司農卿盧元明、祕書監王元景、散騎常侍裴獻伯、國子祭酒李渾、御史中尉陸操、黃門侍郎李騫、中書侍郎陽休之、前南青州刺史鄭伯猷、祕書丞崔劼、國子博士邢峙、國子博士宗惠振、太學博士張毓、太學博士高元壽、國子助教王顯季等議：「案禮，諸侯五廟，太祖及親廟四。今獻武王始封之君，便是太祖，既通親廟，不容立五室。且帝王親廟，亦不過四。今宜四室二間，兩頭各一頰室，夏頭徘徊鴟尾。又案禮圖，諸侯止開南門，而二王後祔祭儀法，執事列於廟東門之外。既有東門，明非一門。獻武禮數既隆，備物殊等。準據今廟，宜開四門。內院南面開三門，餘面及外院，四面皆一門。其內院牆，四面皆架爲步廊。南出夾門，各置一屋，以置禮器及祭服。內外門牆，並用赭堊。廟東門道南置齋坊；道北置二坊，西爲典祠廨幷廚宰，東爲廟長廨并置車輅；其北爲養犧牲之所。」詔從之。

校勘記

〔一〕及義有精浮　册府卷五八〇六九五七頁「及」作「析」。按「析義」與上「持論」爲對文，疑「及」字訛。

〔二〕舉二經於和中　按「和中」不詳，疑「淹中」之訛。漢書卷三〇藝文志：「禮古經者出於魯淹中及孔氏。」

〔三〕魏明帝以景初三年正月崩至五年正月積二十五晦爲大祥　通典卷五〇禘祫下載孫惠蔚議「五年」作「廢帝正始二年」。按景初止三年，明年曹芳廢帝改元正始，正始二年正月正得二十五晦。「五」字疑爲「正」字之訛，下脫「始二」二字。

〔四〕升食太祖　諸本「升」訛「外」，不可通，今據通典卷五〇改。

〔五〕宜待三年終乃後祫禘　諸本無「三」字，通典卷五〇載崔亮議有。按若作「年終」，指明年年終，去元恪之死不及二年，與所云「三年乃祫」的歷代禮制不合，豈得謂「準古禮及晉魏之議，并景明故事」？知「年」上當脫「三」字，今據補。

〔六〕鄭玄注云　諸本「云」作「大」，册府卷五八二六九七七頁作「云」。按若作「大」，當與下「禘郊」連讀，而禮記祭法鄭注原文無「大」字，且於文義亦贅，知是「云」之訛，今據改。

〔七〕實四廟言五者容顯考爲始封君子故也　册府卷五八二六九七八頁此句作「實四廟孫而言五廟者，容顯考爲始封子也」，與今本禮記文王世子合。然觀下文李琰之議引鄭注與此同，或當時禮記自有別本與今傳本不同，非必脫誤，册府當據今傳本改。

〔八〕鄭玄云實四廟而言五廟者容高祖爲始封君之子　按此引鄭注亦與今傳本不同見上條。「四廟」下無「孫」字，「始封」下有「君」字並與上王僧奇、李琰之議元繼請預祭祀所引鄭注合，但傳本禮記及王、李二議「高祖」並作「顯考」。原文當作「顯考」，而「顯考廟」卽「高祖廟」，當是王延業以意改易，今不改。

〔九〕若不遷太祖不須發祖是人之文　諸本「發」作「廢」，册府卷五八二六九七五頁作「發」。按這是申說禮「後世爲君者祖此受封之君」語，「廢」字與上下文不貫，乃「發」字形近而訛，今據改。

〔一〇〕諸侯五廟親四始祖一明始封之君或上或下　諸本「四」下無「始祖一明」四字，册府卷五八二六九七六頁有。按禮緯稱五廟，始祖廟一加四親廟爲五，若無「始祖一」三字，則止四親廟，何云五廟，知是脫文。又「明始封之君」云云乃盧觀釋禮緯語，無「明」字，則禮緯本文與盧觀語相混。今皆據補。

〔一一〕想象平存　通典卷四八卿大夫士神主及題板條載此議「平」作「乎」，疑是。

〔一二〕此爲埋重則立主矣　諸本「埋」作「理」，册府卷五八二六九七六頁及王先謙魏書校勘記所據宋本作「埋」。按禮記檀弓四「重，主道也」，鄭注：「始死，未作主，以重主其神也。重，既虞而埋之，乃復作主。」「理」乃「埋」形近而訛，今據改。

魏書卷一百八之三

禮志四之三第十二

魏自太祖至於武泰帝，及太皇太后、皇太后、皇后崩，悉依漢魏既葬公除。唯高祖太和十四年文明太后崩，將營山陵，九月，安定王休，齊郡王簡，咸陽王禧，河南王幹，廣陵王羽，潁川王雍，始平王勰，北海王詳，侍中、太尉、錄尚書事、東陽王丕，侍中、司徒、淮陽王尉元，侍中、司空、長樂王穆亮，侍中、尚書左僕射、平原王陸叡等，率百僚詣闕表曰：「上靈不弔，大行太皇太后崩背，溥天率土，痛慕斷絕。伏惟陛下孝思烝烝，攀號罔極。臣等聞先王制禮，必有隨世之變；前賢創法，亦務適時之宜。良以世代不同，古今異致故也。三年之喪，雖則自古，然中代已後，未之能行。先朝成式，事在可準，聖后終制，刊之金册。伏惟陛下至孝發衷，哀毀過禮，欲依上古，喪終三年。誠協大舜孝慕之德，實非俯遵濟世之道。今雖中夏穆清，庶邦康靜，然萬機事殷，不可暫曠，春秋烝嘗，事難廢闕。伏願天鑒，抑至孝之深誠，副億兆之企望，喪期禮數，一從終制，則天下幸甚。日月有期，山陵將就，請展安兆域，以備奉終之禮。」詔曰：「凶禍甫爾，未忍所請。」

休等又表曰：「臣等聞五帝已前，喪期無數，三代相因，禮制始立，名雖虛置，行之者寡。高宗徒有諒闇之言，而無可遵之式；康王既廢初喪之儀，先行卽位之禮。於是無改之道或虧，三年之喪有缺。夫豈無至孝之君，賢明之子？皆以理貴隨時，義存百姓。是以君薨而卽位，不暇改年；踰月而卽葬，豈待同軌；葬而卽吉，不必終喪。此乃二漢所以經綸治道，魏晉所以綱理政術。伏惟陛下以至孝之性，遭罔極之艱，永慕崩號，哀過虞舜，誠是萬古之高德，曠世之絕軌。然天下至廣，萬機至殷，曠之一朝，庶政必滯。又聖后終制，已有成典，宗社廢禮，其事尤大。伏願天鑒，抑哀毀之至誠，思在予之深責，仰遵先志典册之文，俯哀百辟元元之請。」詔曰：「自遭禍罰，慌惚如昨，奉侍梓宮，猶希髣髴。山陵遷厝，所未忍聞。」

十月，休等又表曰：「臣等頻煩上聞，仰申誠款，聖慕惟遠，未垂昭亮。伏讀哀灼，憂心如焚。臣等聞承乾統極者宜以濟世爲務，經綸天下者特以百姓爲心。故萬機在躬，周康弗獲申其慕；漢文作戒，孝景不得終其禮。此乃先代之成軌，近世所不易。伏惟太皇太后叡聖淵識，慮及始終，明誥垂於典策，遺訓備于未命。聿修厥德，聖人所重；遵承先式，臣子攸尙。陛下雖欲終上達之禮，其如黎元何？臣等不勝憂懼之誠，敢冒重陳，乞垂聽訪，以副億兆之望。」詔曰：「仰尋遺旨，俯聞所奏，倍增號絕。山陵可依典册，如公卿所議。衰服之宜，情所未忍，別當備敍在心。」

既葬，休又表曰：「奉被癸酉詔書，述遺誡之旨，昭違從之義，遵儉葬之重式，稱孝思之深誠。伏讀未周，悲感交切。日月有期，山陵卽就，伏惟陛下永慕崩號，倍增摧絕。臣等具位在官，與國休戚，庇心之至，不敢不陳。咸以爲天下之至尊，莫尊於王業；皇極之至重，莫重於萬機。至尊，故不得以常禮任己；至重，亦弗獲以世典申情。是以二漢已降，逮于魏晉，葬不過踰月，服不淹三旬。良以叔世事廣，禮隨時變，不可以無爲之法，行之於有爲之辰。文質不同，古今異制，其來久矣。自皇代革命，多歷年祀，四祖三宗，相繼纂業。上承數代之故實，俯副兆民之企望，豈伊不懷，理宜然也。文明太皇太后欽明稽古，聖思淵深，所造終制，事合世典。送終之禮既明，遺誥之文載備，奉而行之，足以垂風百王，軌儀萬葉。陛下以至孝之誠，哀毀過禮，三御不充半溢，晝夜不釋絰帶，永思纏綿，滅性幾及。百姓所以憂懼失守，臣等所以肝腦塗地。王者之尊，躬行一日，固可以感徹上靈，貫被幽顯。況今山陵告終，百禮咸畢，〔一〕日已淹月，仍不卜練，比之前世，理爲過矣。願陛下思大孝終始之義，愍億兆悲惶之心，抑思割哀，遵奉終制，以時卽吉，一日萬機，則天下蒙恩，率土仰賴。謹依前式，求定練日，以備祔禫之禮。」詔曰：「比當別敍在心。」

既而，帝引見太尉丕及羣臣等於太和殿前，哭拜盡哀，出幸思賢門右，詔尚書李沖宣旨於王等：「仰惟先后平日，近集羣官，共論政治，平秩民務。何圖一旦禍酷奄鍾，獨見公卿，言及喪事，追惟荼毒，五內崩摧。」丕對曰：「伏奉明詔，羣情圮絕。臣與元等不識古義，以老朽之年，歷奉累聖，國家舊事，頗所知聞。伏惟遠祖重光世襲，至有大諱之日，唯侍送梓宮者凶服，左右盡皆從吉。四祖三宗，因而無改。世祖、高宗臣所目見。唯先帝升遐，臣受任長安，不在侍送之列，竊聞所傳，無異前式。伏惟陛下以至孝之性，哀毀過禮，伏聞所御三食，不滿半溢。臣等叩心絕氣，坐不安席。願暫抑至慕之情，遵先朝成事，思金冊遺令，奉行前式，無失舊典。」詔曰：「追惟慈恩，昊天罔極，哀毀常事，豈足關言。既不能待沒，而朝夕食粥，粗亦支任，二公何足以至憂怖。所奏先朝成事，亦所具聞。祖宗情專武略，未修文教。朕今仰禀聖訓，庶習古道，論時比事，又與先世不同。太尉等國老，政之所寄，於典記舊式，或所未悉，且可知朕大意。其餘喪禮之儀，古今異同，漢魏成事及先儒所論，朕雖在衰服之中，以喪禮事重，情在必行，故暫抑哀慕，躬自尋覽。今且以所懷，別問尚書游明根、高閭等，公且可聽之。」

高祖謂明根曰：「朕丁罹酷罰，日月推移，山陵已過，公卿又依金冊，據案魏晉，請除衰服。重聞所奏，倍增號哽。前者事逼山陵，哀疚頓弊，未得論敍，今故相引，欲具通所懷。卿前所表，除釋衰麻，聞之實用悲恨。于時親侍梓宮，匍匐筵几，哀號痛慕，情未暫闋，而公卿何忍便有此言。何於人情之不足！夫聖人制卒哭之禮，授練之變，皆奪情以漸。又聞君子不奪人之喪，亦不可奪喪。今則旬日之間，言及卽吉，特成傷理。」明根對曰：「臣等伏尋金册遺旨，踰月而葬，葬而卽吉。故於卜葬之初，因奏練除之事，仰傷聖心，伏增悲悚。」高祖曰：「卿等咸稱三年之喪，雖則自古，然中代以後，未之能行。朕謂中代所以不遂三年之喪，蓋由君上違世，繼主初立，故身襲衮冕，以行卽位之禮。又從儲宮而登極者，君德未沾，臣義不洽，天下顒顒，未知所傒，故頒備朝儀，示皇極之尊。及后之喪也，因父在不遂，卽生情易之情，踵以爲法。諒知敦厚之化，不易遵也。朕少蒙鞠育，慈嚴兼至，臣子之情，君父之道，無不備誨。雖自蒙昧，粗解告旨，庶望量行，以免咎戾。朕誠不德，在位過紀，雖未能恩洽四方，化行萬國，仰稟聖訓，足令億兆知有君矣。於此之日，而不遂哀慕之心，使情禮俱損，喪紀圮壞者，深可痛恨。」

高閭對曰：「太古既遠，事難襲用，漢魏以來，據有成事。漢文繼高惠之蹤，斷獄四百，幾致刑措，猶垂三旬之禮。孝景承平，遵而不變。以此言之，不爲卽位之際，有所逼懼也。良是君人之道，理自宜然。又漢稱文景，雖非聖君，亦中代明主。今遺册之旨，同於前式。伏願陛下述遵遺令，以副羣庶之情。杜預晉之碩學，論自古天子無有行三年之喪者，以爲漢文之制，闇與古合。雖叔世所行，事可承踵，是以臣等慺慺干謁。」高祖曰：「漢魏之事，與今不同，備如向說。孝景雖承昇平之基，然由嫡子卽位，君德未顯，無異前古。又父子之親，誠是天屬之重，然聖母之德，昊天莫報，思自殞滅，豈從衰服而已。竊尋金册之旨，所以告奪臣子之心令早卽吉者，慮遺絕萬機，荒廢政事。羣官所以慺慺，亦懼機務之不理矣。今仰奉册令，俯順羣心，不敢闇默不言，以荒庶政。唯欲存衰麻，廢吉禮，朔望盡哀，寫泄悲慕，上無失導誨之志，下不乖衆官所請，情在可許，故專欲行之。公卿宜審思朕懷，不當固執。至如杜預之論，雖暫適時事，於孺慕之君，諒闇之主，蓋亦誣矣。孔聖稱『喪與其易也寧戚』，而預於孝道簡略，朕無取焉。」

祕書丞李彪對曰：「漢明德馬后，保養章帝，母子之道，無可間然。及后之崩，葬不淹旬，尋以從吉。然漢章不受譏於前代，明德不損名於往史。雖論功比德，事有殊絕，然母子之親，抑亦可擬。願陛下覽前世之成規，遵金册之遺令，割哀從議，以親萬機。斯誠臣下至心，兆庶所願。」高祖曰：「旣言事殊，固不宜仰匹至德，復稱孝章從吉，不受譏前代。朕所以眷戀衰絰，不從所議者，仰感慈恩，情不能忍故也。蓋聞孝子之居喪，見美麗則感親，故釋錦而服粗衰。內外相稱，非虛加也。今者豈徒顧禮違議，苟免嗤嫌而已。抑亦情發於衷，而欲肆之於外。金册之意，已具前答，故不復重論。又卒日奉旨，不忍片言。後事遂非，默默在念，不顯所懷。今奉終之事，一以仰遵遺册，於令不敢有乖。但痛慕之心，事繫於予。

雖無丁蘭之感，庶聖靈不奪至願，是以謂無違旨嫌。諸公所表，稱先朝成式，事在可準。朕仰惟太祖龍飛九五，初定中原，及太宗承基，世祖纂歷，皆以四方未一，羣雄競起，故銳意武功，未修文德。高宗、顯祖亦心存武烈，因循無改。朕承累世之資，仰聖善之訓，撫和內外，上下輯諧。稽參古式，憲章舊典，四海移風，要荒革俗。仰遵明軌，庶無愆違。而方於禍酷之辰，引末朝因循之則，以爲前準，非是所喻。」

高閭對曰：「臣等以先朝所行，頗同魏晉，又適於時，故敢仍請。」高祖曰：「卿等又稱今雖中夏穆清，庶邦康靜，然萬機事廣，不可暫曠。朕以卿苦見逼奪，情不自勝。尋覽喪儀，見前賢論者，稱卒哭之後，王者得理庶事。依據此文，又從遺册之旨，雖存衰服，不廢萬機，無闕庶政，得展罔極之思，於情差申。」

高閭對曰：「君不除服於上，臣則釋衰於下，從服之義有違，爲臣之道不足。又親御衰麻，復聽朝政，吉凶事雜，臣竊爲疑。」高祖曰：「卿等猶以朕之未除於上，不忍專釋於下，奈何令朕獨忍於親舊！論云，王者不遂三年之服者，屈己以寬羣下也。先后之撫羣下也，念之若子，視之猶傷。卿等哀慕之思，既不求寬；朕欲盡罔極之慕，何爲不可？但逼遺册，不遂乃心。將欲居廬服衰，寫朝夕之慕；升堂襲素，理日昃之勤。使大政不荒，哀情獲遂，吉不害於凶，凶無妨於吉。以心處之，謂爲可爾。遺旨之文，公卿所議，皆服終三旬，釋衰襲吉。從此而行，情實未忍；遂服三年，重違旨誥。今處二理之際，唯望至期，使四氣一周，寒暑代易。雖不盡三年之心，得一經忌日，情結差申。案禮，卒哭之後，將受變服。於朕受日，庶民及小官皆命卽吉。內職羽林中郎已下，虎賁郎已上，及外職五品已上無衰服者，素服以終三月；內職及外臣衰服者，變從練禮。外臣三月而除；諸王、三都、駙馬及內職，至來年三月晦朕之練也，除凶卽吉；侍臣君服斯服，隨朕所降。此雖非舊式，推情卽理，有貴賤之差，遠近之別。」

明根對曰：「聖慕深遠，孝情彌至，臣等所奏，已不蒙許，願得踰年卽吉。既歷冬正，歲序改易，且足申至慕之情，又近遺誥之意，何待期年。」高祖曰：「册旨速除之意，慮廣及百官，久曠眾務。豈於朕一人，獨有違奪？今旣依次降除，各不廢王政，復何妨於事，而猶奪期年之心。」

高閭對曰：「昔王孫裸葬，士安去棺，其子皆從而不違，不爲不孝。此雖貴賤非倫，事頗相似，臣敢借以爲諭。今親奉遺令，而有所不從，臣等所以頻煩干奏。」李彪亦曰：「三年不改其父之道，可謂大孝。今不遵册令，恐涉改道之嫌。」高祖曰：「王孫、士安皆誨子以儉，送終之事，及其遵也，豈異今日。改父之道者，蓋謂慢孝忘禮，肆情違度。今梓宮之儉，玄房之約，明器幃帳，一無所陳。如斯之事，卿等所悉。衰服之告，乃至聖心卑己申下之意，寧可苟順沖約之旨，而頓絕創巨之痛。縱有所涉，甘受後代之譏，未忍今日之請。」又表稱春秋烝嘗，事難廢闕。「朕聞諸夫子，『吾不與祭，如不祭』。自先朝以來，有司行事，不必躬親，比之聖言，於事殆闕。賴蒙慈訓之恩，自行致敬之禮。今昊天降罰，殃禍上延，人神喪恃，幽顯同切，想宗廟之靈，亦輟歆祀。脫行饗薦，恐乖冥旨。仰思成訓，倍增痛絕。豈忍身襲袞冕，親行吉事。」

高閭對曰：「古者郊天，越紼行事，宗廟之重，次於郊祀。今山陵已畢，不可久廢廟饗。」高祖曰：「祭祀之典，事由聖經，未忍之心，具如前告。脫至廟庭，號慕自纏，終恐廢禮。公卿如能獨行，事在言外。」

李彪曰：「三年不爲禮，禮必壞；三年不爲樂，樂必崩。今欲廢禮闕樂，臣等未敢。」高祖曰：「此乃宰予不仁之說，已受責於孔子，不足復言。羣官前表，稱『高宗徒有諒闇之言，而無可遵之式』。朕惟信闇默之難，周公禮制，自茲以降，莫能景行。言無可遵之式，良可怪矣。復云，康王既廢初喪之儀，先行卽位之禮。於是無改之道式虧，三年之喪有缺。朕謂服美不安，先賢有諭；禮畢居喪，著在前典。或虧之言，有缺之義，深乖理衷。」

高閭對曰：「臣等據案成事，依附杜預，多有未允。至乃推校古今，量考衆議，實如明旨。臣等竊惟曾參匹夫，七日不食，夫子以爲非禮。及錄其事，唯書七日，不稱三年，蓋重其初慕之心。伏惟陛下以萬乘之尊，不食竟於五日，既御則三食不充半溢。臣等伏用悲惶，肝腦塗地。躬行一日，足以貫被幽顯，豈宜衰服三年，以曠機務。夫聖人制禮，不及者企而及之，過之者俯而就之。伏願陛下抑至慕之情，俯就典禮之重，誠是臣等慺慺之願。」

高祖曰：「恩隆德厚，則思戀自深，雖非至情，由所感發。然曾參之孝，曠代而有，豈朕今日所足論也。又前表，稱『古者葬而卽吉，不必終禮，此乃二漢所以經綸治道，魏晉所以綱理庶政』。朕以爲既葬卽吉，蓋其季俗多亂，權宜救世耳，諒非光治興邦之化。二漢之盛，魏晉之興，豈由簡略喪禮，遺忘仁孝哉。公卿偏執一隅，便謂經治之要，皆在於斯，殆非義也。昔平日之時，公卿每奏稱當今四海晏安，諸夏清泰，禮樂日新，政和民悅。蹤侔軒唐，事等虞禹，漢魏已下，固不足仰止聖治。及至今日，便欲苦奪朕志，使不踰於魏晉。如此之意，未解所由。昔文母上承聖主之資，下有賢子之化，唯助德宣政，因風致穆而已。當今衆事草創，萬務惟始，朕以不德，沖年踐祚。而聖母匡訓以義方，詔誨以政事，經綸內外，憂勤億兆，使君臣協和，天下緝穆。上代已來，何后之功，得以仰比？如有可擬，則從衆議。堯雖棄子禪舜，而舜自有聖德，不假堯成。及其徂也，猶四海遏密，終於三年。今慈育之恩，詔敎之德，尋之曠代，未有匹擬。既受非常之恩，寧忍從其常式。況未殊一時，而公卿欲令卽吉。冠冕黼黻，行禮廟庭；臨軒設懸，饗會萬國。尋事求心，實所未忍。」

高閭對曰：「臣等遵承册令，因循前典，惟願除衰卽吉，親理萬機。至德所在，陛下欽明稽古，周覽墳籍，孝性發於聖質，至情出於自然，斟酌古今，事非臣等所及。」李彪曰：「當今雖治風緝穆，民庶晏然。江南有未賓之吳，朔北有不臣之虜，東西二蕃雖文表稱順，情尙難測。是以臣等猶懷不虞之慮。」高祖曰：「魯公帶絰從師，晉侯墨衰敗寇，往聖無譏，前典所許。如有不虞，雖越紼無嫌，而況衰麻乎？豈可於晏安之辰，豫念戎旅之事，以廢喪紀哉！」李彪對曰：「昔太伯父死適越，不失至德之名。夫豈不懷，有由然也。伏願抑至慕之心，從遺告之重。臣聞知子莫若父母，聖后知陛下至孝之性也難奪，故豫造金册，明著遺禮。今陛下孝慕深遠，果不可奪，臣等常辭，知何所啓。」高祖曰：「太伯之言，有乖今事，諸情備如前論，更不重敍古義。亦有稱王者除衰而諒闇終喪者，若不許朕衰，朕則當除衰闇默，委政冢宰。二事之中，惟公卿所擇。」明根對曰：「陛下孝侔高宗，慕同大舜，服衰麻以申至痛，理萬機以從遺旨，與曠世之廢禮，制一代之高則。臣等伏尋淵默不言，則代政將曠，仰順聖慕之心，請從衰服之旨。」

東陽王丕曰：「臣與尉元，歷事五帝，雖衰老無識，敢奏所聞。自聖世以來，大諱之後三月，必須迎神於西，攘惡於北，具行吉禮。自皇始以來，未之或易。」高祖曰：「太尉國老，言先朝舊事，誠如所陳。但聰明正直，唯德是依。若能以道，不召自至。苟失仁義，雖請弗來。大禍三月，而備行吉禮，深在難忍。縱卽吉之後，猶所不行，況數旬之中，而有此理。恐是先朝萬得之一失，未可以爲常式。朕在不言之地，不應如此。但公卿執奪，朕情未忍從，遂成往復，追用悲絕。」上遂號慟，羣官亦哭而辭出。

壬午詔曰：「公卿屢上啓事，依據金册遺旨，中代成式，求過葬卽吉。朕仰惟恩重，不勝罔極之痛。思遵遠古，終三年之禮。比見羣官具論所懷，今依禮旣虞卒哭，剋此月二十日受服，以葛易麻。旣衰服在上，公卿不得獨釋於下。故於朕之授變從練，已下復爲節降。斷度今古，以情制衷。但取遺旨速除之一節，粗申臣子哀慕之深情。欲令百官同知此意，故用宣示。便及變禮，感痛彌深。」

十五年四月癸亥朔，設薦於太和廟。是日，高祖及從服者仍朝夕臨，始進蔬食，上哀哭追感不飯。侍中、南平王馮誕等諫，經宿乃膳。甲子罷朝，夕哭。九月丙戌，有司上言求卜祥日。詔曰：「便及此期，覽以摧絕。敬祭卜祥，乃古之成典。但世失其義，筮日求吉，〔二〕旣乖敬事之志，又違永慕之心。今將屈禮厲衆，不訪龜兆。已企及此晦，寧敢重違册旨，以異羣議。尋惟永往，言增崩裂。」丁亥，高祖宿於廟。至夜一刻，引諸王、三都大官、駙馬、三公、令僕已下，奏事中散已上，及刺史、鎭將，立哭於廟庭，三公、令僕升廟。旣出，監御令陳服笥於廟陛南，近侍者奉而升列於室前席。侍中、南平王馮誕跪奏請易服，進縞冠、皂朝服、革帶、黑屨，侍臣各易以黑介幘、白絹單衣、革帶、烏履，遂哀哭至乙夜，盡戊子。質明薦羞，奏事中散已上，冠服如侍臣，刺史已下無變。高祖薦酌，神部尚書王諶讚祝訖，哭拜遂出。有司陽祥服如前。〔三〕侍中跽奏，請易祭服，進縞冠素紕、白布深衣、麻繩履。侍臣去幘易幍，羣官易服如侍臣，又引入如前。儀曹尚書游明根升廟跽慰，復位哭，遂出。引太守外臣及諸部渠帥入哭，次引蕭賾使并雜客入。至甲夜四刻，侍御、散騎常侍、司衞監以上升廟哭，既而出。帝出廟，停立哀哭，久而乃還。

十月，太尉丕奏曰：「竊聞太廟已就，明堂功畢，然享祀之禮，不可久曠。至於移廟之日，須得國之大姓，遷主安廟。神部尚書王諶既是庶姓，不宜參豫。臣昔以皇室宗屬，遷世祖之主。先朝舊式，不敢不聞。」詔曰：「具聞所奏，尋惟平日，倍增痛絕。今遵述先旨，營建寢廟，既而粗就。先王制禮，職司有分。移廟之日，遷奉神主，皆太尉之事，朕亦親自行事，不得越局，專委大姓。王諶所司，惟贊板而已。時運流速，奄及縞制，復不得哀哭於明堂，後當親拜山陵，寫泄哀慕。」

是年，高麗王死，十二月詔曰：「高麗王璉守蕃東隅，累朝貢職，年踰期頤，勤德彌著。今既不幸，其赴使垂至，將爲之舉哀。而古者同姓哭廟，異姓隨其方，皆有服制。今既久廢，不可卒爲之衰，且欲素委貌、白布深衣，於城東爲盡一哀，以見其使也。朕雖不嘗識此人，甚悼惜之。有司可申敕備辦。」事如別儀。

十六年九月辛未，高祖哭於文明太后陵左，終日不絕聲，幕越席爲次，侍臣侍哭。壬申，高祖以忌日哭於陵左，哀至則哭，侍哭如昨。帝二日不御膳。癸酉，朝中夕三時，哭拜於陵前。夜宿監玄殿，是夜徹次。甲戌，帝拜哭辭陵，還永樂宮。

十九年，太師馮熙薨，有數子尚幼。議者以爲童子之節，事降成人，謂爲衰而不裳，免而不絰，又無腰麻繆垂，唯有絞帶。時博士孫惠蔚上書言：「臣雖識謝古人，然微涉傳記。近取諸身，遠取諸禮，驗情以求理，尋理以推制。竊謂童子在幼之儀，居喪之節，冠杖之制，有降成人。衰麻之服，略爲不異。以玉藻二簡，微足明之，曰：童子之節，錦紳并紐。錦紳卽大帶，〔四〕既有佩觿之革，又有錦紐之紳。此明童子雖幼，已備二帶。以凶類吉，則腰絰存焉。又曰：童子無緦服。鄭注曰：『雖不服緦，猶免深衣。』是許其有裳，但不殊上下。又深衣之制，長幼俱服。童子爲服之緦，猶免深衣，況居有服之斬，而反無裳乎？臣又聞先師舊說，童子常服類深衣，衰裳所施，理或取象。但典無成言，故未敢孤斷。又曰：聽事則不麻。則知不聽事麻矣。故注曰：『無麻往給事。』此明族人之喪，童子有事，貫絰帶麻，執事不易，故暫聽去之，以便其使。往則不麻，不往則絰。如使童子本自無麻，禮腰、首，聽與不聽，俱闕兩經，唯舉無麻，足明不備，豈得言聽事則不麻乎？以此論之，有經明矣。且童子不杖不廬之節，理儉於責；〔五〕不裳不絰之制，未覩其說。又臣竊解童子不衣裳之記，是有問之言。〔六〕將謂童子時甫稚齡，未就外傅，出則不交族人，內則事殊長者，餕旨父母之前，往來慈乳之手，故許其無裳，以便易之。若在志學之後，將冠之初，年居二九，質並成人，受道成均之學，釋菜上庠之內，將命孔氏之門，執燭曾參之室，而唯有掩身之衣，無蔽下之裳，臣愚未之安矣。又女子未許嫁，二十則笄，觀祭祀，納酒漿，助奠廟堂之中，視禮至敬之處，其於婉容之服，寧無其備。以此推之，則男女雖幼，理應有裳。但男女未冠，禮謝三加，女子未出，衣殊狄褖。無名之服，禮文罕見。童子雖不當室，苟以成人之心，則許其人服緦之絰。輕猶有絰，斬重無麻，是爲與輕而奪重，非禮之意，此臣之所以深疑也。又衰傍有衽，以掩裳際，如使無裳，衽便徒設，若復去衽，衰又不備。設有齊斬之故，而便成童男女唯服無衽之衰，去其裳絰，此必識禮之所不行，亦以明矣。若不行於己，而立制於人，是爲違制以爲法，從制以誤人。恕禮而行，理將異此。」詔從其議。

校勘記

〔一〕百禮咸畢　百衲本「百禮」二字空二格，南本已下諸本並注「闕二字」，今據通典卷八〇總論喪期後魏條補。

〔二〕筮日求吉　諸本作「筮曰永吉」，通鑑卷一三七四三一三頁如上摘句。按上云「有司上言，求卜祥日」，知通鑑是，今據改。

〔三〕有司陽祥服如前　按「陽」字不可解，上云「監御令陳服笥於廟陛南」，此云「如前」，疑「陽」乃「陳」之訛。

〔四〕錦紳幷紐錦紳卽大帶　諸本「紐」作「細」，下「錦紳」無「紳」字。册府卷五八〇六九五六頁如上摘句。按禮記玉藻本文作紐，正義謂「絇，帶之紐」，「細」字無義，今據改。又「錦紳」連文，「錦」不得云「卽大帶」，今據補。

〔五〕且童子不杖不廬之節理儉於責　諸本「責」下旁注「疑」字。按童子不杖、不廬見禮記雜記下，注云：「未成人者，不能備禮也。」這裏是說童子不杖不廬的禮節，於理不該苛責。並無可疑，今删。

〔六〕是有間之言　諸本「間」訛「聞」，不可通，今據册府卷五八〇六九五六頁改。

魏書卷一百八之四

禮志四之四第十三

世宗永平四年冬十二月，員外將軍、兼尚書都令史陳終德有祖母之喪，欲服齊衰三年，以無世爵之重，不可陵諸父，若下同衆孫，恐違後祖之義，請求詳正。國子博士孫景邕、劉懷義、封軌、高綽，太學博士袁昇，四門博士陽寧居等議：「嫡孫後祖，持重三年，不爲品庶生二，終德宜先諸父。」太常卿劉芳議：「案喪服乃士之正禮，含有天子、諸侯、卿大夫之事，其中時復下同庶人者，皆別標顯。至如傳重，自士以上，古者卿士，咸多世位，又士以上，乃有宗廟。世儒多云，嫡孫傳重，下通庶人。以爲差謬。何以明之？禮稽命徵曰：『天子之元士二廟，諸侯之上士亦二廟，中、下士一廟。』一廟者，祖禰共廟。祭法又云『庶人無廟』。既如此分明，豈得通於庶人也？傳重者主宗廟，非謂庶人祭於寢也。兼累世承嫡，方得爲嫡子嫡孫耳。不爾者，不得繼祖也。又鄭玄別變除，云爲五世長子服斬也。魏晉以來，不復行此禮矣。案喪服經無嫡孫爲祖持重三年正文，唯有爲長子三年，嫡孫期。傳及注因說嫡孫傳重之義。今世既不復爲嫡子服斬，卑位之嫡孫不陵諸叔而持重，則可知也。且準終德資階，方之於古，未登下士，庶人在官，復無斯禮。考之舊典，驗之今世，則茲範罕行。且諸叔見存，喪主有寄，宜依諸孫，服期爲允。」

景邕等又議云：「喪服雖以士爲主，而必下包庶人。何以論之？自大夫以上，每條標列，〔一〕逮於庶人，含而不述，比同士制，不復疑也。〔二〕唯有庶人爲國君，此則明義服之輕重，不涉於孫祖。且受國於曾祖，廢疾之祖父，亦無重可傳，而猶三年，不必由世重也。夫霜感露濡，異識咸感，承重主嗣，寧甄寢廟，嫡孫之制，固不同殊。〔三〕又古自卿以下，皆不殊承襲，末代僭踰，未可以語通典。〔四〕是以春秋譏於世卿，王制稱大夫不世，此明訓也。喪服，經雖無嫡孫爲祖三年正文，而有祖爲嫡孫期，〔五〕豈祖以嫡服己，己與庶孫同爲祖服期，於義可乎？服祖三年，此則近世未嘗變也。準古士官不過二百石已上，終德卽古之廟士也。假令終德未班朝次，苟曰志仁，必也斯遂。況乃官歷士流，當訓章之運，而以庶叔之嫌，替其嫡重之位，未是成人之善也。」芳又議：「國子所云，喪服雖以士爲主，而必下包庶人。本亦不謂一篇之內全不下同庶人，正言嫡孫傳重，專士以上。此經、傳之正文，不及庶人明矣。戴德喪服變除云：『父爲長子斬，自天子達於士。』此皆士以上乃有嫡子之明據也。且承重者，以其將代己爲宗廟主，廟主了不云寢，又其證也。所引大夫不世者，此公羊、穀梁近儒小道之書，至如左氏、詩、易、尚書、論語皆有典證，或是未寤。許叔重五經異義云，今春秋公羊、穀梁說卿大夫世位，則權并一姓，謂周尹氏、齊崔氏也。而古春秋左氏說卿大夫皆得世祿。傳曰『官族』，易曰『食舊德』，舊德，謂食父故祿也。尚書曰：『世選爾勞，予不絕爾善。』詩云：『惟周之士，不顯奕世。』論語曰：『興滅國，繼絕世。』國謂諸侯，世謂卿大夫也。斯皆正經及論語士以上世位之明證也，士皆世祿也。八品者一命，斯乃信然。但觀此據，可謂覩其綱，未照其目也。案晉官品令所制九品，皆正無從，故以第八品準古下士。今皇朝官令皆有正從，若以其員外之資，爲第十六品也，豈得爲正八品之士哉？推考古今，謹如前議。」

景邕等又議：「喪服正文，大夫以上，每事顯列，唯有庶人，含而不言。此通下之義，了然無惑。且官族者，謂世爲其功；食舊德者，謂德侯者世位；〔六〕興滅國，繼絕世，主謂諸侯卿大夫無罪誅絕者耳。且金貂七珥，楊氏四公，雖以位相承，豈得言世祿乎？晉太康中，令史殷遂以父祥不及所繼，求還爲祖母三年。時政以禮無代父追服之文，亦無不許三年之制，此卽晉世之成規也。」尚書邢巒奏依芳議。詔曰：「嫡孫爲祖母，禮令有據，〔七〕士人通行，何勞方致疑請也。可如國子所議。」

延昌二年春，偏將軍乙龍虎喪父，給假二十七月，而虎幷數閏月，詣府求上。領軍元珍上言：「案違制律，居三年之喪而冒哀求仕，五歲刑。龍虎未盡二十七月而請宿衞，依律結刑五歲。」三公郎中崔鴻駮曰：「三年之喪，二十五月大祥。諸儒或言祥月下旬而禫，或言二十七月，各有其義，未知何者會聖人之旨。龍虎居喪已二十六月，若依王、杜之義，便是過禫卽吉之月。如其依鄭玄二十七月，禫中復可以從御職事。禮云：『祥之日鼓素琴。』然則大祥之後，喪事終矣。旣可以從御職事，求上何爲不可？若如府判，禫中鼓琴，復有罪乎？求之經律，理實未允。」下更詳辨。

珍又上言：「案士虞禮，三年之喪，期而小祥，又期而大祥，中月而禫。鄭玄云『中猶間也』，『自喪至此，凡二十七月』。又禮言：『祥之日鼓素琴。』鄭云：『鼓琴者，存樂也。』孔子祥後五日，彈琴而不成，十日而成笙歌。鄭注與鄭志及踰月可以歌，皆身自逾月可爲。此謂存樂也，非所謂樂。樂者，使工爲之。晉博士許猛解三驗曰：案黍離、麥秀之歌，小雅曰『君子作歌，惟以告哀』，魏詩曰『心之憂矣，我歌且謠』。若斯之類，豈可謂之金石之樂哉？是以徒歌謂之謠，徒吹謂之和。記曰：『比音而樂之，及干戚羽毛謂之樂。』若夫禮樂之施於金石，越於聲音者，此乃所謂樂也。至於素琴以示終、笙歌以省哀者，則非樂矣。間傳云：大祥除衰，杖而素縞麻衣，大祥之服也。雜記注云：『玄衣黃裳，則是禫祭，黃者，未大吉也。』〔八〕

檀弓云：『祥而縞，是月禫，徙月樂。』鄭志：趙商問，鄭玄答云：祥謂大祥，二十五月。是月禫，謂二十七月，非謂上祥之月也。徙月而樂。許猛釋六徵曰：樂者，自謂八音克諧之樂也。謂在二十八月，工奏金石之樂耳。而駁云：『大祥之後，喪事終矣。』脫如此駁，禫復焉施？又駁云：『禫中鼓琴，復有罪乎？』然禫則黄裳，未大吉也，鼓琴存樂，在禮所許。若使工奏八音，融然成韻，既未徙月，不罪伊何！又駁云：『禫中既得從御職事，求上何爲不可？』檢龍虎居喪二十六月，始是素縞麻衣，大祥之中，何謂禫乎？三年沒閏，理無可疑。麻衣在體，冒仕求榮，實爲大尤，罪其焉捨！又省依王、杜，禫祥同月，全乖鄭義。喪凶尚遠，而欲速除，何忽忽者哉？下府愚量，鄭爲得之。何者？禮記云：『吉事尚近日，凶事尚遠日。』又論語云：『喪與其易寧戚。』而服限三年，痛盡終身。中月之解，雖容二義，尚遠寧戚。又檢王、杜之義，起於魏末晉初。及越騎校尉程猗贊成王肅，駁鄭禫二十七月之失，爲六徵三驗，上言於晉武帝曰：『夫禮國之大典，兆民所日用，豈可二哉。今服禫者各各不同，非聖世一統之謂。鄭玄說二十七月禫，甚乖大義。臣每難鄭失，六有徵，三有驗，初未能破臣難而通玄說者。』如猗之意，謂鄭義廢矣。太康中，許猛上言扶鄭，釋六徵，〔九〕解三驗，以鄭禫二十七月爲得，猗及王肅爲失。而博士宋昌等議猛扶鄭爲衷，晉武從之。王、杜之義，於是敗矣。王、杜之義見敗者，晉武知其不可行故也。而上省同猗而贊王，欲虧鄭之成軌，竊所未寧。

更無異義，還從前處。」

鴻又駁曰：「案三年之喪，沒閏之義，儒生學士，猶或病諸。龍虎生自戎馬之鄉，不蒙稽古之訓，數月成年，便懼違緩。原其本非貪榮求位，而欲責以義方，未可便爾也。且三年之喪，再期而大祥，中月而禫。鄭玄以中爲閒，王、杜以爲是月之中。鄭亦未爲必會經旨，王、杜豈於必乖聖意。既諸儒探賾先聖，後賢見有不同，晉武後雖從宋昌、許猛之駁，同鄭禫議，然初亦從程猗，贊成王、杜之言。二論得否，未可知也。聖人大祥之後，鼓素琴，成笙歌者，以喪事既終，餘哀之中，可以存樂故也。而樂府必以干戚羽毛，施之金石，然後爲樂，樂必使工爲之。庶民凡品，於祥前鼓琴，可無罪乎？律之所防，豈必爲貴士，亦及凡庶。府之此義，彌不通矣。魯人朝祥而暮歌，孔子以爲踰月則可矣。爾則大祥之後，喪事已終，鼓琴笙歌，經禮所許。龍虎欲宿衞皇宮，豈欲合刑五歲。就如鄭義，二十七月而禫，二十六月十五升、布深衣、素冠、縞紕及黃裳、綵纓以居者，此則三年之餘哀，不在服數之內也。衰絰則埋之於地，杖則棄之隱處，此非喪事終乎？府以大祥之後，不爲喪事之終，何得復言素琴以示終也。喪事尙遠日，誠如鄭義。龍虎未盡二十七月而請宿衞，實爲怱怱，於戚之理，合在情責。便以深衣素縞之時，而罪同杖絰苫塊之日，於禮憲未允。詳之律意，冒喪求仕，謂在斬焉草土之中，不謂除衰杖之後也。又龍虎具列居喪日月，無所隱冒，府應告之以禮，遣還終月。便幸彼昧識，欲加之罪，豈是遵禮敦風，愛民之致乎？正如鄭義，龍虎罪亦不合刑，怱怱之失，宜科鞭五十。」

三年七月，司空、淸河王懌第七叔母北海王妃劉氏薨，司徒、平原郡開國公高肇兄子太子洗馬員外亡，〔一〇〕並上言，未知出入猶作鼓吹不，請下禮官議決。太學博士封祖胄議：「喪大記云：期九月之喪，既葬飮酒食肉，不與人樂之；五月三月之喪，比葬，飮酒食肉，不與人樂之；世叔母、故主、宗子，直云飮酒食肉，不言不與人樂之。鄭玄云：『義服恩輕。』以此推之，明義服葬容有樂理。又禮：『大功言而不議，小功議而不及樂。』言論之間，尚自不及，其於聲作，明不得也。雖復功緦，〔一一〕樂在宜止。」四門博士蔣雅哲議：「凡三司之尊，開國之重，其於王服，皆有厭絕。若尊同體敵，雖疏尚宜徹樂。如或不同，子姓之喪非嫡者，既殯之後，義不闕樂。」國子助教韓神固議：「夫羽旄可以展耳目之適，〔一二〕絲竹可以肆遊宴之娛，故於樂貴縣，有哀則廢。至若德儉如禮，升降有數，文物昭旂旗之明，錫鑾爲行動之響，〔鳴鐃以警衆，聲笳以淸路者，所以辨等〕列，明貴賤，〔一三〕非措哀樂於其間矣。謂威儀鼓吹依舊爲允。」

兼儀曹郎中房景先駁曰：「案祖胄議以功緦有喪，鼓吹不作；雅哲議齊衰卒哭，簫管必陳，準之輕重，理用未安。聖人推情以制服，據服以副心，何容拜虞生之奠於神宮，襲衰麻而奏樂。大燧一移，哀情頓盡，反心以求，豈制禮之意也。就如所言，義服恩輕，既虞而樂，正服一期，何以爲斷？或義服尊，正服卑，如此之比，復何品節？雅哲所議，公子之喪非嫡者，既殯之後，義不闕樂。案古雖有尊降，不見作樂之文，未詳此據，竟在何典？然君之於臣，本無服體，但恩誠相感，致存隱惻。是以仲遂卒垂，笙籥不入；智悼在殯，杜蕢明言。豈大倫之痛，既殯而樂乎？又神固等所議，以爲笳鼓不在樂限，鳴鐃以警衆，聲笳而淸路者，所以辨等列，明貴賤耳，雖居哀恤，施而不廢。粗而言之，似如可通，考諸正典，未爲符合。案詩云『鍾鼓既設』，『鼓鍾伐鼛』，又云『於論鼓鍾，於樂辟雍』。言則相連，豈非樂乎？八音之數，本無笳名，推而類之，簫管之比，豈可以名稱小殊，而不爲樂。若以王公位重，威飾宜崇，鼓吹公給，不可私辭者，魏絳和戎，受金石之賞，鍾公勳茂，蒙五熟之賜；若審功膺賞，君命必行，豈可陳嘉牢於齊殯之時，擊鍾磬於疑祔之後？〔一四〕尋究二三，未有依據。國子職兼文學，令問所歸，宜明據典謨，曲盡斟酌，率由必衷，以辨深惑。何容總議並申，無所析剖，更詳得失，據典正議。」

祕書監、國子祭酒孫惠蔚，太學博士封祖胄等重議：「司空體服衰麻，心懷慘切，其於聲樂，本無作理，但以鼓吹公儀，致有疑論耳。案鼓吹之制，蓋古之軍聲，獻捷之樂，不常用也。有重位茂勳，乃得備作。方之金石，準之管絃，其爲音奏，雖曰小殊，然其大體，與樂無異。是以禮云：『鼓無當於五聲，五聲不得不和。』竊惟今者，加台司之儀，蓋欲兼廣威華，若有哀用之，無變於吉，便是一人之年，悲樂並用，求之禮情，於理未盡。二公雖受之於公，用之非私，出入聲作，亦以娛己。今既有喪，心不在樂，笳鼓之事，明非欲聞，其從寧戚之義，廢而勿作。但禮崇公卿出入之儀，至有趨以采齊，行以肆夏，和鑾之聲，佩玉之飾者，所以顯槐鼎之至貴，彰宰輔之爲重。今二公地處尊親，儀殊百辟，鼓吹之用，無容全去。禮有懸而不樂，今陳之以備威儀，不作以示哀痛。述理節情，愚謂爲允。」詔曰：「可從國子後議。」

清河王懌所生母羅太妃薨，表求申齊衰三年。詔禮官博議。侍中、中書監、太子少傅崔光議：「喪服大功章云：公之庶昆弟爲母。傳曰：『先君餘尊之所厭，不得過大功。』記：『公子爲其母練冠麻衣縓緣，既葬除之。』傳曰：『何以不在五服中也？君之〔所不服，〔一五〕子亦不敢服也。』此皆謂公侯枝子，藉父兄以爲稱，其母本妾，猶繫之於君，不得以子貴爲夫人者也。至如應、韓啓宇，厥母固自申內主之尊；凡、蔣別封，〔一六〕其親亦容盡君妣之重，若然，便所謂周公制禮而子姪共尊。漢世諸王之國，稱太后，宮室百官，周制京邑，自當一傍天子之式，而不用公庶之軌。魏氏已來，雖羣臣稱微，然嘗得出臨民土，恐亦未必捨近行遠，服功衰與練廡也。羅太妃居王母之尊二十許載，兩裔藩后，並建大邦，子孫盈第，臣吏滿國，堂堂列辟，禮樂備陳，吉慶凶哀宜稱情典。則不應傍之公第，仍拘先厭。愚謂可遠準春秋子貴之文，上祔周漢侯王之體，成母后之尊，蠲帝妾之賤，申疏喪之極慕，擬功練之輕悲。誠如此，則三年之喪，無乖於自達；巨創之痛，有遂乎在中，寧成過哀，情禮俱允。」時議者不同，詔服大功。

時又疑清河國官從服之制，太學博士李景林等二十一人議：「按禮文，君爲母三年，臣從服期。今司空自爲先帝所厭，不得申其罔極。依禮大功，據喪服厭降之例，並無從厭之文。今太妃既捨六宮之稱，加太妃之號，爲封君之母，尊崇一國。臣下固宜服期，不得以王服厭屈，而更有降。禮有從輕而重，義包於此。」太學博士封偉伯等十人議：「案臣從君服，降君一等。君爲母三年，臣則期。今司空以仰厭先帝，俯就大功，臣之從服，不容有過。但禮文殘缺，制無正條，竊附情理，謂宜小功。庶君臣之服，不失其序，升降之差，頗會禮意。」

清河國郎中令韓子熙議：

謹案喪服大功章云：公之庶昆弟爲其母妻。傳曰：「何以大功？先君餘尊之所厭，不敢過大功也。」夫以一國之貴，子猶見厭，況四海之尊，固無申理。頃國王遭太妃憂，議者援引斯條，降王之服。尋究義例，頗有一途。但公之庶昆弟，或爲士，或爲大夫。士之卑賤，不得仰匹親王，正以餘厭共同，可以奪情相擬。然士非列土，無臣從服，今王有臣，復不得一準諸士矣。議者仍令國臣從服以期，闇昧所見，未曉高趣。案不杖章云：爲君之父母、妻、長子、祖父母。傳曰：「父母、長子，君服斬，妻則小君，父卒，然後爲祖後者服斬。」傳所以深釋父卒爲祖服斬者，蓋恐君爲祖期，臣亦同期也。明臣之後期，〔一七〕由君服斬。若由君服斬，然後期，則君服大功，安得亦期也？若依公之庶昆弟，不云有臣從期。若依爲君之父母，則出應申三年。此之二章，殊不相干，引彼則須去此，引此則須去彼。終不得兩服功期，渾雜一圖也。議者見餘尊之厭不得過大功，則令王依庶昆弟；見不杖章有爲君之父母，便令臣從服以期。此乃據殘文，守一隅，恐非先聖之情，達禮之喪矣。

且從服之體，自有倫貫，雖秩微閽寺，位卑室老，未有君服細絰，裁踰三時，臣著疏衰，獨涉兩歲。案禮，天子諸侯之大臣，唯服君之父母、妻、長子、祖父母，其餘不服也。唯近臣閽寺，隨君而服耳。若大夫之室老，君之所服，無所不從，而降一等。此三條是從服之通旨，較然之明例。雖近臣之賤，不過隨君之服，未有君輕而臣服重者也。議者云，禮有從輕而重，臣之從君，義包於此。愚謂服問所云「有從輕而重，公子之妻爲其皇姑」，直是禮記之異，獨此一條耳。何以知其然？案服問，經云：「有從輕而重，公子之妻爲其皇姑。」而大傳云：從服有六，其六曰「有從輕而重」。注曰：「公子之妻，爲其皇姑。」若從輕而重，不獨公子之妻者，則鄭君宜更見流輩廣論所及，不應還用服問之文，以釋大傳之義。明從輕而重，唯公子之妻。臣之從君，不得包於此矣。若復有君爲母大功，臣從服期，當云有從輕而重，公子之妻爲其皇姑；爲母大功，〔一八〕臣從服期。何爲不備書兩條，以杜將來之惑，而偏著一事，彌結今日之疑。且臣爲君母，乃是徒從，徒從之體，君亡則已。妻爲皇姑，既非徒從，雖公子早沒，可得不制服乎？爲君之父母妻子，君已除喪而後聞喪，則不稅，蓋以恩輕不能追服。假令妻在遠方，姑沒遙域，過期而後聞喪，復可不稅服乎？若姑亡必不關公子有否，〔一九〕聞喪則稅，不計日月遠近者，〔二〇〕則與臣之從君，聊自不同矣。

又案，臣服君黨，不過五人，悉是三年，其餘不服。妻服夫黨，可直五人乎？期功以降，可得無服乎？臣妻事殊，邈然胡越，苟欲引之，恐非通例也。愚謂臣有合離，三諫待決；妻無去就，一醮終身。親義既有參差，喪服固宜不等。故見厭之婦，可得申其本服；君屈大功，不可過從以期。所以從麻而齊，專屬公子之妻；隨輕而重，何關從服之臣。尋理求途，儻或在此。必以臣妻相準，未覩其津也。

子熙誠不能遠探墳籍，曲論長智，請以情理校其得失。君遭母憂，巨創之痛；臣之爲服，從君之義。如何君至九月，便蕭然而卽吉；臣猶期年，仍衰哭於君第。創巨而反輕，從義而反重。緣之人情，豈曰是哉？侍中崔光學洞今古，達禮之宗，頃探幽立義，申三年之服。雖經典無文，前儒未辨，然推例求旨，理亦難奪。若臣服從期，宜依侍中之論；脫君仍九月，不得如議者之談耳。嬴氏焚坑，禮經殘缺，故今追訪靡據，臨事多惑。愚謂律無正條，須準傍以定罪；禮闕舊文，宜準類以作憲。禮有期同緦功，而服如齊疏者，蓋以在心實輕，於義乃重故也。今欲一依喪服，不可從君九月而服周年；如欲降一等，兄弟之服，不可以服君母。詳諸二途，以取折衷，謂宜麻布，可如齊衰，除限則同小功。所以然者，重其衰麻，尊君母；蹙其日月，隨君降。如此，衰麻猶重，不奪君母之嚴；日月隨降，可塞從輕之責矣。

尙書李平奏，以謂：「禮，臣爲君黨，妻爲夫黨，俱爲從服，各降君、夫一等。故君服三年，臣服一期。今司空臣懌自以尊厭之禮，奪其罔極之心，國臣厭所不及，當無隨降之理。禮記大傳云『從輕而重』，鄭玄注云『公子之妻爲其皇姑』。既舅不厭婦，明不厭者，還應服其本服。此則是其例。」詔曰：「禮有從無服而有服，何但從輕而重乎？懌今自以厭，故不得申其過隙，衆臣古無疑厭之論，而有從輕之據，曷爲不得申其本制也。可從尙書及景林等議。」尋詔曰：「比決淸河國臣爲君母服期，以禮事至重，故追而審之。今更無正據，不可背章生條。但君服既促，而臣服仍遠。禮緣人情，遇厭須變服。可還從前判，既葬除之。」

四年春正月丁巳夜，世宗崩于式乾殿。侍中、中書監、太子少傅崔光，侍中、領軍將軍于忠與詹事王顯，中庶子侯剛奉迎肅宗於東宮，入自萬歲門，至顯陽殿，哭踊久之，乃復。王顯欲須明乃行卽位之禮。崔光謂顯曰：「天位不可暫曠，何待至明？」顯曰：「須奏中宮。」光曰：「帝崩而太子立，國之常典，何須中宮令也。」光與于忠使小黃門曲集奏置兼官行事。於是光兼太尉，黃門郎元昭兼侍中，顯兼吏部尚書，中庶子裴儁兼吏部郎，中書舍人穆弼兼謁者僕射。光等請肅宗止哭，立於東序。于忠、元昭扶肅宗西面哭十數聲，止，服太子之服。太尉光奉策進璽綬，肅宗跽受，服皇帝衮冕服，〔三〕御太極前殿。太尉光等降自西階，夜直羣官於庭中北面稽首稱萬歲。

熙平二年十一月乙丑，太尉、清河王懌表曰：「臣聞百王所尚，莫尚於禮，於禮之重，喪紀斯極。世代沿革，損益不同，遺風餘烈，景行終在。至如前賢往哲，商推有異。或並證經文，而論情別緒；或各言所見，而討事共端。雖憲章祖述，人自名家，而論議紛綸，理歸羣正。莫不隨時所宗，各爲一代之典，自上達下，罔不遵用。是使叔孫之儀，專擅於漢朝；王肅之禮，獨行於晉世。所謂共同軌文，四海畫一者也。至乃折旋俯仰之儀，哭泣升降之節，去來閭巷之容，出入閨門之度，尚須疇諮禮官，博訪儒士，載之翰紙，著在通法。辯答乖殊，證據不明，卽詆訶疵謬，糾劾成罪。此乃簡牒成文，可具閱而知者也。未聞有皇王垂範，國無一定之章；英賢贊治，家制異同之式。而欲流風作則，永貽來世。比學官雖建，庠序未修，稽考古今，莫專其任。暨乎宗室喪禮，百僚凶事，冠服制裁，日月輕重，率令博士一人輕爾議之。廣陵王恭、北海王顥同爲庶母服，恭則治重居廬，顥則齊期堊室。論親則恭、顥俱是帝孫，語貴則二人並爲蕃國，不知兩服之證，據何經典。俄爲舛駁，莫有裁正。懿王昵戚，尚或如斯。自茲已降，何可紀極。歷觀漢魏，喪禮諸儀，卷盈數百。或當时名士，往復成規；或一代詞宗，較然爲則。況堂堂四海，藹藹如林，而令喪禮參差，始於帝族，非所以儀刑萬國，綴旒四海。臣忝官台傅，備位喉脣，不能秉國之鈞，致斯爽缺。具瞻所誚，無所逃罪。謹略舉恭、顥二國不同之狀，以明喪紀乖異之失。乞集公卿樞納，內外儒學，博議定制，班行天下。使禮無異準，得失有歸，并因事而廣，永爲條例。庶塵岳沾河，微酬萬一。」靈太后令曰：「禮者爲政之本，何得不同如此！可依表定議。」事在張普惠傳。

神龜元年九月，尼高皇太后崩於瑤光寺。肅宗詔曰：「崇憲皇太后，德協坤儀，徵符月晷，方融壼化，奄至崩殂。朕幼集荼蓼，夙憑德訓，及翕虣定難，是賴謨謀。夫禮沿情制，義循事立，可特爲齊衰三月，以申追仰之心。」有司奏：「案舊事，皇太后崩儀，自復魄斂葬，百官哭臨，其禮甚多。今尼太后既存委俗尊，憑居道法。凶事簡速，不依配極之典；庭局狹隘，非容百官之位。但昔逕奉接，義成君臣，終始情禮，理無廢絕。輒準故式，立儀如別。內外羣官，權改常服，單衣邪巾，奉送至墓，列位哭拜，事訖而除。止在京師，更不宣下。」詔可。

十一月，侍中、國子祭酒、儀同三司崔光上言：「被臺祠部曹符，文昭皇太后改葬，議至尊、皇太后、羣臣服制輕重。四門博士劉季明議云：『案喪服，記雖云「改葬緦」，〔二二〕文無指據，至於注解，乖異不同。馬融、王肅云本有三年之服者，鄭及三重。然而後來諸儒，符融者多，與玄者少。今請依馬、王諸儒之議，至尊宜服緦。案記：「外宗爲君夫人，猶內宗。」鄭注云：「爲君服斬，夫人齊衰，不敢以親服至尊也。」〔二三〕今皇太后雖上奉宗廟，下臨朝臣，至於爲姑，不得過期，計應無服。其清河、汝南二王母服三年，亦宜有緦。自餘王公百官，爲君之母妻，唯期而已，並應不服。』又太常博士鄭六議云：『謹檢喪服并中代雜論，記云：「改葬緦。」鄭注：「臣爲君，子爲父，妻爲夫。親見屍柩，不可以無服，故服緦。」〔二四〕三年者緦，則期已下無服。竊謂鄭氏得服緦之旨，謬三月之言。如臣所見，請依康成之服緦，既葬而除。』愚以爲允。」詔可。

二年正月二日元會，高陽王雍以靈太后臨朝，太上秦公喪制未畢，欲罷百戲絲竹之樂。清河王懌以爲萬國慶集，天子臨享，宜應備設。太后訪之於侍中崔光，光從雍所執。懌謂光曰：「宜以經典爲證。」光據禮記「縞冠玄武，子姓之冠」，父母有重喪，子不純吉。安定公親爲外祖，又有師恩，太后不許公除，衰麻在體。正月朔日，還家哭臨，至尊輿駕奉慰。記云：「朋友之墓，有宿草焉而不哭。」是則朋友有期年之哀。子貢云：夫子喪顏淵，若喪子而無服，喪子路亦然。顏淵之喪，饋練肉，夫子受之，彈琴而後食之。若子之哀，則容一期，不舉樂也。孔子既大練，五日彈琴，父母之喪也。由是喪夫子若喪父而無服。心喪三年，由此而制。雖古義難追，比來發詔，每言師、祖之尊。是則一期之內，猶有餘哀。且禮，母有喪服，聲之所聞，子不舉樂。今太后更無別宮，所居嘉福，去太極不爲大遠。鼓鍾于宮，聲聞于外，況在內密邇也。君之卿佐，是謂股肱，股肱或虧，何痛如之！智悼子喪未葬，杜蕢所以諫晉平公也。今相國雖已安厝，裁三月爾，陵墳未乾。懌以理證爲然，乃從雍議。詔不許。乃從薨月。

孝靜武定五年正月，齊獻武王薨，時祕凶問。六日，孝靜皇帝舉哀於太極東堂，服齊衰三月。及將窆，中練。齊文襄王請自發喪之月，帝使侍中陸子彰舉詔，三往敦喻，王固執，

太祖天賜三年十月，占授著作郎王宜弟造兵法。

高宗和平三年十二月，因歲除大儺之禮，遂燿兵示武。更爲制，令步兵陳於南，騎士陳於北，各擊鍾鼓，以爲節度。其步兵所衣，青赤黃黑別爲部隊。盾稍矛戟相次周回轉易，以相赴就。有飛龍騰蛇之變，爲函箱魚鱗四門之陳，凡十餘法。跽起前却，莫不應節。陳畢，南北二軍皆鳴鼓角，衆盡大譟。各令騎將六人去來挑戰，步兵更進退以相拒擊，南敗北捷，以爲盛觀。自後踵以爲常。

高祖太和十九年五月甲午，冠皇太子恂於廟。丙申，高祖臨光極堂，太子入見，帝親詔之。事在恂傳。六月，高祖臨光極堂，引見羣官。詔曰：「比冠子恂，禮有所闕，當思往失，更順將來。禮古今殊制，三代異章。近冠恂之禮有三失，一，朕與諸儒同誤，二，諸儒違朕，故令有三誤。今中原兆建，百禮惟新，而有此三失，殊以愧歎。春秋，襄公將至衞，以同姓之國，問其年幾，而行冠禮。古者皆灌地降神，或有作樂以迎神。昨失作樂。至廟庭，朕以意而行拜禮，雖不得降神，於理猶差完。司馬彪云，漢帝有四冠：一緇布，二進賢，三武弁，四通天冠。朕見家語冠頌篇，四加冠，公也。家語雖非正經，孔子之言與經何異。諸儒忽司馬彪志，致使天子之子，而行士冠禮，此朝廷之失。冠禮朕以爲有賓，諸儒皆以爲無賓，朕既從之，復令有失。孔所云『斐然成章』，其斯之謂。」太子太傅穆亮等拜謝。高祖曰：「昔裴頠作冠儀，不知有四，裴頠尙不知，卿等復何愧。」

正光元年秋，肅宗加元服，時年十一。既冠，拜太廟，大赦改元。官有其注。

輿服之制，秦漢已降，損益可知矣。魏氏居百王之末，接分崩之後，典禮之用，故有闕焉。太祖世所制車輦，雖參采古式，多違舊章。今案而書之，以存一代之迹。

乘輿輦輅：龍輈十六，四衡，轂朱班，繡輪，〔二五〕有雕虬、文虎、盤螭之飾。龍首銜軛，鸞爵立衡，圓蓋華蟲，金雞樹羽，蛟龍游蘇。建太常十有二旂，畫日月升龍。郊天祭廟則乘之。

乾象輦：羽葆，圓蓋華蟲，金雞樹羽，二十八宿，天階雲罕，山林雲氣，仙聖賢明，忠孝節義，遊龍、飛鳳、朱雀、玄武、白虎、靑龍、奇禽異獸可以爲飾者皆亦圖焉。太皇太后、皇太后、皇后助祭郊廟則乘之。

大樓輦：輈十二，加以玉飾，衡輪雕綵，與輦輅同，駕牛十二。〔二六〕

小樓輦：輈八，衡輪色數與大樓輦同，駕牛十二。天子、太皇太后、皇太后郊廟，亦乘之。

象輦：左右鳳凰，白馬，仙人前却飛行，駕二象。羽葆旒蘇，龍旂旖旎，其飾與乾象同。太皇太后、皇太后助祭郊廟之副乘也。

馬輦：重級，其飾皆如之。繢漆直輈六，左右騑駕。天子籍田、小祀時，則乘之。

臥輦：其飾皆如之。丹漆，駕六馬。

遊觀輦：其飾亦如之。駕馬十五匹，皆白馬朱髦尾。天子法駕行幸、巡狩、小祀時，則乘之。

七寶旂檀刻鏤輦：金薄隱起。

馬輦：天子三駕所乘，或爲副乘。

緇漆蜀馬車：金薄華蟲隱起。

軺軒：駕駟，金銀隱起。出挽解合。〔二七〕

步挽：天子小駕遊宴所乘，亦爲副乘。

金根車：羽葆，旒，畫輈輪，華首，綵軒交落，左右騑。太皇太后、皇太后、皇后助祭郊廟，籍田先蠶，則乘之。長公主、大貴、〔二八〕公主、封君、諸王妃皆得乘，但右騑而已。

太祖初，皇太子、皇子皆鸞輅立乘，畫輈龍首，朱輪繡轂，綵蓋朱裏，龍旂九斿，畫雲棱。皇子封則賜之，皆駕駟。

又有軺車：緇漆，紫幰朱裏，駕一馬，爲副乘。

公安車：緇漆，紫蓋朱裏，畫輈，朱雀、青龍、白虎，龍旂八斿，駕三馬。軺車與王同。

侯車：與公同。七斿，紫蓋青裏，駕二馬。副車亦如之。

子車：緇漆，草螽文，六斿，皂蓋青裏，駕一馬。副車亦如之。

闕及公、侯、子陪列郊天，則乘之。宗廟小祀，乘軺軒而已。至高祖太和中，詔儀曹令李韶監造車輅，一遵古式焉。

太祖天興二年，命禮官捃採古事，制三駕鹵簿。一曰大駕，設五輅，建太常，屬車八十一乘。平城令、代尹、司隸校尉、丞相奉引，太尉陪乘，太僕御從。輕車介士，千乘萬騎，魚麗雁行。前驅，皮軒、闟戟、芝蓋、雲罕、指南；後殿，豹尾。鳴葭唱，上下作鼓吹。軍戎、大祠則設之。二曰法駕，屬車三十六乘。平城令、代尹、太尉奉引，侍中陪乘，奉車都尉御。巡狩、小祠則設之。三曰小駕，屬車十二乘。平城令、太僕奉引，常侍陪乘，奉車郎御。遊宴離宮則設之。二至郊天地，四節祠五帝，或公卿行事，唯四月郊天，帝常親行，樂加鍾懸，以爲迎送之節焉。

天賜二年初，改大駕魚麗雁行，更爲方陳鹵簿。列步騎，內外爲四重，列標建旌，通門四達，五色車旗各處其方。諸王導從在鉀騎內，公在幢內，侯在步矟內，子在刀盾內，五品朝臣使列乘輿前兩廂，官卑者先引。王公侯子車旒麾蓋、信幡及散官構服，一皆純黑。

肅宗熙平元年六月，中侍中劉騰等奏：「中宮僕刺列車輿杇敗。自昔舊都，禮物頗異，遷京已來，未復更造。請集禮官，以裁其制。」靈太后令曰：「付尚書量議。」太常卿穆紹，少卿元端，博士鄭六、劉臺龍等議：「案周禮王后之五輅：重翟錫面朱總，厭翟勒面繢總，安車彫面鷖總，皆有容蓋；翟車貝面組總，有握；輦車，組輓，有翣，羽蓋。重翟，后從王祭祀所乘；厭翟，后從王賓饗諸侯所乘；安車，后朝見於王所乘；翟車，后出桑則乘；輦車，后宮中所乘。謹以周禮聖制，不刊之典，其禮文尤備。孔子云『其或繼周者，雖百世可知也』，以其法不可踰。以此言之，後王輿服典章，多放周式。雖文質時變，輅名宜存，彫飾雖異，理無全捨。當今聖后臨朝，親覽庶政，輿駕之式，宜備典禮。臣等學缺通經，叨參議末，輒率短見，宜準周禮備造五輅，彫飾之制，隨時增減。」

太學博士王延業議：「案周禮，王后有五輅，重翟以從王祠，厭翟以從王饗賓客，安車以朝見于王，翟車以親桑，輦車宮中所乘。又漢輿服志云：秦幷天下，閱三代之禮，或曰殷瑞山車，金根之色，殷人以爲大輅，於是始皇作金根之車。漢承秦制，御爲乘輿。太皇太后、皇太后皆御金根車，加交絡、帷裳，非法駕則乘紫罽軿車，雲檔文畫輈，黃金塗五末，蓋爪，〔二九〕左右騑，〔三〇〕駕三馬。阮諶禮圖幷載秦漢已來輿服，亦云：金根輅，皇后法駕乘之，以禮婚見廟；桑輅，〔三一〕后法駕乘之以親桑；安車，后小駕乘之以助祭；山輧車，后行則乘之；紺罽輧車，后小行則乘之，以哭公主、邑君、王妃、公侯夫人；入閤輿，后出入閤、宮中小遊則乘之。晉先蠶儀注：皇后乘雲母安車，駕六騩。案周、秦、漢、晉車輿儀式，互見圖書，雖名號小異，其大較略相依擬。金根車雖起自秦造，卽殷之遺制，今之乘輿五輅，是其象也，華飾典麗，容觀莊美。司馬彪以爲孔子所謂乘殷之輅，卽此之謂也。案阮氏圖，桑車亦飾以雲母，晉之雲母車卽是，一與周之翟車其用正同。安車旣名同周制，又用同重翟。山輧車，案圖飾之以紫。紺罽輧車，雖制用異於厭翟，而實同用。於今入閤輿與輦，其用又同。案圖，今之黑漆畫扇輦，與周之輦車其形相似。竊以爲秦滅周制，〔三二〕百事創革，官名軌式，莫不殊異。漢魏因循，繼踵仍舊，雖時有損益，而莫能反古。良由去聖久遠，典儀殊缺，時移俗易，物隨事變。雖經賢哲，祖襲無改。伏惟皇太后叡聖淵凝，照臨萬物，動循典故，貽則後王。今輒竭管見，稽之周禮，考之漢晉，採諸圖史，驗之時事，以爲宜依漢晉：法駕，則御金根車，駕四馬，加交絡帷裳；御雲母車，駕四馬，以親桑；其非法駕則御紫罽輧車，駕三馬；小駕則御安車，駕三馬，以助祭；小行則御紺罽輧車，駕三馬，以哭公主、王妃、公侯夫人；宮中出入，則御畫扇輦車。案舊事，比之周禮，唯闕從王饗賓客及朝見於王之乘。竊以爲古者諸侯有朝會之禮，故有從饗之儀。今無其事，宜從省略。又今之皇居，宮掖相逼，就有朝見，理無結駟，卽事考實，亦宜闕廢。又哭公主及王妃，周禮所無，施之於今，實合事要。損益不同，用捨隨時，三代異制，其道然也。又金根及雲母，駕馬或三或六，訪之經禮，無駕六之文。今之乘輿，又皆駕四，義符古典，宜仍駕四。其餘小駕，宜從駕三。其制用形飾，備見圖志。」

司空領尚書令任城王澄、尚書左僕射元暉、尚書右僕射李平、尚書齊王蕭寶夤、尚書元欽、尚書元昭、尚書左丞盧同、右丞元洪超、考功郎中劉懋、北主客郎中源子恭、南主客郎中游思進、三公郎中崔鴻、長兼駕部郎中薛悅、起部郎中杜遇、左主客郎中元韡、騎兵郎中房景先、外兵郎中石士基、長兼右外兵郎中鄭幼儒、都官郎中李秀之、兼尚書左士郎中朱元旭、度支郎中谷穎、左民郎中張均、金部郎中李仲東、庫部郎中賈思同、國子博士薛禎、邢晏、高諒、奚延、太學博士邢湛、崔瓚、韋朏、鄭季明、〔三〕國子助教韓神固、四門博士楊那羅、唐荆寶、王令僬、吳珍之、宋婆羅、劉燮、高顯邕、杜靈僬、張文和、陳智顯、楊渴侯、趙安慶、賈天度、艾僧櫹、呂太保、王當百、槐貴等五十人，議以爲：「皇太后稱制臨朝，躬親庶政，郊天祭地，宗廟之禮，所乘之車，宜同至尊，不應更有製造。周禮，魏晉雖有文辭，不辨形制，假令欲作，恐未合古制，而不可以爲一代典。臣以太常、國子二議爲疑，重集羣官，並從今議，唯恩裁決。」靈太后令曰：「羣官以後議折中者，便可如奏。」

太祖天興元年冬，詔儀曹郎董謐撰朝覲、饗宴、郊廟、社稷之儀。六年，又詔有司制冠服，隨品秩各有差，時事未暇，多失古禮。世祖經營四方，未能留意，仍世以武力爲事，取於便習而已。至高祖太和中，始考舊典，以制冠服，百僚六宮，各有差次。早世升遐，猶未周洽。

肅宗時，又詔侍中崔光、安豐王延明及在朝名學更議之，條章粗備焉。

熙平元年九月，侍中、儀同三司崔光表：「奉詔定五時朝服，案北京及遷都以來，未有斯制，輒勒禮官詳據。」太學博士崔瓚議云：「周禮及禮記，三冠六冕，承用區分，璪玉五綵，配飾亦別，都無隨氣春夏之異。唯月令有青旂、赤玉、黑衣、白輅，隨四時而變，復不列弁冕改用之玄黃。以此而推，五時之冠，禮既無文，若求諸正典，難以經證。案司馬彪續漢書輿服及祭祀志云：迎氣五郊，自永平中以禮讖并月令迎氣服色，因采元始故事，兆五郊於洛陽。又云五郊衣幘，各如方色。又續漢禮儀志：立春，京都百官，皆著青衣，闕服青幘。〔三四〕秋夏悉如其色。自漢逮于魏晉，迎氣五郊，用幘從服，改色隨氣。斯制因循，相承不革，冠冕仍舊，未聞有變。今皇魏憲章前代，損益從宜。五時之冠，愚謂如漢晉用幘爲允。」靈太后令曰：「太傅博學洽通，多識前載，既綜朝儀，彌悉其事。便可諮訪，以決所疑。」二年九月，太傅、清河王懌、給事黃門侍郎韋延詳奏：〔三五〕「謹案前敕，制五時朝服，嘗訪國子議其舊式。太學博士崔瓚等議：『自漢逮于魏晉，迎氣五郊，用幘從服，改色隨氣。斯制因循，相承不革，冠冕仍舊，未聞有變。今皇魏憲章前代，損益從宜。五時之冠，謂如漢晉用幘爲允。』尚書以禮式不經，請訪議事，奉敕付臣，令加考決。臣以爲帝王服章，方爲萬世則，不可輕裁。請更集禮官下省定議，蒙敕聽許。謹集門下及學官以上四十三人，尋考史傳，量古校今，一同國子前議。幘隨服變，冠冕弗改。又四門博士臣王僧奇、蔣雅哲二人，以爲五時冠冕，宜從衣變。臣等謂從國子前議爲允。」靈太后令曰：「依議。」

校勘記

〔一〕自大夫以上每條標列　百衲本「以上」二字墨釘，南本以下諸本作「以下」，通典卷八九爲高曾祖母及祖母持重服議條載孫景邕等議作「以上」。按大夫以下唯士及庶人，喪服本是士禮，無所謂「每條標列」，下又說「逮於庶人，舍而不述」，作「以下」不可通。「以上」指「天子」「諸侯」，才在喪服中「每條標列」，今據通典補。

〔二〕不復疑也　百衲本「不」字墨釘，「復」作「後」，南本以下諸本作「起後疑也」，册府卷五八一一六九六四頁、通典卷八九載孫景邕等又議並如摘句。按上云「喪服雖以士爲主，而必下包庶人」，這裏說「比同士制，不復疑也」，上下相貫。當是先脫「不」字，又「復」字訛「後」，南本以意補「起」字。今據册府、通典補改。

〔三〕固不同殊　册府同上卷頁「同」作「宜」，當是。

〔四〕末代僭踰未可以語通典　百衲本「踰未」二字墨釘，南本以下諸本作「妄不一」，當是以意補，今據册府同上卷頁補。

〔五〕而有祖爲嫡孫期　諸本「期」作「者」，册府同上卷頁作「期」，通典卷八九載孫景邕等議作「周」。按祖爲嫡孫期在儀禮喪服期服章。這裏當是寫作「朞」，殘壞訛作「者」。通典避唐諱改「期」爲「周」。今據册府改。

〔六〕且官族者謂世爲其功食舊德者謂德侯者世位　册府卷五八一　六九六五頁、通典卷八九孫景邕等議「謂世爲其功」並作「謂世有功」，當是。下句通典作「食舊德者謂德繼於位」，册府與諸本同。按原文不可解，疑「侯」乃「厚」音近而訛，通典避唐諱「世」字，並改其句，非必原文。

〔七〕禮令有據　諸本「有據」訛「者處」，今據册府同上卷頁、通典卷八九載詔書改。

〔八〕雜記注云玄衣黄裳則是禫祭黄者未大吉也　諸本「衣」上無「玄」字，册府同上卷頁有。按禮記雜記下「祥，因其故服」下注有「玄」字，知此志脱文，今據補。又雜記注「禫祭」下有「玄冠矣」三字，「黄者」作「黄裳者」，或是引書省文，今不補。

〔九〕釋六徵　諸本「徵」作「禫」，册府卷五八一　六九六六頁作「徵」，按上文已引許猛「釋六徵」，「禫」字訛，今據改。

〔一〇〕司徒平原郡開國公高肇兄子太子洗馬員外亡　冊府卷五八一六九九六七頁無「亡」字，按洗馬官不聞有員外置，且何以有官而無名？檢八瓊室金石補正卷一五有贈營州刺史高貞碑，乃高肇兄高偃子，官至太子洗馬，死於延昌三年，與此志合，自卽其人。疑本作「太子洗馬貞卒」，「貞卒」二字訛作「員外」，後人又補「亡」字。冊府已訛作「員外」，但下尚無「亡」字可證。

〔一一〕雖復功緦　諸本「緦」作「德」，冊府同上卷頁作「得」。按上引禮喪大記：「五月、三月之喪，比葬，飲酒食肉，不與人樂之」，五月、三月卽功、緦。「功德」或「功得」乃「功緦」之訛。下房景先駁封祖胄議中引此語，諸本也作「德」，冊府却作「緦」，可證。今改正，下文同改。

〔一二〕夫羽旄可以展耳目之適　百衲本「夫羽旄」三字空一格，南本注「闕一字」，北、汲、殿、局四本注「闕」。今據冊府同上卷頁補。

〔一三〕〔鳴鐃以警衆聲笳以淸路者所以辨等〕列明貴賤　諸本「列」字上無括號內十五字，顯有脫文，冊府同上卷頁有。按下房景先駁議引韓神固語也有此十五字。今據冊府補。

〔一四〕擊鍾磬於疑祔之後　冊府卷五八一六九九六八頁空格作「升」字。按此指大祥前之祔祭，似不得逕謂之「升祔」，今不補。

〔一五〕君之〔所不服　諸本「君之」下脫括號內「所不服」至「自爲先帝所」三百二十五字，在百衲本恰好脫一頁，但今頁碼相連，不知是宋本原來就這樣，還是後人挖改，南本以下諸本因此也都連接。且因文義似乎可通，無人疑有脫文。今據册府卷五八一六九六八——六九頁補。

〔一六〕凡蔣別封　册府卷五八一六九六八頁「蔣」作「將」。按左傳僖二十四年：「凡、蔣、邢、茅、胙、祭，周公之胤也。」「將」乃「蔣」之訛，今改正。

〔一七〕明臣之後期　按「後」字於文義不協，疑當作「服」，涉下「然後期」而訛。

〔一八〕爲母大功　按「爲」上當脫「君」字。無「君」字連上文便是「公子之妻」爲母大功，大誤，和下「臣從服期」也連不起來。

〔一九〕若姑亡必不關公子有否　册府卷五八一六九七〇頁「有」作「在」，疑是，但作「有」亦通，今不改。

〔二〇〕不計日月遠近者　諸本「計」訛「許」，不可通，今據册府同上卷頁改。

〔二一〕服皇帝衮冕服　百衲本「服」下空一格，汲、局本不空，南、北、殿本也不空，但「帝」下有「用」字。按文義不像有脫字，增「用」字也似贅，今從汲、局本。

〔二二〕改葬緦　百衲本「緦」作「總」，諸本作「緫」，獨局本作「緦」。按「緦」古文作「緫」，訛作「總」「緫」，今從局本。

〔二三〕不敢以親服至尊也　按禮記雜記下重「服」字，不宜省，疑此脫一「服」字。

〔二四〕鄭注臣爲君子爲父妻爲夫親見屍柩不可以無服故服緦　按儀禮喪服傳鄭注此條「親見屍柩」上

有「服緦者」三字，或引文省，末句「故服緦」下有「三月而除之」句。覩下文云：「竊謂鄭氏得服緦之旨，謬三月之言。」若上不引「三月而除之」，忽駁「三月」之謬，令人不解，當是脫文。

〔二五〕轂朱班繡輪　按「朱班輪」「朱班漆輪」見續漢書、晉書輿服志。疑這裏當作「朱班輪繡轂」，下皇太子、皇子條稱「朱輪繡轂」可證。

〔二六〕駕牛十二　百衲本「十二」作「二十」，北、汲、殿三本作「一十」，南本、局本作「十二」。按御覽卷七七四三四三四頁引作「十二」，下小樓輦條亦稱「駕牛十二」，今從南、局本。

〔二七〕出挽解合　四字不可解，疑有訛脫。

〔二八〕大貴　按「大貴」下當脫「人」字。續漢書輿服志上稱「大貴人、貴人、公主、王妃、封君油畫軿車」。北魏宮中有「貴人」，不見「大貴人」之號，卷一三皇后傳，可能是襲用前史舊文。

〔二九〕蓋爪　諸本「爪」作「瓜」，獨局本作「爪」。按續漢書輿服志上作「蚤」，晉書卷二五輿服志作「爪」，今從局本。

〔三〇〕左右騑　諸本「左」作「在」，册府卷五八二六九七二頁作「左」。按續漢書、晉書輿服志並作「左右騑」。今據改。

〔三一〕桑輅　諸本「桑」作「乘」，册府同上卷頁作「桑」。按下云：「阮氏圖，桑車亦飾以雲母」，知作「桑」是。今據改。

〔三二〕竊以爲秦滅周制　諸本「滅」作「滅」，冊府卷五八二六九七三頁作「滅」。按下云「百事創革」，豈得謂「滅」。「滅」乃「滅」形近而訛，今據改。

〔三三〕鄭季明　諸本「明」作「期」，冊府同上卷頁作「明」。按鄭季明附見卷五六鄭羲傳，「期」乃「明」形近而訛，今據改。

〔三四〕京都百官皆著青衣闕服青幘　百衲本「服」上空一格，諸本不空。按續漢書禮儀志上立春條：「京師百官皆衣青衣，郡國縣道官下至斗食令史皆服青幘。」則「服青衣」和「服青幘」者有區別。這裏「服青幘」上當有闕文，故百衲本空格，今注「闕」字。

〔三五〕給事黃門侍郎韋延詳奏　諸本「詳」作「祥」，獨百衲本作「詳」。按冊府卷五八二六九七四頁也作「詳」。「詳」是審議之意，今從百衲本。

魏書卷一百九

樂志五第十四

氣質初分，聲形立矣。聖者因天然之有，爲入用之物；緣喜怒之心，設哀樂之器。蕢桴葦籥，其來自久。伏羲絃琴，農皇制瑟，垂鍾和磬，女媧之簧，隨感而作，其用稍廣。軒轅桴阮瑜之管，定小一之律，〔一〕以成咸池之美，次以六莖、五英、大章、韶、夏、護、武之屬，聖人所以移風易俗也。故在易之豫，義明崇德。書云：「詩言志，歌詠言，聲依永，律和聲，八音克諧，神人以和。」周禮圜鍾爲宮，黃鍾爲角，大蔟爲徵，沽洗爲羽，雷鼓、雷鼗，孤竹之管，雲和之琴瑟，雲門之舞，奏之六變，天神可得而降矣；函鍾爲宮，大蔟爲角，沽洗爲徵，南呂爲羽，靈鼓、靈鼗，孫竹之管，空桑之琴瑟，咸池之舞，奏之八變，地示可得而禮矣；黃鍾爲宮，大呂爲角，大蔟爲徵，應鍾爲羽，路鼓、路鼗，陰竹之管，龍門之琴瑟，九德之歌，九磬之舞，奏之九變，人鬼可得而禮矣。此所以協三才，寧萬國也。凡音，宮爲君，商爲臣，角爲民，徵爲事，羽爲物，五者不亂則無怗懘之音。宮亂則荒，其君驕；商亂則陂，其官壞；角亂則憂，其民怨；徵亂則哀，其事勤；羽亂則危，其財匱。姦聲感人，逆氣應之，逆氣成象而淫樂興焉；正聲感人，順氣應之，順氣成象而和樂興焉。先王恥其亂，故制雅頌之聲以道之，使其聲足樂而不流，使其文足論而不息，使其曲直、繁瘠、廉肉、節奏足以感動人之善心而已，不使放心邪氣得接焉。樂在宗廟之中，君臣上下同聽之，莫不和敬；在族長鄉里之中，長幼同聽之，莫不和順；閨門之內，父子兄弟同聽之，莫不和親。又有昧任離禁之樂，〔三〕以娛四夷之民。斯蓋立樂之方也。

三代之衰，邪音間起，則有爛漫靡靡之樂興焉。周之衰也，諸侯力爭，澆僞萌生，淫慝滋甚，競其邪，忘其正，廣其器，蔑其禮，或奏之而心疾，或撞之不令。晉平公聞清角而顛隕，魏文侯聽古雅而眠睡，鄭、宋、齊、衞，流宕不反，於是正樂虧矣。大樂感於風化，與世推移，治國之音安以樂，亡國之音哀以思，隨時隆替，不常厥聲。延陵歷聽諸國，盛衰必舉，蓋所感者著，所識者深也。樂之崩矣，秦始滅學，經亡義絕，莫探其眞。人重協俗，世貴順耳，則雅聲古器幾將淪絕。漢興，制氏但識其鏗鏘鼓舞，不傳其義，而於郊廟朝廷，皆協律新變，雜以趙、代、秦、楚之曲，故王禹、宋曅上書切諫，丙强、景武顯著當時，通儒達士所共歎息矣。後漢東平王蒼總議樂事，頗有增加，大抵循前而已。及黃巾、董卓以後，天下喪亂，諸樂亡缺。魏武既獲杜夔，令其考會古樂，而柴玉、左延年終以新聲寵愛。晉世荀勗典樂，與郭夏宋識之徒共加研集，謂爲合古，而阮咸譏之。金行不永，以至亡敗，哀思之來，便爲驗矣。夫大樂與天地同和，苟非達識至精，何以體其妙極。自漢以後，舞稱歌名，代相改易，服章之用，亦有不同，斯則不襲之義也。

永嘉已下，海內分崩，伶官樂器，皆爲劉聰、石勒所獲，慕容儁平冉閔，遂克之。〔三〕王猛平鄴，入於關右。苻堅既敗，長安紛擾，慕容永之東也，禮樂器用多歸長子，及垂平永，並入中山。自始祖內和魏晉，二代更致音伎；穆帝爲代王，愍帝又進以樂物；金石之器雖有未周，而絃管具矣。逮太祖定中山，獲其樂縣，既初撥亂，未遑創改，因時所行而用之。世歷分崩，頗有遺失。

天興元年冬，詔尚書吏部郎鄧淵定律呂，協音樂。及追尊皇曾祖、皇祖、皇考諸帝，樂用八佾，舞皇始之舞。皇始舞，太祖所作也，以明開大始祖之業。後更制宗廟。皇帝入廟門，奏王夏，太祝迎神于廟門，奏迎神曲，猶古降神之樂；乾豆上，奏登歌，猶古淸廟之樂；曲終，下奏神祚，嘉神明之饗也；皇帝行禮七廟，奏陛步，以爲行止之節；皇帝出門，奏總章，次奏八佾舞，次奏送神曲。又舊禮：孟秋祀天西郊，兆內壇西，備列金石，樂具，皇帝入兆內行禮，咸奏舞八佾之舞；孟夏有事于東廟，用樂略與西郊同。太祖初，冬至祭天于南郊圓丘，樂用皇矣，奏雲和之舞，事訖，奏維皇，將燎；夏至祭地祇於北郊方澤，樂用天祚，奏大武之舞。正月上日，饗羣臣，宣布政教，備列宮懸正樂，兼奏燕、趙、秦、吳之音，五方殊俗之曲。四時饗會亦用焉。凡樂者樂其所自生，禮不忘其本，掖庭中歌眞人代歌，上敍祖宗開基所由，下及君臣廢興之跡，凡一百五十章，昏晨歌之，時與絲竹合奏。郊廟宴饗亦用之。

六年冬，詔太樂、總章、鼓吹增修雜伎，造五兵、角觝、麒麟、鳳皇、仙人、長蛇、白虎及諸畏獸、魚龍、辟邪、鹿馬仙車、高絙百尺、長趫、緣橦、跳丸、五案以備百戲。大饗設之於殿庭，如漢晉之舊也。太宗初，又增修之，撰合大曲，更爲鍾鼓之節。

世祖破赫連昌，獲古雅樂，及平涼州，得其伶人、器服，並擇而存之。後通西域，又以悅般國鼓舞設於樂署。

高宗、顯祖無所改作。諸帝意在經營，不以聲律爲務，古樂音制，罕復傳習，舊工更盡，聲曲多亡。

太和初，高祖垂心雅古，務正音聲。時司樂上書，典章有闕，〔四〕求集中祕羣官議定其事，幷訪吏民，有能體解古樂者，與之修廣器數，甄立名品，以諧八音。詔「可」。雖經衆議，於時卒無洞曉聲律者，樂部不能立，其事彌缺。然方樂之制及四夷歌舞，稍增列于太樂。金石羽旄之飾，爲壯麗於往時矣。

五年，文明太后、高祖並爲歌章，戒勸上下，皆宣之管絃。

七年秋，中書監高允奏樂府歌詞，陳國家王業符瑞及祖宗德美，又隨時歌謠，不準古舊，辨雅、鄭也。

十一年春，文明太后令曰：「先王作樂，所以和風改俗，非雅曲正聲不宜庭奏。可集新舊樂章，參探音律，除去新聲不典之曲，裨增鍾縣鏗鏘之韻。」

十五年冬，高祖詔曰：「樂者所以動天地，感神祇，調陰陽，通人鬼。故能關山川之風，以播德於無外。由此言之，治用大矣。逮乎末俗陵遲，正聲頓廢，多好鄭衞之音以悅耳目，故使樂章散缺，伶官失守。今方釐革時弊，稽古復禮，庶令樂正雅頌，各得其宜。今置樂官，實須任職，不得仍令濫吹也。」遂簡置焉。

十六年春，又詔曰：「禮樂之道，自古所先，故聖王作樂以和中，制禮以防外。然音聲之用，其致遠矣，所以通感人神，移風易俗。至乃簫韶九奏，鳳皇來儀；擊石拊石，百獸率舞。有周之季，斯道崩缺，故夫子忘味於聞韶，正樂於返魯。逮漢魏之間，樂章復闕，然博採音韻，粗有篇條。自魏室之興，太祖之世尊崇古式，舊典無墜。但干戈仍用，文教未淳，故令司樂失治定之雅音，習不典之繁曲。比太樂奏其職司，求與中書參議。覽其所請，愧感兼懷。

然心喪在躬，未忍聞此。〔五〕但禮樂事大，乃爲化之本，自非通博之才，莫能措意。中書監高閭器識詳富，志量明允，每間陳奏樂典，頗體音律，可令與太樂詳採古今，以備兹典。其內外有堪此用者，任其參議也。」閭歷年考度，粗以成立，遇遷洛不及精盡，未得施行。尋屬高祖崩，未幾，閭卒。

先是，閭引給事中公孫崇共考音律，景明中，崇乃上言樂事。正始元年秋，詔曰：「太樂令公孫崇更調金石，燮理音準，其書二卷幷表悉付尚書。夫禮樂之事，有國所重，可依其請，八座已下、四門博士以上此月下旬集太樂署，考論同異，博採古今，以成一代之典也。」十月，尚書李崇奏：「前被旨勑，以兼太樂令公孫崇更調金石，幷其書表付外考試，登依旨勑以去。八月初，詣署集議。但六樂該深，五聲妙遠。至如仲尼淵識，故將忘味；吳札善聽，方可論辨。自斯已降，莫有詳之。今既草創，悉不窮解，雖微有詰論，略無究悉。方欲商搉淫濫，作範將來，寧容聊爾一試，便垂竹帛。今請依前所召之官幷博聞通學之士更申一集，考其中否，研窮音律，辨括權衡。若可施用，別以聞請。」制「可」。時亦未能考定也。

四年春，公孫崇復表言：「伏惟皇魏龍躍鳳舉，配天光宅。世祖太武皇帝革靜荒嵎，廓寧宇內，兕醜尚繁，戎軒仍動，制禮作樂，致有闕如。高祖孝文皇帝德鍾後仁之期，道協先天之日，顧雲門以興言，感簫韶而忘味。以故中書監高閭博識明敏，文思優洽，紹蹤成均，實允所寄。乃命閭廣程儒林，究論古樂，依據六經，參諸國志，錯綜陰陽，以制聲律。鍾石管絃，略以完具，八音聲韻，事別粗舉。值遷邑崧瀍，未獲周密，五權五量，竟不就果。自爾迄今，率多褫落，金石虛懸，宮商未會。伏惟陛下至聖承天，纂戎鴻烈，以金石未協，詔臣緝理。謹卽廣搜秬黍，選其中形，又採梁山之竹，更裁律呂，制磬造鍾，依律並就。但權量差謬，其來久矣，頃蒙付并州民王顯進所獻古銅權，稽之古範，考以今制，鍾律準度，與權參合。昔造猶新，始創若舊，異世同符，如合規矩。樂府先正聲有王夏、肆夏、登歌、鹿鳴之屬六十餘韻，又有文始、五行、勺舞。〔六〕太祖初興，置皇始之舞，復有吳夷、東夷、西戎之舞。樂府之內，有此七舞。太和初，郊廟但用文始、五行、皇始三舞而已。〔七〕竊惟周之文武，頌聲不同；漢之祖宗，廟樂又別。伏惟皇魏四祖、三宗，道邁隆周，功超鴻漢，頌聲廟樂，宜有表章，或文或武，以旌功德。自非懿望茂親、雅量淵遠、博識洽聞者其孰能識其得失。衞軍將軍、尚書右僕射臣高肇器度淹雅，神賞入微，徽讚大猷，聲光海內，〔八〕宜委之監就，以成皇代典謨之美。昔晉中書監荀勗前代名賢，受命成均，委以樂務，崇述舊章，儀刑古典，事光前載，豈遠乎哉。又先帝明詔，內外儒林亦任高閭申請。今之所須，求依前比。」世宗知肇非才，詔曰：「王者功成治定，制禮作樂，以宣風化，以通明神，理萬品，贊陰陽，光功德，治之大本，所宜詳之。可令太常卿劉芳亦與主之。」

永平二年秋，尚書令高肇，尚書僕射、清河王懌等奏言：「案太樂令公孫崇所造八音之器并五度五量，太常卿劉芳及朝之儒學，執諸經傳，考辨合否，尺寸度數悉與周禮不同。問其所以，稱必依經文，聲則不協，以情增減，殊無準據。竊惟樂者皇朝治定之盛事，光贊祖宗之茂功，垂之後王。不刊之制，宜憲章先聖，詳依經史。且二漢、魏、晉歷諸儒哲，未聞器度依經，而聲調差謬。臣等參議，請使臣芳準依周禮更造樂器，事訖之後，集議並呈，從其善者。」詔「可」。芳上尚書言：「調樂諧音，〔九〕本非所曉，且國之大事，亦不可決於數人。今請更集朝彥，衆辨是非，明取典據，資決元凱，然後營制。」肇及尚書邢巒等奏許，詔「可」。於是芳主修營。時揚州民張陽子、義陽民兒鳳鳴、陳孝孫、戴當千、吳殿、陳文顯、陳成等七人頗解雅樂正聲，八佾、文武二舞、鐘聲、管絃、登歌聲調，芳皆請令教習，參取是非。

永平三年冬，芳上言：「觀古帝王，罔不據功象德而制舞名及諸樂章，今欲教文武二舞，施之郊廟，請參制二舞之名。竊觀漢魏已來，鼓吹之曲亦不相緣，今亦須制新曲，以揚皇家之德美。」詔芳與侍中崔光、郭祚，黃門游肇、孫惠蔚等四人參定舞名并鼓吹諸曲。其年冬，〔一〇〕芳又上言：「臣聞樂者，感物移風，諷氓變俗，先王所以教化黎元，湯武所以〔改章功德。〔一一〕晉氏失政，中原紛蕩。劉石以一時姦雄，跋扈魏趙；苻姚以部帥强豪，趦趄關輔。

於是禮壞樂隳，廢而莫理。大魏應期啓運，奄有萬方，雖日不暇給，常以禮樂爲先。古樂虧闕，詢求靡所，故頃年以來，創造非一，考之經史，每乖典制。遂使鏗鏘之禮，未備於郊廟；鼓舞之式，尙闕於庭陛。臣忝官宗伯，禮樂是司，所以仰慚俯愧，不遑寧處者矣。自獻春被旨，賜令博採經傳，更制金石，幷教文武二舞及登歌、鼓吹諸曲。今始校就，謹依前敕，延集公卿幷一時儒彥討論終始，莫之能異。謹以申聞，請與舊者參呈。若臣等所營形合古制，擊拊會節，元日大饗，則須陳列。旣歲聿云暮，三朝無遠，請共本曹尙書及郎中部率呈試。如蒙允許，賜垂敕判。」詔曰：「舞可用新，餘且仍舊。」鼓吹雜曲遂寢焉。

初，御史中尉元匡與芳等競論鍾律。孝明帝熙平二年冬，〔一二〕匡復上言其事，太師、高陽王雍等奏停之。

先是，有陳仲儒者自江南歸國，頗閑樂事，請依京房，立準以調八音。神龜二年夏，有司問狀。仲儒言：

前被符，問：「京房準定六十之律，後雖有器存，〔一三〕曉之者尠。至熹平末，張光等猶不能定絃之急緩，聲之清濁。仲儒授自何師，出何典籍而云能曉？」但仲儒在江左之日，頗愛琴，又嘗覽司馬彪所撰續漢書，〔一四〕見京房準術，成數昞然，而張光等不能定。仲儒不量庸昧，竊有意焉。遂竭愚思，鑽研甚久。雖未能測其機妙，至於聲韻，頗有所得。

度量衡歷，出自黃鍾，雖造管察氣，經史備有，但氣有盈虛，黍有巨細，差之毫氂，失之千里。自非管應時候，聲驗吉凶，則是非之原，諒亦難定。此則非仲儒淺識所敢聞之。至於準者，本以代律，取其分數，調校樂器，則宮商易辨。若尺寸小長，則六十宮商相與徵濁；若分數加短，則六十徵羽類皆小清。語其大本，居然微異。至於清濁相宣，諧會歌管，皆得應合。雖積黍驗氣，取聲之本，清濁諧會，亦須有方。若閑準意，則辨五聲清濁之韻；若善琴術，則知五調調音之體。參此二途，以均樂器，則自然應和，不相奪倫。如不練此，必有乖謬。

案後漢順帝陽嘉二年冬十月，行禮辟雍，奏應鍾，始復黃鍾作樂，器隨月律。是爲十二之律必須次第爲宮，而商角徵羽以類從之。尋調聲之體，宮商宜濁，徵羽用清。若依公孫崇止以十二律聲，〔一五〕而云還相爲宮，清濁悉足，非唯未練五調調器之法，至於五聲次第，自是不足。何者？黃鍾爲聲氣之元，其管最長，故以黃鍾爲宮，太蔟爲商，林鍾爲徵，則宮徵相順。若均之八音，猶須錯採衆聲，配成其美。若以應鍾爲宮，大呂爲商，蕤賓爲徵，則徵濁而宮清，雖有其韻，不成音曲。若以夷則爲宮，則十二律中唯得取中呂爲徵，其商角羽並無其韻。若以中呂爲宮，則十二律內全無所取。何者？中呂爲十二之窮，〔一六〕變律之首。依京房書，中呂爲宮，乃以去滅爲商，執始爲徵，然後方韻。

而崇乃以中呂爲宮，猶用林鍾爲商，〔一七〕黃鍾爲徵，何由可諧？仲儒以調和樂器，文飾五聲，非準不妙。若如嚴嵩父子，心賞清濁，是則爲難。若依案見尺作準，調絃緩急，清濁可以意推耳。

但音聲精微，史傳簡略，舊志唯云準形如瑟十三絃，隱間九尺，以應黃鍾九寸，調中一絃，令與黃鍾相得。案畫以求其聲，〔一八〕遂不辨準須柱以不？柱有高下，絃有粗細，餘十二絃復應若爲？致令攬者望風拱手。〔一九〕又案房準九尺之內爲一十七萬七千一百四十七分，一尺之內爲萬九千六百八十三分，又復十之，是爲於準一寸之內亦爲萬九千六百八十三分。然則於準一分之內，乘爲二千分，〔二〇〕又爲小分，以辨强弱。中間至促，雖復離朱之明，猶不能窮而分之。雖然仲儒私曾考驗，但前却中柱，使入準常尺分之內，〔二一〕則相生之韻已自應合。分數既微，器宜精妙。其準面平直，須如停水；其中絃一柱，高下須與二頭臨岳一等，移柱上下之時，不使離絃，不得舉絃。又中絃粗細，須與琴宮相類。中絃須施軫如琴，以軫調聲，令與黃鍾一管相合。中絃下依數盡出六十律清濁之節。〔二二〕其餘十二絃，須施柱如箏。又凡絃皆須豫張，使臨時不動，即於中絃案盡一周之聲，〔二三〕度著十二絃上。然後依相生之法，以次運行，取十二律之商徵。商徵既定，又依琴五調調聲之法，以均樂器。其瑟調以宮爲主，清調以商爲主，平調以角爲主。〔二四〕五調各以一聲爲主，然後錯採衆聲以文飾之，方如錦繡。

自上代來消息調準之方並史文所略，〔二五〕出仲儒所思。若事有乖此，聲則不和。仲儒尋準之分數，精微如彼，定絃緩急，艱難若此。而張光等親掌其事，尚不知藏中有準。既未識其器，又焉能施絃也？且燧人不師資而習火，延壽不束脩以變律，故云「知之者欲教而無從，心達者體知而無師」。苟有一毫所得，皆關心抱，豈必要經師授然後爲奇哉！但仲儒自省膚淺，才非一足，正可粗識音韻，纔言其理致耳。

時尚書蕭寶夤奏言：「金石律呂，制度調均，中古已來尠或通曉。仲儒雖粗述書文，頗有所說，而學不師授，云出己心；又言舊器不任，必須更造，然後克諧。上違成敕用舊之旨，輒持己心，輕欲制作。臣竊思量，不合依許。」詔曰：「禮樂之事，蓋非常人所明，可如所奏。」

正光中，侍中、安豐王延明受詔監修金石，博探古今樂事，令其門生河間信都芳考算之。屬天下多難，終無制造。芳後乃撰延明所集樂說幷諸器物準圖二十餘事而注之，不得在樂署考正聲律也。

普泰中，前廢帝詔錄尚書長孫稚、太常卿祖瑩營理金石。永熙二年春，稚、瑩表曰：

臣聞安上治民莫善於禮，移風易俗莫善於樂。易曰：「先王以作樂崇德，殷薦之上帝，以配祖考。」書曰：「戛擊鳴球，拊搏琴瑟以詠，祖考來格。」詩言志，律和聲，敦叙九族，平章百姓，天神於焉降歆，地祇可得而禮。故樂以象德，舞以象功，干戚所以比其形容，金石所以發其歌頌，薦之宗廟則靈祇饗其和，用之朝廷則君臣協其志，樂之時義大矣哉！雖復沿革異時，晦明殊位，周因殷禮，百世可知也。

太祖道武皇帝應圖受命，光宅四海，義合天經，德符地緯，九戎薦舉，五禮未詳。太宗、世祖重輝累耀，恭宗、顯祖誕隆丕基，而猶經營四方，匪遑制作。高祖孝文皇帝承太平之緒，纂無爲之運，帝圖既遠，王度惟新。太和中命故中書監高閭草創古樂，閭尋去世，未就其功。閭亡之後，故太樂令公孫崇續修遺事，十有餘載，崇敷奏其功。時太常卿劉芳以崇所作，體制差舛，不合古義，請更修營，被旨聽許。芳又釐綜，久而申呈。時故東平王元匡共相論駁，各樹朋黨，爭競紛綸，竟無底定。及孝昌已後，世屬艱虞，內難孔殷，外敵滋甚。永安之季，胡賊入京，燔燒樂庫，所有之鍾悉畢賊手，其餘磬石，咸爲灰燼。普泰元年，臣等奉敕營造樂器，責問太樂前來郊丘懸設之方，宗廟施安之分。太樂令張乾龜答稱芳所造六格：北廂黃鍾之均，實是夷則之調，其餘三廂，宮商不和，共用一笛，施之前殿，樂人尚存；又有沽洗、太蔟二格，用之後宮，檢其聲韻，復是夷則，於今尚在。而芳一代碩儒，斯文攸屬，討論之日，必應考古，深有明證。乾龜之辨，恐是歷歲稍遠，伶官失職。芳久殂沒，遺文銷毀，無可遵訪。臣等謹詳周禮，分樂而序之。

凡樂：圜鍾爲宮，黃鍾爲角，太蔟爲徵，沽洗爲羽，若樂六變，天神可得而禮；函鍾爲宮，太蔟爲角，沽洗爲徵，南呂爲羽，若樂八變，地示可得而禮；黃鍾爲宮，大呂爲角，太蔟爲徵，應鍾爲羽，若樂九變，人鬼可得而禮。至於布置，不得相生之次，兩均異宮，並無商聲，而同用一徵。書曰：於予擊石拊石，百獸率舞，八音克諧，神人以和。計五音不具，則聲豈成文；七律不備，則理無和韻。八音克諧，莫曉其旨。聖道幽玄，微言已絕，漢魏已來，未能作者。案春秋魯昭公二十年，晏子言於齊侯曰：「先王之濟五味、和五聲也，以平其心，成其政也。聲亦如味，一氣、二體、三類、四物、五聲、六律、七音、八風、九歌以相成也。」服子愼注云：「黃鍾之均，黃鍾爲宮，太蔟爲商，沽洗爲角，林鍾爲徵，南呂爲羽，應鍾爲變宮，蕤賓爲變徵。一懸十九鍾，十二懸二百二十八鍾，八十四律。」卽如此義，乃可尋究。今案周禮小胥之職，樂懸之法，鄭注云：「鍾磬編懸之，二八十六枚。」漢成帝時，犍爲郡於水濱得古磬十六枚獻呈，漢以爲瑞，復依禮圖編懸十六。去正始中，徐州薛城送玉磬十六枚，亦是一懸之器。檢太樂所用鍾、磬，各一懸十四，不知何據。魏侍中繆襲云：周禮以六律、六同、五聲、八音、六舞大合樂以致鬼神。

今之樂官，徒知古有此制，莫有明者。又云：樂制既亡，漢成謂韶武、武德、武始、大鈞可以備四代之樂。奏黃鍾，舞文始，以祀天地；奏太蔟，舞大武，以祀五郊、明堂；奏姑洗，舞武德，巡狩以祭四望山川；奏蕤賓，舞武始、大鈞以祀宗廟。祀圓丘、方澤，羣廟祫祭之時則可兼舞四代之樂。漢亦有雲翹、育命之舞，罔識其源，漢以祭天。魏時又以雲翹兼祀圓丘天郊，育命兼祀方澤地郊。今二舞久亡，無復知者。臣等謹依高祖所制尺，周官考工記鳧氏爲鍾鼓之分，磬氏爲磬倨句之法，〔二六〕禮運五聲十二律還相爲宮之義，以律呂爲之劑量，奏請制度，經紀營造。依魏晉所用四廂宮懸，鍾、磬各十六懸，塤、篪、箏、筑聲韻區別。蓋理三稔，於茲始就，五聲有節，八音無爽，笙鏞和合，不相奪倫，元日備設，百僚允矚。雖未極萬古之徽蹤，實是一時之盛事。

竊惟古先哲王制禮作樂，各有所稱：黃帝有咸池之樂，顓頊作承雲之舞，大章、大韶堯舜之異名，大夏、大濩禹湯之殊稱，周言大武，秦曰壽人。及焚書絕學之後，舊章淪滅，無可準據。漢高祖時，叔孫通因秦樂人制宗廟樂，迎神廟門奏嘉至，皇帝入廟門奏永至，登歌再終，下奏休成之樂，通所作也。高祖六年，有昭容樂、禮容樂，又有房中祠樂，高祖唐山夫人所作也。孝惠二年，使樂府令夏侯寬備其簫管，更名安世樂。高祖廟奏武德、文始、五行之舞，孝文廟奏昭德、文始、四時、五行之舞，孝武廟奏盛德、文始、四時、五行之舞。武德者，高祖四年作也，以象天下樂已行武以除亂也；文始舞者，舜韶舞，高祖六年更名曰文始，以示不相襲也；五行舞者，本周舞，秦始皇二十六年更名曰五行也；四時舞者，孝文所作，以明天下之安和也。孝景以武德舞爲昭德，孝宣以昭德舞爲盛德。光武廟奏大武，諸帝廟並奏文始、五行、四時之舞。及卯金不祀，當塗勃興，魏武廟樂改云韶武，用虞之大韶、周之大武，總號大鈞也。曹失其鹿，典午乘時，晉氏之樂更名正德。自昔帝王，莫不損益相緣，徽號殊別者也。而皇魏統天百三十載，至於樂舞，迄未立名，非所以聿宣皇風，章明功德，贊揚懋軌，垂範無窮者矣。

案今后宮饗會及五郊之祭，皆用兩懸之樂，詳攬先誥，大爲紕繆。古禮，天子宮懸，諸侯軒懸，大夫判懸，士特懸。皇后禮數，德合王者，名器所資，豈同於大夫哉。孝經言：「嚴父莫大於配天。」宗祀文王於明堂，以配上帝，卽五精之帝也。禮記王制「庶羞不踰牲，燕衣不踰祭服」，論語「禹卑宮室，盡力於溝洫」，「惡衣食致美於黻冕」。何有殿庭之樂過於天地乎！失禮之差，遠於千里。昔漢孝武帝東巡狩封禪，還祀泰一於甘泉，祭后土於汾陰，皆盡用，明其無減。普泰元年，前侍中臣孚及臣瑩等奏求造十二懸，六懸裁訖，續復營造，尋蒙旨判。今六懸既成，臣等思鍾磬各四，鎛鎛相從，〔二七〕十六格宮懸已足，今請更營二懸，通前爲八，宮懸兩具矣。一具備於太極，一具列於顯陽。若圓丘、方澤、上辛、四時五郊、社稷諸祀雖時日相交，〔二八〕用之無闕。孔子曰：周道四達，禮樂交通。傳曰：「魯有禘樂，賓祭用之。」然則天地宗廟同樂之明證也。其升斗權量，當時未定，請即刊校，以為長準。

周存六代之樂，雲門、咸池、韶、夏、濩、武用於郊廟，各有所施，但世運遙緬，隨時亡缺。漢世唯有虞韶、周武，魏為武始、咸熙，錯綜風聲，為一代之禮。晉無改造，易名正德。今聖朝樂舞未名，舞人冠服無準，稱之文、武舞而已。依魏景初三年以來衣服制，其祭天地宗廟：武舞執干戚，著平冕、黑介幘、玄衣裳、白領袖、絳領袖中衣、絳合幅袴袜、黑韋鞮；文舞執羽籥，冠委貌，其服同上。其奏於廟庭：〔二九〕武舞，武弁、赤介幘、生絳袍、單衣絳領袖、〔三〇〕皂領袖中衣、虎文畫合幅袴、白布袜、黑韋鞮；文舞者進賢冠、黑介幘、生黃袍、單衣白合幅袴，服同上。其魏晉相因，承用不改。古之神室，方各別所，〔三一〕故聲歌各異。今之太廟，連基接棟，樂舞同奏，於義得通。

自中原喪亂，〔三二〕晉室播蕩，永嘉已後，舊章湮沒。太武皇帝破平統萬，得古雅樂一部，正聲歌五十曲，工伎相傳，間有施用。自高祖遷居，世宗晏駕，內外多事，禮物未周。今日所有王夏、肆夏之屬二十三曲，猶得擊奏，足以闡累聖之休風，宣重光之盛美。伏惟陛下仁格上皇，義光下武，道契玄機，業隆寶祚，思服典章，留心軌物，反堯舜之淳風，復文武之境土，飾宇宙之儀刑，納生人於福地，道德熙泰，樂載新聲，天成地平，於是乎在。樂舞之名，乞垂旨判。臣等以愚昧參廁問道，呈御之日，伏增惶懼。」詔：「其樂名付尚書博議以聞。」

其年夏，集羣官議之。瑩復議曰：「夫樂所以乘靈通化，舞所以象物昭功，金石播其風聲，絲竹申其歌詠。郊天祠地之道，雖百世而可知；奉神育民之理，經千載而不昧。是以黃帝作咸池之樂，顓頊有承雲之舞，堯爲大章，舜則大韶，禹爲大夏，湯爲大濩，周曰大武，秦曰壽人，漢爲大予，魏名大鈞，晉曰正德。雖三統互變，五運代降，莫不述作相因，徽號殊別者也。皇魏道格三才，化清四宇，弈世載德，累葉重光，或以文教興邦，或以武功平亂，功成治定，於是乎在。及主上龍飛載造，景命惟新，書軌自同，典刑罔二，覆載均於兩儀，仁澤被於四海，五聲有序，八音克諧，樂舞之名，宜以詳定。案周兼六代之樂，聲律所施，咸有次第。滅學以後，經禮散亡，漢來所存，二舞而已。請以韶舞爲崇德，〔三三〕武舞爲章烈，總名曰嘉成。漢樂章云：『高張四縣，神來燕饗。』宗廟所設，宮縣明矣。計五郊天神，尊於人鬼；六宮陰極，體同至尊。理無減降，宜皆用宮縣。其舞人冠服制裁咸同舊式。庶得以光贊鴻功，敷揚大業。」錄尚書事長孫稚已下六十人同議申奏，詔曰：「王者功成作樂，治定制禮，以『成』爲號，良無間然。又六代之舞者，以大爲名，今可準古爲大成也。凡音樂以舞爲主，故干戈羽籥，禮亦無別，但依舊爲文舞、武舞而已。餘如議。」

初，侍中崔光、臨淮王彧並爲郊廟歌詞而迄不施用，樂人傳習舊曲，加以訛失，了無章句。後太樂令崔九龍言於太常卿祖瑩曰：「聲有七聲，調有七調，以今七調合之七律，起於黃鍾，終於中呂。今古雜曲，隨調舉之，將五百曲。恐諸曲名，後致亡失，今輒條記，存之於樂府。」瑩依而上之。九龍所錄，或雅或鄭，至於謠俗、四夷雜歌，但記其聲折而已，不能知其本意。又名多謬舛，莫識所由，隨其淫正而取之。樂署今見傳習，其中復有所遺，至於古雅，尤多亡矣。

初，高祖討淮、漢，世宗定壽春，收其聲伎。〔三四〕江左所傳中原舊曲，明君、聖主、公莫、白鳩之屬，及江南吳歌、荆楚四聲，總謂淸商。至於殿庭饗宴兼奏之。其圓丘、方澤、上辛、地祇、五郊、四時拜廟、三元、冬至、社稷、馬射、籍田，樂人之數，各有差等焉。

校勘記

〔一〕軒轅梓阮瑜之管定小一之律　殿本考證云：「呂氏春秋（仲夏紀適音篇）伶倫自大夏之西，乃之阮隃之陰，是『瑜』當作『隃』，『小一』當作『十二』。」按呂氏春秋又云：「次制十二筒，以至阮隃之下，聽鳳凰之鳴，以別十二律。」考證說是。

〔二〕又有味任離禁之樂　諸本「味任離禁」作「韎味任禁」。盧文弨魏書樂志校補下簡稱盧校云：「『韎』即『味』也，不當複出，又闕『離』字，今依周官鞮鞻氏注補正。」按盧說是，今據改。

〔三〕莫容儁平冉閔遂克之　按此段說的是「伶官樂器」的轉移，「克」字不協，且上既云「平」，也不應又說「克之」。「克」當是「得」或「獲」之訛。

〔四〕典章有闕　册府卷五六七六八〇六頁、通典卷一四一歷代沿革後魏條「典」作「樂」。按「典」當是「樂」之訛，但作「典」亦可通，今不改。

〔五〕未忍闡此　諸本「闡」訛「闕」，今據册府卷五六七六八〇七頁改。

〔六〕又有文始五行勺舞　諸本「文」作「皇」，盧校改「文」，云：「皇始在下文。」按下云「太祖初興，置皇始之舞」，豈得先有此舞？今從盧校改。

〔七〕郊廟但用文始五行皇始三舞而已　册府卷五六七六八〇八頁「郊廟」上有「用之」二字，「郊廟」下有「中京造次」四字，疑這裏脫去。

〔八〕器度淹雅神賞入微徽讚大猷聲光海內　諸本「淹雅」作「徽雅」，「徽讚」作「淹讚」，册府同上卷頁作「淹雅」「徽讚」。按文義册府是，今據改。

〔九〕調樂諧音　百衲本「調」作「訂」，爲字不成，諸本作「詞」，當是以意補，於文義也未協，今據册府同上卷頁補。

〔一〇〕其年冬　按上云「永平三年冬」，又云「其年冬」，重複。册府卷五六七五八〇九頁無此三字，若非上文「冬」字訛，則此三字當是衍文。

〔一一〕湯武所以〔改章功德　自括號內「改章功德」至「頗闕樂事」，共二百八十九字諸本皆闕，在宋本爲此卷之十二頁。一九四四年商務印書館重印百衲本二十四史，依勵芸書屋據册府卷五六七六八〇九頁及通典卷一四三歷代制造後魏條補頁補。今據商務重印本魏書，加括號。

〔一二〕孝明帝熙平二年冬　按魏書於魏帝例稱廟號，册府通典改稱謚號，這裏「孝明帝」原文當作「肅宗」。

〔一三〕後雖有器存　諸本脫「器」字，盧校據通典卷一四三補，今從補。

〔一四〕頗愛琴又嘗覽司馬彪所撰續漢書　諸本「愛」作「授」，「又」作「文」，册府同上卷頁、卷八五七一〇一七六頁，通典卷一四三作「愛」、「又」。按當時「授」「受」通用，「頗受琴文」，雖亦可通，然較晦，且通典與册府合，知傳本此志訛，今據改。

〔一五〕若依公孫崇止以十二律聲　諸本脫「依」字，盧校據通典一四三補。按册府卷五六七六八一〇頁、卷八五七一〇一七七頁並有「依」字，今從盧校補。

〔一六〕中呂爲十二之窮　諸本「窮」作「窽」，下注「疑」字，盧校據通典一四三改「窮」。按七調起於黃鍾，終於中呂，見下崔九龍語，今從盧校改，並删「疑」字。

〔一七〕而崇乃以中呂爲宮猶用林鍾爲商　諸本無「爲宮」二字，盧校據通典卷一四三補。按册府卷八五七一〇一七七頁亦有「爲宮」二字，今從盧校補。

〔一八〕按畫以求其聲　諸本「畫」作「盡」，册府卷五六七作「尺」。通典卷一四三作「畫」，盧校據通典改。按續漢書律曆志上稱京房所製之準，「中央一絃，下有畫分寸，以爲六十律清濁之節」。知準刻劃分寸爲節，作「畫」是，今從盧校改。

〔一九〕致令攬者望風拱手　册府卷八五七、通典卷一四三「望風」作「迎前」。按原文當作「迎前」，但作「望風」亦通，今不改。

〔二〇〕乘爲二千分　諸本「千」作「十」，盧校據通典一四三改「千」。按册府卷五六七六八一〇頁也作「千」，今從盧校改。

〔二一〕使入準常尺分之內　盧校據通典一四三「準常」乙作「常準」。

〔二二〕中絃下依數盡出六十律清濁之節　通典卷一四三無「盡」字。盧校「盡」字下注「疑畫」。按據上引續漢書律曆志，「盡」當是「畫」之訛。

〔二三〕即於中絃案盡一周之聲　通典卷一四三「盡」作「畫」，疑是。

〔二四〕平調以角爲主　諸本「角」作「宮」，册府卷五六七作「徵」，卷八五七及通典卷一四三作「角」，盧校據通典改「角」。按作「角」是，今從盧校改。

〔二五〕自上代來消息調準之方並史文所略　諸本「自上代來」作「上來」二字，語較晦，今據册府卷八五七一〇一七七頁、通典卷一四三補。

〔二六〕磬氏爲磬倨句之法　諸本「句」字空格或注「闕」字。殿本考證云：「考工記：磬有倨句。則此所闕當是一『句』字。」按册府卷五六七六八一三頁正是「句」字，今據補。

〔二七〕瓠鎛相從　諸本「鎛」作「鐏」，册府卷八五七六八一四頁作「鎛」。按鎛是大鐘或云小鐘，「鐏」非樂器，今據改。又「瓠」字册府作「釽」，皆非樂器。爾雅釋樂：「大鍾謂之鏞，其中謂之剽。」宋書卷一九樂志云「剽音瓢」。疑「瓠」乃「瓢」形近而訛，「瓢」卽「剽」。

〔二八〕雖時日相交　百衲本「交」作「六」，旁注「疑」字。諸本無「交」或「六」字。南本、殿本「疑」作「礙」，北、汲、局三本作「凝」，都大字作正文。册府同上卷頁作「交」。按「六」是「交」的殘闕，不可通，後人旁注「疑」字，南本以下諸本遂逕删「六」字，以意改「疑」爲「礙」或「凝」。今據册府改，並删「疑」字。

〔二九〕其奏於廟庭　册府同上卷頁「廟」作「朝」。按宋書樂志一也作「朝」，疑册府是，但作「廟」亦通，今不改。

〔三〇〕單衣絳領袖　諸本「絳」作「練」。按宋書樂志一作「絳」。上文已見絳及白、皂領袖，都以顏色識別，「練」乃「絳」形近而訛，今改正。

〔三一〕方各別所　册府同上卷頁「方」作「房」，疑是。

〔三二〕自中原喪亂　諸本「原」訛「煩」，不可通，今據册府同上卷頁改。

〔三三〕請以韶舞爲崇德　諸本「舞」作「武」，盧校改「舞」。按上云「漢來所存，二舞而已」。漢書卷二二禮樂志：「文始舞者，曰本舜招舞也。」「招舞」卽「韶舞」。「武」乃涉下「武舞」而訛，今從盧校改。

〔三四〕收其聲伎　諸本「伎」訛「役」，盧校據通典卷一四二改。按册府同上卷頁也作「伎」，今從盧校改。

魏書卷一百一十

食貨志六第十五

夫爲國爲家者，莫不以穀貨爲本。故洪範八政，以食爲首，其在易曰「聚人曰財」，周禮以九職任萬民，以九賦斂財賄。是以古先哲王莫不敬授民時，務農重穀，躬親千畝，貢賦九州。且一夫不耕，一女不織，或受其飢寒者。飢寒迫身，不能保其赤子，攘竊而犯法，以至於殺身。迹其所由，王政所陷也。夫百畝之內，勿奪其時，易其田疇，薄其稅斂，民可使富也。既飽且富，而仁義禮節生焉，亦所謂衣食足，識榮辱也。晉末，天下大亂，生民道盡，或死於干戈，或斃於飢饉，其幸而自存者蓋十五焉。

太祖定中原，接喪亂之弊，兵革並起，民廢農業。方事雖殷，然經略之先，以食爲本，使東平公儀墾闢河北，自五原至于棝陽塞外爲屯田。初，登國六年破衞辰，收其珍寶、畜產，名馬三十餘萬、牛羊四百餘萬，漸增國用。既定中山，分徙吏民及徒何種人、工伎巧十萬餘家以充京都，各給耕牛，計口授田。天興初，制定京邑，東至代郡，西及善無，南極陰館，北盡參合，爲畿內之田；其外四方四維置八部帥以監之，勸課農耕，量校收入，以爲殿最。又躬耕籍田，率先百姓。自後比歲大熟，匹中八十餘斛。是時戎車不息，雖頻有年，猶未足以久贍矣。

太宗永興中，頻有水旱，詔簡宮人非所當御及非執作伎巧，自餘出賜鰥民。神瑞二年，又不熟，京畿之內，路有行饉。帝以飢將遷都於鄴，用博士崔浩計乃止。於是分簡尤貧者就食山東。敕有司勸課留農者曰：「前志有之，人生在勤，勤則不匱。凡庶民之不畜者祭無牲，不耕者祭無盛，不樹者死無椁，不蠶者衣無帛，不績者喪無衰。教行三農，生殖九穀；教行園圃，毓長草木；教行虞衡，山澤作材；教行藪牧，養蕃鳥獸；教行百工，飭成器用；教行商賈，阜通貨賄；教行嬪婦，化治絲枲；教行臣妾，事勤力役。」自是民皆力勤，故歲數豐穰，畜牧滋息。

泰常六年，詔六部民羊滿百口，調戎馬一匹。

世祖即位，開拓四海，以五方之民各有其性，故修其教不改其俗，齊其政不易其宜，納其方貢以充倉廩，收其貨物以實庫藏，又於歲時取鳥獸之登於俎用者以牣膳府。

先是，禁網疏闊，民多逃隱。天興中，詔採諸漏戶，令輸綸綿。自後諸逃戶占爲細繭羅穀者甚衆。〔一〕於是雜營戶帥遍於天下，不隸守宰，賦役不周，戶口錯亂。始光三年詔一切罷之，以屬郡縣。

神䴥二年，帝親御六軍，略地廣漠。分命諸將，窮追蠕蠕，東至瀚海，西接張掖，北度燕然山，大破之，虜其種落及馬牛雜畜方物萬計。其後復遣成周公萬度歸西伐焉耆，其王鳩尸卑那單騎奔龜茲，舉國臣民負錢懷貨，一時降款，獲其奇寶異玩以巨萬，駝馬雜畜不可勝數。度歸遂入龜茲，復獲其殊方瓌詭之物億萬已上。是時方隅未克，帝屢親戎駕，而委政於恭宗。眞君中，恭宗下令修農職之教，事在帝紀。此後數年之中，軍國用足矣。

高宗時，牧守之官，頗爲貨利。太安初，遣使者二十餘輩循行天下，觀風俗，視民所疾苦。詔使者察諸州郡墾殖田畝、飲食衣服、閭里虛實、盜賊劫掠、貧富强劣而罰之，自此牧守頗改前弊，民以安業。

自太祖定中原，世祖平方難，收獲珍寶，府藏盈積。和平二年秋，詔中尙方作黃金合盤十二具，徑二尺二寸，鏤以白銀，鈿以玫瑰，其銘曰：「九州致貢，殊域來賓，乃作茲器，錯用具珍。鍜以紫金，鏤以白銀，範圍擬載，吐燿含眞。纎文麗質，若化若神，皇王御之，百福惟新。」其年冬，詔出內庫綾綿布帛二十萬匹，令內外百官分曹賭射。四年春，詔賜京師之民年七十已上太官厨食以終其身。

顯祖卽位，親行儉素，率先公卿，思所以賑益黎庶。至天安、皇興間，歲頻大旱，絹匹千錢。劉彧淮北青、冀、徐、兗、司五州告亂請降，命將率衆以援之。旣臨其境，青冀懷貳，進軍圍之，數年乃拔。山東之民咸勤於征戍轉運，帝深以爲念。遂因民貧富，爲租輸三等九品之制。千里內納粟，千里外納米；上三品戶入京師，中三品入他州要倉，下三品入本州。

先是太安中，高宗以常賦之外雜調十五，頗爲煩重，將與除之。尙書毛法仁曰：「此是軍國資用，今頓罷之，臣愚以爲不可。」帝曰：「使地利無窮，民力不竭，百姓有餘，吾孰與不足。」遂免之。未幾，復調如前，至是乃終罷焉。於是賦斂稍輕，民復贍矣。

舊制，民間所織絹、布，皆幅廣二尺二寸，長四十尺爲一匹，六十尺爲一端，令任服用。後乃漸至濫惡，不依尺度。高祖延興三年秋七月，更立嚴制，令一準前式，違者罪各有差，有司不檢察與同罪。

太和八年，始準古班百官之祿，以品第各有差。先是，天下戶以九品混通，戶調帛二匹、絮二斤、絲一斤、粟二十石；又入帛一匹二丈，委之州庫，以供調外之費。至是，戶增帛三匹，粟二石九斗，以爲官司之祿。後增調外帛滿二匹。所調各隨其土所出。其司、冀、雍、華、定、相、泰、〔三〕洛、豫、懷、兗、陝、徐、青、齊、濟、南豫、東兗、東徐十九州，貢綿絹及絲；幽、平、幷、肆、岐、涇、荆、涼、梁、汾、秦、安、營、豳、夏、光、郢、東秦，司州萬年、雁門、上谷、靈丘、廣寧、平涼郡，懷州邵上郡之長平、白水縣，〔三〕青州北海郡之膠東縣、平昌郡之東武平昌縣、高密郡之昌安高密夷安黔陬縣，泰州河東之蒲坂、汾陰縣，東徐州東莞郡之莒、諸、東莞縣，雍州馮翊郡之蓮芍縣、〔四〕咸陽郡之寧夷縣、北地郡之三原雲陽銅官宜君縣，華州華山郡之夏陽縣，徐州北濟陰郡之離狐豐縣、〔五〕東海郡之贛榆襄賁縣，皆以麻布充稅。

九年，下詔均給天下民田：

諸男夫十五以上，受露田四十畝，〔六〕婦人二十畝，奴婢依良。丁牛一頭受田三十畝，限四牛。所授之田率倍之，三易之田再倍之，以供耕作及還受之盈縮。

諸民年及課則受田，老免及身沒則還田。奴婢、牛隨有無以還受。

諸桑田不在還受之限，但通入倍田分。於分雖盈，沒則還田，不得以充露田之數。〔七〕不足者以露田充倍。

諸初受田者，男夫一人給田二十畝，課蒔餘，種桑五十樹，棗五株，榆三根。非桑之土，夫給一畝，依法課蒔榆、棗。奴各依良。限三年種畢，不畢，奪其不畢之地。於桑榆地分雜蒔餘果及多種桑榆者不禁。

諸應還之田，不得種桑榆棗果，種者以違令論，地入還分。

諸桑田皆爲世業，身終不還，恒從見口。有盈者無受無還，不足者受種如法。盈者得賣其盈，不足者得買所不足。不得賣其分，亦不得買過所足。

諸麻布之土，男夫及課，別給麻田十畝，婦人五畝，奴婢依良。皆從還受之法。

諸有舉戶老小癃殘無授田者，年十一已上及癃者各授以半夫田，年踰七十者不還所受，寡婦守志者雖免課亦授婦田。

諸還受民田，恒以正月。若始受田而身亡，及賣買奴婢牛者，皆至明年正月乃得還受。

諸土廣民稀之處，隨力所及，官借民種蒔。役有土居者，〔八〕依法封授。

諸地狹之處，有進丁受田而不樂遷者，則以其家桑田爲正田分，又不足不給倍田，又不足家內人別減分。無桑之鄉準此爲法。樂遷者聽逐空荒，不限異州他郡，唯不聽避勞就逸。其地足之處，不得無故而移。

諸民有新居者，三口給地一畝，以爲居室，奴婢五口給一畝。男女十五以上，因其地分，口課種菜五分畝之一。

諸一人之分，正從正，倍從倍，不得隔越他畔。進丁受田者恒從所近。若同時俱受，先貧後富。再倍之田，放此爲法。

諸遠流配謫、無子孫、及戶絕者，墟宅、桑榆盡爲公田，以供授受。授受之次，給其所親；未給之間，亦借其所親。

諸宰民之官，各隨地給公田，〔九〕刺史十五頃，太守十頃，治中別駕各八頃，縣令、郡丞六頃。更代相付。賣者坐如律。

魏初不立三長，故民多蔭附。蔭附者皆無官役，豪强徵斂，倍於公賦。十年，給事中李沖上言：「宜準古，五家立一隣長，五隣立一里長，五里立一黨長，長取鄉人强謹者。隣長復一夫，里長二，黨長三。所復復征戍，餘若民。三載亡愆則陟用，陟之一等。其民調，一夫一婦帛一匹，粟二石。民年十五以上未娶者，四人出一夫一婦之調；奴任耕，婢任績者，八口當未娶者四；耕牛二十頭當奴婢八。其麻布之鄉，一夫一婦布一匹，下至牛，以此爲降。大率十匹爲公調，〔一〇〕二匹爲調外費，三匹爲內外百官俸，此外雜調。民年八十已上，聽一子不從役。孤獨癃老篤疾貧窮不能自存者，三長內迭養食之。」

書奏，諸官通議，稱善者衆。高祖從之，於是遣使者行其事。乃詔曰：「夫任土錯貢，所以通有無；井乘定賦，所以均勞逸。有無通則民財不匱，勞逸均則人樂其業。此自古之常道也。又隣里鄉黨之制，所由來久。欲使風敎易周，家至日見，以大督小，從近及遠，如身之使手，幹之總條，然後口算平均，義興訟息。是以三典所同，隨世汚隆；貳監之行，從時損益。故鄭僑復丘賦之術，鄒人獻盍徹之規。雖輕重不同，而當時俱適。自昔以來，諸州戶口，籍貫不實，包藏隱漏，廢公罔私。富强者幷兼有餘，貧弱者餬口不足。賦稅齊等，無輕重之殊；力役同科，無衆寡之別。雖建九品之格，而豐埆之土未融；雖立均輸之楷，而蠶績之鄉無異。致使淳化未樹，民情偸薄。朕每思之，良懷深慨。今革舊從新，爲里黨之法，在所牧守，宜以喻民，使知去煩即簡之要。」初，百姓咸以爲不若循常，豪富幷兼者尤弗願也。事施行後，計省昔十有餘倍。於是海內安之。

十一年，大旱，京都民飢。加以牛疫，公私闕乏，時有以馬驢及橐駝供駕輓耕載。詔聽民就豐。行者十五六，道路給糧稟，至所在，三長贍養之。遣使者時省察焉。留業者，皆令主司審覈，開倉賑貸。其有特不自存者，悉檢集，爲粥於術衢，以救其困。然主者不明牧察，郊甸間甚多餧死者。時承平日久，府藏盈積，詔盡出御府衣服珍寶、太官雜器、太僕乘具、內庫弓矢刀鉾十分之八、外府衣物繒布絲纊諸所供國用者，以其太半班賚百司，下至工商皁隸，逮于六鎭邊戍，畿內鰥寡孤獨貧癃者，皆有差。

十二年，詔羣臣求安民之術。有司上言：「請析州郡常調九分之二，京都度支歲用之餘，各立官司，豐年糴貯於倉，時儉則加私之一，糶之於民。〔二〕如此，民必力田以買絹，積財以取粟。官，年登則常積，歲凶則直給。又別立農官，取州郡戶十分之一，以爲屯民。相水陸之宜，斷頃畝之數，以贓贖雜物市牛科給，令其肆力。一夫之田，歲責六十斛，甄其正課幷征戍雜役。行此二事，數年之中則穀積而民足矣。」帝覽而善之，尋施行焉。自此公私豐贍，雖時有水旱，不爲災也。

世祖之平統萬，定秦隴，以河西水草善，乃以爲牧地。畜產滋息，馬至二百餘萬匹，橐駝將半之，牛羊則無數。高祖卽位之後，復以河陽爲牧場，恒置戎馬十萬匹，以擬京師軍警之備。每歲自河西徙牧於幷州，以漸南轉，欲其習水土而無死傷也，而河西之牧彌滋矣。正光以後，天下喪亂，遂爲羣寇所盜掠焉。

世宗延昌三年春，有司奏長安驪山有銀鑛，二石得銀七兩。其年秋，恒州又上言，白登山有銀鑛，八石得銀七兩，錫三百餘斤，其色潔白，有踰上品。詔並置銀官，常令採鑄。又漢中舊有金戶千餘家，常於漢水沙淘金，年終總輸。後臨淮王彧爲梁州刺史，奏罷之。其鑄鐵爲農器、兵刃，在所有之，然以相州牽口冶爲工，故常鍊鍛爲刀，送於武庫。

自魏德既廣，西域、東夷貢其珍物，充於王府。又於南垂立互市，以致南貨，羽毛齒革之屬無遠不至。神龜、正光之際，府藏盈溢。靈太后曾令公卿已下任力負物而取之，又數賚禁內左右，所費無貲，而不能一丐百姓也。

自徐揚內附之後，仍世經略江淮，於是轉運中州，以實邊鎮，百姓疲於道路。乃令番戍之兵，營起屯田，又收內郡兵資與民和糴，積爲邊備。有司又請於水運之次，隨便置倉，乃於小平、石門、〔三〕白馬津、漳涯、黑水、濟州、陳郡、大梁凡八所，各立邸閣，每軍國有須，應機漕引。自此費役微省。

三門都將薛欽上言：「計京西水次汾華二州、恒農、河北、河東、正平、平陽五郡年常綿絹及貲麻皆折公物，雇車牛送京。道險人弊，費公損私。略計華州一車，官酬絹八匹三丈九尺，別有私民雇價布六十匹；河東一車，官酬絹五匹二丈，別有私民雇價布五十匹。自餘州郡，雖未練多少，推之遠近，應不減此。今求車取雇絹三匹，市材造船，不勞採斫。計船一艘，舉十三車，車取三匹，合有三十九匹，雇作手并匠及船上雜具食直，足以成船。計一船剩絹七十八匹，布七百八十匹。又租車一乘，官格四十斛成載；私民雇價，遠者五斗布一匹，近者一石布一匹。準其私費，一車布遠者八十匹，近者四十匹。造船一艘，計舉七百石，準其雇價，應有一千四百匹。今取布三百匹，造船一艘并船上覆治雜事，計一船有剩布一千一百匹。又其造船之處，皆須鋸材人功，并削船茹，依功多少，即給當州郡門兵，不假更召。汾州有租調之處，去汾不過百里，華州去河不滿六十，並令計程依舊酬價，車送船所。船之所運，唯達湄陂。其陸路從湄陂至倉庫，調一車雇絹一匹，租一車布五匹，則於公私爲便。」

尚書度支郎中朱元旭計稱：「效立於公，濟民爲本；政列於朝，潤國是先。故大禹疏決，以通四載之宜；有漢穿引，受納百川之用。厥績顯於當時，嘉聲播於圖史。今校薛欽之說，雖跡驗未彰，而指況甚善。所云以船代車，是其策之長者。若以門兵造舟，便爲闕彼防禦，無容全依。宜令取雇車之物，市材執作，及倉庫所須，悉以營辦。七月之始，十月初旬，令州郡綱典各受租調於將所，〔一三〕然後付之。十車之中，留車士四人佐其守護。粟帛上船之日，隨運至京，將共監慎，如有耗損，同其陪徵。〔一四〕河中缺失，專歸運司。輸京之時，聽其即納，不得雜合，違失常體。必使量上數下，謹其受入，自餘一如其列。計底柱之難，號爲天險，迅驚千里，未易其功。然既陳便利，無容輒抑。若效充其說，則附例酬庸，如其不驗，徵墳所損。今始開創，不可懸生減折，具依請營立。一年之後，須知贏費。歲遣御史校其虛實，脫有乖越，別更裁量。」尚書崔休以爲刳木爲舟，用興上代；鑿渠通運，利盡中古。是以漕輓河渭，留侯以爲偉談；方舟蜀漢，酈生稱爲口實。豈直張純之奏，見美東都；陳勰之功，事高晉世。其爲利益，所從來久矣。案欽所列，實允事宜；郎中之計，備盡公理。但舟檝所通，遠近必至，苟利公私，不宜止在前件。昔人乃遠通褒斜以利關中之漕，南達交廣以增京洛之饒。況乃漳洹夷路，河濟平流，而不均彼省煩，同兹巨益。且鴻溝之引宋衞，史牒具存；討虜之通幽冀，古迹備在。舟車省益，理實相懸；水陸難易，力用不等。昔忝東州，親迳□驗，斯損益不可同年而語。請諸通水運之處，皆宜率同此式。縱復五百、三百里，車運水次，校計利饒，猶爲不少。其欽所列州郡，如請興造。東路諸州皆先通水運，今年租調，悉用舟檝。若船數有闕，且賃假充事，比之僦車，交成息耗。其先未通流，宜遣檢行，閑月修治，使理有可通，必無壅滯。如此，則發召匪多，爲益實廣，一爾暫勞，久安永逸。」錄尚書、高陽王雍，尚書僕射李崇等奏曰：「運漕之利，今古攸同，舟車息耗，實相殊絕。欽之所列，關西而已，若域內同行，足爲公私巨益。謹輒參量，備如前計，庶徵召有減，勞止小康。若此請蒙遂，必須溝洫通流，卽求開興修築。或先以開治，或古跡仍在，舊事可因，用功差易。此冬閑月，令疏通咸訖，比春水之時，使運漕無滯。」詔從之，而未能盡行也。

正光後，四方多事，加以水旱，國用不足，預折天下六年租調而徵之。百姓怨苦，民不堪命。有司奏斷百官常給之酒，計一歲所省合米五萬三千五十四斛九升，蘗穀六千九百六十斛，麪三十萬五百九十九斤。其四時郊廟、百神羣祀依式供營，遠蕃使客不在斷限。爾後寇賊轉衆，諸將出征，相繼奔敗，所亡器械資糧不可勝數，而關西喪失尤甚，帑藏益以空竭。有司又奏內外百官及諸蕃客稟食及肉悉二分減一，計終歲省肉百五十九萬九千八百五十六斤，米五萬三千九百三十二石。

孝昌二年冬，〔一五〕稅京師田租畝五升，借賃公田者畝一斗。又稅市，入者人一錢，其店舍又爲五等，收稅有差。

莊帝初，承喪亂之後，倉廩虛罄，遂班入粟之制。輸粟八千石，賞散侯；六千石，散伯；四千石，散子；三千石，散男。職人輸七百石，賞一大階，授以實官。白民輸五百石，聽依第出身，一千石，加一大階；無第者輸五百石，聽正九品出身，一千石，加一大階。諸沙門有輸粟四千石入京倉者，授本州統，若無本州者，授大州都；〔一六〕若不入京倉，入外州郡倉者，三千石，畿郡都統，依州格；若輸五百石入京倉者，授本郡維那，其無本郡者，授以外郡；粟入外州郡倉七百石者，京倉三百石者，授縣維那。

孝靜天平初，以遷民草創，資產未立，詔出粟一百三十萬石以賑之。三年夏，又賑遷民稟各四十日。其年秋，并、肆、汾、建、晉、泰、陜、東雍、南汾九州霜旱，民飢流散。四年春，詔所在開倉賑恤之，而死者甚衆。時諸州調絹不依舊式，齊獻武王以其害民，興和三年冬，請班海內，悉以四十尺爲度。天下利焉。

河東郡有鹽池，舊立官司以收稅利，是時罷之，〔一七〕而民有富强者專擅其用，貧弱者不得資益。延興末，復立監司，量其貴賤，節其賦入，於是公私兼利。世宗即位，政存寬簡，復罷其禁，與百姓共之。其國用所須，別爲條制，取足而已。自後豪貴之家復乘勢占奪，近池之民，又輒障吝。强弱相陵，聞於遠近。神龜初，太師、高陽王雍，太傅、清河王懌等奏：「鹽池天藏，資育羣生。仰惟先朝限者，亦不苟與細民競茲贏利。但利起天池，取用無法，或豪貴封護，或近者吝守，卑賤遠來，超然絕望。是以因置主司，令其裁察，强弱相兼，務令得所。且十一之稅，自古及今，取輙以次，所濟爲廣。自爾霑洽，遠近齊平，公私兩宜，儲益不少。及鼓吹主簿王後興等詞稱請供百官食鹽二萬斛之外，歲求輸馬千匹、牛五百頭。以此而推，非可稍計。後中尉甄琛啓求罷禁，被敕付議。尚書執奏，稱琛啓坐談則理高，行之則事闕，請依常禁爲允。詔依琛計。乃爲繞池之民尉保光等擅自固護，語其障禁，倍於官司，取與自由，貴賤任口。若無大宥，罪合推斷。詳度二三，深乖王法。臣等商量，請依先朝之詔，禁之爲便。防姦息暴，斷遺輕重，亦準前旨。所置監司，一同往式。」於是復置監官以監檢焉。其後更罷更立，以至於永熙。

自遷鄴後，於滄、瀛、幽、青四州之境，傍海煮鹽。滄州置竈一千四百八十四，瀛州置竈四百五十二，幽州置竈一百八十，青州置竈五百四十六，又於邯鄲置竈四，計終歲合收鹽二十萬九千七百二斛四升。軍國所資，得以周贍矣。

魏初至於太和，錢貨無所周流，高祖始詔天下用錢焉。十九年，冶鑄粗備，文曰「太和五銖」，詔京師及諸州鎮皆通行之。內外百官祿皆準絹給錢，絹匹爲錢二百。在所遣錢工備爐冶，民有欲鑄，聽就鑄之，銅必精練，無所和雜。世宗永平三年冬，又鑄五銖錢。肅宗初，京師及諸州鎮或鑄或否，或有止用古錢，不行新鑄，致商貨不通，貿遷頗隔。

熙平初，尚書令、任城王澄上言：「臣聞洪範八政，貨居二焉。易稱：『天地之大德曰生，聖人之大寶曰位，何以守位曰仁，何以聚人曰財。』財者，帝王所以聚人守位，成養羣生，奉順天德，治國安民之本也。夏殷之政，九州貢金，以定五品。周仍其舊。太公立九府之法，於是圜貨始行，〔一八〕定銖兩之楷。齊桓循用，以霸諸侯。降及秦始、漢文，遂有輕重之異。吳濞、鄧通之錢，收利遍於天下，河南之地，猶甚多焉。逮于孝武，乃更造五銖，其中毀鑄，隨利改易，故使錢有小大之品。竊尋太和之錢，高祖留心創制，後與五銖並行，此乃不刊之式。但臣竊聞之，君子行禮，不求變俗，因其所宜，順而致用。『太和五銖』雖利於京邑之肆，而不入徐揚之市。土貨既殊，貿鬻亦異，便於荆郢之邦者，則礙於兗豫之域。致使貧民有重困之切，王道貽隔化之訟。去永平三年，都座奏斷天下用錢不依準式者，時被敕云：『不行之錢，雖有常禁，其先用之處，權可聽行，至年末悉令斷之。』延昌二年，徐州民儉，刺史啓奏求行土錢，旨聽權依舊用。謹尋不行之錢，律有明式，指謂雞眼、〔一九〕鐶鑿，更無餘禁。計河南諸州，今所行者，悉非制限。昔來繩禁，愚竊惑焉。又河北州鎮，既無新造五銖，設有舊者，而復禁斷，並不得行，專以單絲之縑，疏縷之布，狹幅促度，不中常式，裂匹爲尺，以濟有無。至今徒成杼軸之勞，〔二〇〕不免飢寒之苦，良由分截布帛，壅塞錢貨。實非救恤凍餒，子育黎元。謹惟自古以來，錢品不一，前後累代，易變無常。且錢之爲名，欲泉流不已。愚意謂今之太和與新鑄五銖，及諸古錢方俗所便用者，雖有大小之異，並得通行。貴賤之差，自依鄉價。庶貨環海內，公私無壅。其不行之錢，及盜鑄毀大爲小，巧僞不如法者，據律罪之。」詔曰：「錢行已久，今東尚有事，〔二一〕且依舊用。」

澄又奏：「臣猥屬樞衡，庶罄心力，常願貨物均通，書軌一範。謹詳周禮，外府掌邦布之入出。布猶泉也，其藏曰泉，其流曰布。然則錢之興也始於一品，欲令世匠均同，圜流無極。爰暨周景，降逮亡新，易鑄相尋，參差百品，遂令接境乖商，連邦隔貿。〔二二〕臣比奏求宣下海內，依式行錢。登被旨敕，『錢行已久，且可依舊』。謹重參量，以爲『太和五銖』乃大魏之通貨，不朽之恒模，寧可專貿於京邑，不行於天下！但今戎馬在郊，江疆未一，東南之州，依舊爲便。至於京西、京北域內州鎮未用錢處，行之則不足爲難，塞之則有乖通典。何者？布帛不可尺寸而裂，五穀則有負檐之難，錢之爲用，貫繦相屬，不假斗斛之器，不勞秤尺之平，濟世之宜，謂爲深允。請並下諸方州鎮，其太和及新鑄五銖并古錢內外全好者，不限大小，悉聽行之。雞眼、鐶鑿，依律而禁。河南州鎮先用錢者，既聽依舊，不在斷限。唯太和、五銖二錢得用公造新者，其餘雜種，一用古錢，生新之類，普同禁約。諸方之錢，通用京師，其聽依舊之處，與太和錢及新造五銖並行，若盜鑄者罪重常憲。既欲均齊物品，廛井斯和，若不繩以嚴法，無以肅兹違犯。符旨一宣，仍不遵用者，刺史守令依律治罪。」詔從之。而河北諸州，舊少錢貨，猶以他物交易，錢略不入市也。

二年冬，尚書崔亮奏：「恒農郡銅青谷有銅鑛，計一斗得銅五兩四銖；葦池谷鑛，計一斗得銅五兩；鸞帳山鑛，計一斗得銅四兩；河內郡王屋山鑛，計一斗得銅八兩；南青州苑燭山、齊州商山並是往昔銅官，舊迹見在。謹按鑄錢方興，用銅處廣，既有冶利，並宜開鑄。」詔從之。自後所行之錢，民多私鑄，稍就小薄，價用彌賤。

建義初，重盜鑄之禁，開糾賞之格。至永安二年秋，詔更改鑄，文曰「永安五銖」，官自立爐，起自九月至三年正月而止。官欲貴錢，乃出藏絹，分遣使人於二市賣之，〔三〕絹匹止錢二百，而私市者猶三百。利之所在，盜鑄彌衆，巧僞既多，輕重非一，四方州鎮，用各不同。

遷鄴之後，輕濫尤多。武定初，齊文襄王奏革其弊。於是詔遣使人詣諸州鎮，收銅及錢，悉更改鑄，其文仍舊。然姦僥之徒，越法趨利，未幾之間，漸復細薄。六年，文襄王以錢文五銖，名須稱實，宜稱錢一文重五銖者，聽入市用。計百錢重一斤四兩二十銖，自餘皆準此爲數。其京邑二市、天下州鎮郡縣之市，各置二稱，懸於市門，私民所用之稱，皆準市稱以定輕重。凡有私鑄，悉不禁斷，但重五銖，然後聽用。若入市之錢，重不五銖，或雖重五銖而多雜鉛鑞，並不聽用。若有輒以小薄雜錢入市，有人糺獲，其錢悉入告者。其小薄之錢，若即禁斷，恐人交乏絕。畿內五十日，外州百日爲限。羣官參議，咸以時穀頗貴，請待有年。上從之而止。

校勘記

〔一〕自後諸逃戶占爲細繭羅穀者甚衆　册府卷四八七五八二五頁、卷五〇四六〇五四頁「細繭」作「紬繭」。按北史卷九〇仇洛齊傳作「紬綾」，疑「細」乃「紬」形近而訛，但本書卷九四仇洛齊傳也作

「細繭」，今不改。

〔二〕其司冀雍華定相泰　諸本「泰」作「秦」。按下出麻布諸州中又見「秦州」，而此爲出綿絹及絲之十九州之一，知非一州。下文又舉「以麻布充稅」的郡縣有「秦州河東之蒲坂、汾陰」，與司、懷等州既在出綿絹州之中，而又舉出所屬個別郡縣「以麻布充稅」同例。卷一〇六下地形志下治蒲坂之「秦州」實爲「泰州」之訛，已改正，見地形志下校記〔四〇〕，此「秦」字及下文「秦州河東」之「秦」字也都是「泰」之訛，今同改。

〔三〕懷州邵上郡之長平白水縣　諸本並作「懷州邵郡、上郡之長平白水縣」。錢氏考異卷三〇云：「按地形志：卷一〇六上地形志上東雍州邵郡皇興四年置邵上郡，太和中併河內，孝昌中改邵郡。此文當云『邵上郡』，誤多一『郡』字。」按懷州無上郡，長平、白水也不得屬上郡，「邵」下衍「郡」字，錢說是，今刪。冊府卷五〇四六〇五五頁作「懷化郡、上郡之長平白水縣」，亦誤。

〔四〕雍州馮翊郡之蓮芍縣　諸本「蓮」作「連」，冊府同上卷頁作「蓮」。按本書卷一〇六下地形志下和漢書卷二八上地理志上以及其他地志都作「蓮」。當時地名雖多用同音或音近字，但據冊府知原文也作「蓮」，今據改。

〔五〕徐州北濟陰郡之離狐豐縣　諸本無「陰」字，冊府同上卷頁作「濟北郡」。錢氏考異卷三〇云：「當作『北濟陰郡』，志脫『陰』字。」按卷一〇六中地形志中徐州北濟陰郡屬縣有豐、離狐，錢說是，今補「陰」字。濟北郡屬濟州，且無此二縣，册府亦誤。

〔六〕諸男夫十五以上受露田四十畝　册府卷四九五五九二三頁、通典卷一田制上此句下並有注「不栽樹者謂之露田」。魏收修史時似無必要對露田加以說明，疑是通典所加，册府此條實據通典，今不補。

〔七〕於分雖盈沒則還田不得以充露田之數　册府同上卷頁通典卷一無「沒則還田」四字。疑亦通典所删，册府據通典。

〔八〕役有土居者　册府同卷五九二四頁、通典卷一此句作「後有來居者」，疑是。

〔九〕各隨地給公田　册府同上卷頁「地」作「所」，卷五〇五六〇六四頁作「近」。按通典卷一作「匠」，乃「近」字形近而訛，疑作「近」是。

〔一〇〕大率十四爲公調　諸本「公」作「工」。册府卷四八七五八二六頁、卷五〇四六〇五五頁，通典卷五賦稅中，通鑑卷一三六四二七二頁都作「公」。按「工調」無義，「工」字訛，今據改。又通典「十四」下有「中五匹」三字。

〔一一〕時儉則加私之一糶之於民　卷六二李彪傳「一」作「二」，通典卷一二輕重作「減私之十二」。按所謂「加私之一」，當指加於糴入時之價，故下云「歲凶則直給」，意謂凶歲糶出足以給往時糴入之直。參卷六二校記〔四〕。又「糶」字諸本訛作「糴」，今據册府、卷四八七五八二七頁、通典及李彪傳改。

〔一二〕石門　諸本「石」作「右」，册府卷四九八五九六四頁、通典卷一〇漕運作「石」。按地在「小平」、「白馬津」之間，應是黄河的津口。水經注卷五河水篇稱：「順帝陽嘉中，又自汴口以東，緣河積石，爲堰通渠，咸曰金隄。靈帝建寧中又增修石門，以遏渠口。」水經注他處所見「石門」多處，唯此在「小平」及「白馬津」之間。當卽其地。這裏「右」乃「石」形近而訛，今據改。

〔一三〕令州郡綱典各受租調於將所　諸本脱「受」字，不可通，今據册府同上卷頁通典卷一〇補。又「將所」，册府、通典並作「所在」，疑是。

〔一四〕同其陪徵　諸本無「同」字，册府同上卷頁、通典卷一〇有。按文義當有此字，今據補。

〔一五〕孝昌二年冬　諸本「冬」作「終」，册府卷四八七五八二七頁、通典卷五賦税中作「冬」。按卷九肅宗紀，事在是年十一月丙午，作「冬」是，今據改。

〔一六〕授大州都　册府卷五〇九六一〇九頁「都」下有「統」字。按上云「本州統」，下云「畿郡都統」，疑當有「統」字。

〔一七〕是時罷之　册府卷四九三五八九四頁「是時」作「旣而」，通典卷一〇鹽鐵作「先是」。按「是時」不知何時。據卷六顯祖紀皇興四年十一月稱「詔弛山澤之禁」，所云「是時」，當卽指皇興四年十一月，疑上本有敍此事文字，舊本已脱。通典、册府皆以意改。

〔一八〕於是圜貨始行　諸本「圜」訛「國」，今據册府卷五〇〇五九九〇頁、通典卷九錢幣改。

〔一九〕指謂雞眼　册府卷五〇〇五九九〇頁、通典卷九「雞」作「鵝」。按「鵝眼錢」見宋書卷七五顏竣傳、隋書卷二四食貨志，乃南朝惡錢，似作「鵝」是。但下文元澄再奏，仍作「雞眼」，或南稱「鵝眼」，北方自稱「雞眼」，今不改。

〔二〇〕至今徒成杼軸之勞　通典「今」作「令」，疑是，但作「今」亦通，今不改。

〔二一〕今東尚有事　册府同上卷頁、通典卷九「尚」作「南」。按下元澄再奏，有云：「但今戎馬在郊，江疆未一，東南諸州，依舊爲便。」這裏疑亦作「東南」是，但作「尚」亦通，今不改。

〔二二〕連邦隔貿　諸本「貿」訛「質」，不可通，今據册府同上卷頁、通典卷九改。

〔二三〕分遣使人於二市賣之　諸本「賣」作「賞」，册府卷五〇〇五九九二頁、通典卷九作「賣」。按下云「絹匹止錢二百，而私市者猶三百」，這裏說官使人在二市貶價賣絹，故云「官欲貴錢」。「賞」乃「賣」形近而訛，今據改。

魏書卷一百一十一

刑罰志七第十六

二儀既判，彙品生焉，五才兼用，廢一不可。金木水火土，咸相愛惡。陰陽所育，稟氣呈形，鼓之以雷霆，潤之以雲雨，春夏以生長之，秋冬以殺藏之。斯則德刑之設，著自神道。聖人處天地之間，率神祇之意。生民有喜怒之性，哀樂之心，應感而動，動而踰變。淳化所陶，下以惇朴。故異章服，畫衣冠，示恥申禁，而不敢犯。其流既銳，姦黠萌生。是以明法令，立刑賞。故書曰：「象以典刑，流宥五刑，鞭作官刑，扑作教刑，金作贖刑，怙終賊刑，眚災肆赦。」舜命咎繇曰：「五刑有服，五服三就，五流有宅，五宅三居。」夏刑則大辟二百，臏辟三百，宮辟五百，劓墨各千。殷因於夏，蓋有損益。周禮：建三典，刑邦國，以五聽求民情，八議以申之，三刺以審之。左嘉石，平罷民；右肺石，達窮民。宥不識，宥過失，宥遺忘；赦幼弱，赦耄耋，赦惷愚。周道既衰，穆王荒耄，命呂侯度作祥刑，以詰四方，五刑之屬增矣。夫疑獄氾問，與衆共之，衆疑赦之，必察小大之比以成之。先王之愛民如此，刑成而不可變，故君子盡心焉。

逮於戰國，競任威刑，以相吞噬。商君以法經六篇，入說於秦，議參夷之誅，連相坐之法。風俗凋薄，號爲虎狼。及於始皇，遂兼天下，毁先王之典，制挾書之禁，法繁於秋荼，網密於凝脂，姦僞並生，赭衣塞路，獄犴淹積，囹圄成市。於是天下怨叛，十室而九。漢祖入關，蠲削煩苛，致三章之約。文帝以仁厚，斷獄四百，幾致刑措。孝武世以姦宄滋甚，增律五十餘篇。宣帝時，路溫舒上書曰：「夫獄者天下之命，書曰：與其殺不辜，寧失有罪。今治獄吏，非不慈仁也。上下相毆，以刻爲明，深者獲公名，平者多後患。故治獄吏皆欲人死，非憎人也，自安之道，在人之死。夫人情安則樂生，痛則思死，捶楚之下，何求而不得。故囚人不勝痛，則飾辭以示人。吏治者利其然，則指導以明之；上奏畏郤，則鍛練而周內之。雖咎繇聽之，猶以爲死有餘罪。何則？文致之罪明也。故天下之患，莫深於獄。」宣帝善之。痛乎！獄吏之害也久矣。故曰，古之立獄，所以求生；今之立獄，所以求殺人。不可不愼也。于定國爲廷尉，集諸法律，凡九百六十卷，大辟四百九十條，千八百八十二事，死罪決比，凡三千四百七十二條，〔一〕諸斷罪當用者，合二萬六千二百七十二條。後漢二百年間，律章無大增減。魏武帝造甲子科條，犯釱左右趾者，易以斗械。明帝改士民罰金之坐，除婦人加笞之制。晉武帝以魏制峻密，又詔車騎賈充集諸儒學，刪定名例，爲二十卷，并合二千九百餘條。

晉室喪亂，中原蕩然。魏氏承百王之末，屬崩散之後，典刑泯棄，禮俗澆薄。自太祖撥亂，蕩滌華夏，至于太和，然後吏清政平，斷獄省簡，所謂百年而後勝殘去殺。故權舉行事，以著于篇。

魏初，禮俗純朴，刑禁疏簡。宣帝南遷，復置四部大人，坐王庭決辭訟，以言語約束，刻契記事，無囹圄考訊之法，諸犯罪者，皆臨時決遣。神元因循，亡所革易。

穆帝時，劉聰、石勒傾覆晉室。帝將平其亂，乃峻刑法，每以軍令從事。民乘寬政，多以違命得罪，死者以萬計。於是國落騷駭。平文承業，綏集離散。

昭成建國二年：當死者，聽其家獻金馬以贖；犯大逆者，親族男女無少長皆斬；男女不以禮交皆死；民相殺者，聽與死家馬牛四十九頭，及送葬器物以平之；無繫訊連逮之坐；盜官物，一備五，私則備十。法令明白，百姓晏然。

太祖幼遭艱難，備嘗險阻，具知民之情僞。及在位，躬行仁厚，協和民庶。既定中原，患前代刑網峻密，乃命三公郎王德除其法之酷切於民者，約定科令，大崇簡易。是時，天下民久苦兵亂，畏法樂安。帝知其若此，乃鎮之以玄默，罰必從輕，兆庶欣戴焉。然於大臣持法不捨。季年災異屢見，太祖不豫，綱紀褫頓，刑罰頗爲濫酷。

太宗卽位，修廢官，恤民隱，命南平公長孫嵩、北新侯安同對理民訟，庶政復有敍焉。帝旣練精庶事，爲吏者浸以深文避罪。世祖卽位，以刑禁重，神䴥中，詔司徒崔浩定律令。除五歲四歲刑，增一年刑。分大辟爲二科死，斬死，入絞。大逆不道腰斬，誅其同籍，年十四已下腐刑，女子沒縣官。害其親者轘之。爲蠱毒者，男女皆斬，而焚其家。巫蠱者，負羖羊抱犬沉諸淵。當刑者贖，貧則加鞭二百。畿內民富者燒炭於山，貧者役於圊溷，女子入舂槀；其固疾不逮于人，守苑囿。王官階九品，得以官爵除刑。婦人當刑而孕，產後百日乃決。年十四已下，降刑之半，八十及九歲，非殺人不坐。拷訊不踰四十九。論刑者，部主具狀，公車鞫辭，而三都決之。當死者，部案奏聞。以死不可復生，懼監官不能平，獄成皆呈，帝親臨問，無異辭怨言乃絕之。諸州國之大辟，皆先讞報乃施行。闕左懸登聞鼓，人有窮冤則撾鼓，公車上奏其表。是後民官瀆貨，帝思有以肅之。太延三年，詔天下吏民，得舉告牧守之不法。於是凡庶之凶悖者，專求牧宰之失，迫脅在位，取豪於閭閻。而長吏咸降心以待之，苟免而不耻，貪暴猶自若也。

時輿駕數親征討及行幸四方，眞君五年，命恭宗總百揆監國。少傅游雅上疏曰：「殿下親覽百揆，經營內外，昧旦而興，諮詢國老。臣職忝疑承，司是獻替。漢武時，始啓河右四郡，議諸疑罪而謫徙之。十數年後，邊郡充實，並修農戍，孝宣因之，以服北方。此近世之事也。帝王之於罪人，非怒而誅之，欲其徙善而懲惡。謫徙之苦，其懲亦深。自非大逆正刑，皆可從徙，雖舉家投遠，忻喜赴路，力役終身，不敢言苦。且遠流分離，心或思善。如此，姦邪可息，邊垂足備。」恭宗善其言，然未之行。

六年春，以有司斷法不平，詔諸疑獄皆付中書，依古經義論決之。初盜律，贓四十匹致大辟，民多慢政，峻其法，贓三匹皆死。正平元年，詔曰：「刑網大密，犯者更衆，朕甚愍之。其詳案律令，務求厥中，有不便於民者增損之。」於是游雅與中書侍郎胡方回等改定律制。盜律復舊，加故縱、通情、止舍之法及他罪，凡三百九十一條。門誅四，大辟一百四十五，刑二百二十一條。有司雖增損條章，猶未能闡明刑典。

高宗初，仍遵舊式。太安四年，始設酒禁。是時年穀屢登，士民多因酒致酗訟，或議主政。帝惡其若此，故一切禁之，釀、沽飲皆斬之，吉凶賓親，則開禁，有日程。增置內外候官，伺察諸曹外部州鎮，至有微服雜亂於府寺間，以求百官疵失。其所窮治，有司苦加訊惻，而多相誣逮，輒劾以不敬。諸司官贓二丈皆斬。又增律七十九章，門房之誅十有三，大辟三十五，刑六十二。和平末，冀州刺史源賀上言：「自非大逆手殺人者，請原其命，謫守邊戍。」詔從之。

顯祖卽位，除口誤，開酒禁。帝勤於治功，百僚內外，莫不震肅。及傳位高祖，猶躬覽萬機，刑政嚴明，顯拔淸節，沙汰貪鄙。牧守之廉潔者，往往有聞焉。

延興四年，詔自非大逆干犯者，皆止其身，罷門房之誅。自獄付中書覆案，後頗上下法，遂罷之，獄有大疑，乃平議焉。先是諸曹奏事，多有疑請，又口傳詔勑，或致矯擅。於是事無大小，皆令據律正名，不得疑奏。合則制可，失衷則彈詰之，盡從中墨詔。自是事咸精詳，下莫敢相罔。

顯祖末年，尤重刑罰，言及常用惻愴。每於獄案，必令覆鞫，諸有囚繫，或積年不斷。羣臣頗以爲言。帝曰：「獄滯雖非治體，不猶愈乎倉卒而濫也。夫人幽苦則思善，故囹圄與福堂同居。朕欲其改悔，而加以輕恕耳。」由是囚繫雖淹滯，而刑罰多得其所。又以赦令屢下，則狂愚多僥幸，故自延興，終於季年，不復下赦。理官鞫囚，杖限五十，而有司欲免之則以細捶，欲陷之則先大杖。民多不勝而誣引，或絕命於杖下。顯祖知其若此，乃爲之制。其捶用荆，平其節，訊囚者其本大三分，杖背者二分，撻脛者一分，拷悉依令。皆從於輕簡也。

高祖馭宇，留心刑法。故事，斬者皆裸形伏質，入死者絞，雖有律，未之行也。太和元年，詔曰：「刑法所以禁暴息姦，絕其命不在裸形。其參詳舊典，務從寬仁。」司徒元丕等奏言：「聖心垂仁恕之惠，使受戮者免裸骸之耻。普天感德，莫不幸甚。臣等謹議，大逆及賊各棄市袒斬，盜及吏受賕各絞刑，踣諸甸師。」又詔曰：「民由化穆，非嚴刑所制。防之雖峻，陷者彌甚。今犯法至死，同入斬刑，去衣裸體，男女媟見。豈齊之以法，示之以禮者也。今具爲之制。」

三年，下詔曰：「治因政寬，弊由網密。今候職千數，姦巧弄威，重罪受賕不列，細過吹毛而舉。其一切罷之。」於是更置謹直者數百人，以防諠鬭於街術。吏民安其職業。

先是以律令不具，姦吏用法，致有輕重。詔中書令高閭集中祕官等修改舊文，隨例增減。又敕羣官，參議厥衷，經御刊定。五年冬訖，凡八百三十二章，門房之誅十有六，大辟之罪二百三十五，刑三百七十七；除羣行剽劫首謀門誅，律重者止梟首。

時法官及州郡縣不能以情折獄。乃爲重枷，大幾圍；復以縋石懸於囚頸，傷內至骨；更使壯卒迭搏之。囚率不堪，因以誣服。吏持此以爲能。帝聞而傷之，乃制非大逆有明證而不款辟者，不得大枷。

律：「枉法十匹，義贓二百匹大辟。」至八年，始班祿制，更定義贓一匹，枉法無多少皆死。是秋遣使者巡行天下，糾守宰之不法，坐贓死者四十餘人。食祿者跼蹐，賕謁之路殆絕。帝哀矜庶獄，至於奏讞，率從降恕，全命徙邊，歲以千計。京師決死獄，歲竟不過五六，州鎮亦簡。

十一年春，詔曰：「三千之罪，莫大於不孝，而律不遜父母，罪止髡刑。於理未衷。可更詳改。」又詔曰：「前命公卿論定刑典，而門房之誅猶在律策，違失周書父子異罪。推古求情，意甚無取。可更議之，删除繁酷。」秋八月詔曰：「律文刑限三年，便入極默。〔三〕坐無太半之校，罪有死生之殊。可詳案律條，諸有此類，更一刊定。」冬十月，復詔公卿令參議之。

十二年詔：「犯死罪，若父母、祖父母年老，更無成人子孫，又無期親者，仰案後列奏以待報，著之令格。」

世宗卽位，意在寬政。正始元年冬，詔曰：「議獄定律，有國攸慎，輕重損益，世或不同。先朝垂心典憲，刊革令軌，但時屬征役，未之詳究，施於時用，猶致疑舛。尚書門下可於中書外省論律令。諸有疑事，斟酌新舊，更加思理，增減上下，必令周備，隨有所立，别以申聞。庶於循變協時，永作通制。」

永平元年秋七月，詔尚書檢枷杖大小違制之由，科其罪失。尚書令高肇，尚書僕射、清河王懌，尚書邢巒，尚書李平，尚書、江陽王繼等奏曰：「臣等聞王者繼天子物，爲民父母，導之以德化，齊之以刑法，小大必以情，哀矜而勿喜，務於三訊五聽，不以木石定獄。伏惟陛下子愛蒼生，恩侔天地，疏網改祝，仁過商后。以枷杖之非度，愍民命之或傷，爰降慈旨，廣垂昭恤。雖有虞慎獄之深，漢文惻隱之至，亦未可共日而言矣。謹案獄官令：諸察獄，先備五聽之理，盡求情之意，又驗諸證信，事多疑似，猶不首實者，然後加以拷掠；諸犯□年刑已上枷鎖，流徙已上，增以杻械。迭用不俱。非大逆外叛之罪，皆不大枷、高杻、重械，又無用石之文。而法官州郡，因緣增加，遂爲恒法。進乖五聽，退違令文，誠宜案劾，依旨科處，但踵行已久，計不推坐。檢杖之小大，鞭之長短，令有定式，但枷之輕重，先無成制。臣等參量，造大枷長一丈三尺，喉下長一丈，通頰木各方五寸，以擬大逆外叛；杻械以掌流刑已上。諸臺、寺、州、郡大枷，請悉焚之。枷本掌囚，非拷訊所用。從今斷獄，皆依令盡聽訊之理，量人强弱，加之拷掠，不聽非法拷人，兼以拷石。」自是枷杖之制，頗有定準。未幾，獄官肆虐，稍復重大。

法例律：「五等列爵及在官品令從第五，以階當刑二歲；免官者，三載之後聽仕，降先階一等。」延昌二年春，尚書邢巒奏：「竊詳王公已下，或析體宸極，或著勳當時，咸胙土授民，維城王室。至於五等之爵，亦以功錫，雖爵秩有異，而號擬河山，得之至難，失之永墜。刑典既同，名復殊絕，請議所宜，附爲永制。」詔議律之制，與八坐門下參論。皆以爲：「官人若罪本除名，以職當刑，猶有餘資，復降階而叙。至於五等封爵，除刑若盡，永即甄削，便同之除名，於例實爽。愚謂自王公以下，有封邑，罪除名，三年之後，宜各降本爵一等，王及郡公降爲縣公，公爲侯，侯爲伯，伯爲子，子爲男，至于縣男，則降爲鄉男。五等爵者，亦依此而降，至於散男。其鄉男無可降授者，三年之後，聽依其本品之資出身。」詔從之。

其年秋，符璽郎中高□賢、弟員外散騎侍郎仲賢、叔司徒府主簿六珍等，坐弟季賢同元愉逆，除名爲民，會赦之後，被旨勿論。尚書邢巒奏：「案季賢既受逆官，爲其傳檄，規扇幽瀛，遘茲禍亂，據律準犯，罪當孥戮，兄叔坐法，法有明典。賴蒙大宥，身命獲全，除名還民，於其爲幸。然反逆坐重，故支屬相及。體既相及，事同一科，豈有赦前皆從流斬之罪，赦後獨除反者之身。又緣坐之罪，不得以職除流。且貨賕小愆，寇盜微戾，贓狀露驗者，會赦猶除其名。何有罪極裂冠，釁均毀冕，父子齊刑，兄弟共罰，赦前同斬從流，赦後有復官之理。依律則罪合孥戮，準赦則例皆除名。古人議無將之罪者，毀其室，洿其宮，絕其蹤，滅其類。其宅猶棄，而況人乎？請依律處，除名爲民。」詔曰：「死者既在赦前，又員外非在正侍之限，便可悉聽復仕。」

三年，尚書李平奏：「冀州阜城民費羊皮母亡，家貧無以葬，賣七歲子與同城人張回爲婢。回轉賣於鄃縣民梁定之，而不言良狀。案盜律『掠人、掠賣人、和賣人爲奴婢者，死』。回故買羊皮女，謀以轉賣。依律處絞刑。」詔曰：「律稱和賣人者，謂兩人詐取他財。今羊皮賣女，告回稱良，張回利賤，知良公買。誠於律俱乖，而兩各非詐。此女雖父賣爲婢，體本是良。回轉賣之日，應有遲疑，而〔決從眞賣。〔三〕於情不可。更推例以爲永式。」

廷尉少卿楊鈞議曰：〔四〕「謹詳盜律『掠人、掠賣人爲奴婢者，皆死』，別條『賣子孫者，一歲刑』。賣良是一，而刑死懸殊者，由緣情制罰，則致罪有差。又詳『群盜強盜，首從皆同』，和掠之罪，固應不異。及『知人掠盜之物，而故買者，以隨從論』。然五服相賣，皆有明條，買者之罪，律所不載。竊謂同凡從法，其緣服相減者，宜有差，買者之罪，不得過於賣者之咎也。但羊皮賣女爲婢，不言追贖，張回眞買，謂同家財，至於轉鬻之日，不復疑慮。緣其買之於女父，便賣之於他人，准其和掠，此有因緣之類也。又詳恐喝條注：『尊長與之已決，恐喝幼賤求之。』然恐喝體同，而不受恐喝之罪者，以尊長與之已決故也。而張回本買婢於羊皮，乃眞賣於定之。准此條例，得先有由；推之因緣，理頗相類。即狀准條，處流爲允。」〔五〕

三公郎中崔鴻議曰：〔六〕「案律『賣子有一歲刑；賣五服內親屬，〔七〕在尊長者死，期親及妾與子婦流』。唯買者無罪文。然〕賣者既以有罪，買者不得不坐。但賣者以天性難奪，支屬易遺，尊卑不同，故罪有異。買者知良故買，又於彼無親。若買同賣者，即理不可。何者？『賣五服內親屬，在尊長者死』，此亦非掠，從其眞買，暨於致罪，刑死大殊。明知買者之坐，自應一例，不得全如鈞議，云買者之罪，不過賣者之咎也。且買者於彼無天性支屬之義，何故得有差等之理？又案別條：『知人掠盜之物而故買者，以隨從論。』依此律文，知人掠良，從其宜買，罪止於流。然其親屬相賣，坐殊凡掠。至於買者，亦宜不等。若處同流坐，於法爲深。準律斟降，合刑五歲。至如買者，知是良人，決便眞賣，不語前人得之由緒。前人謂眞奴婢，更或轉賣，因此流漂，〔八〕罔知所在，家人追贖，求訪無處，永沉賤隸，無復良期。案其罪狀，與掠無異。且法嚴而姦易息，政寬而民多犯，水火之喻，先典明文。今謂買人親屬而復決賣，不告前人良狀由緒，處同掠罪。」

太保、高陽王雍議曰：「州處張回，專引盜律，檢回所犯，本非和掠，保證明然，去盜遠矣。今引以盜律之條，處以和掠之罪，原情究律，實爲乖當。如臣鈞之議，知買掠良人者，本無罪文。何以言之？『羣盜强盜，無首從皆同』，和掠之罪，故應不異。明此自無正條，引類以結罪。臣鴻以轉賣流漂，罪與掠等，可謂『罪人斯得』。案賊律云：『謀殺人而發覺者流，從者五歲刑；已傷及殺而還蘇者死，從者流；已殺者斬，從而加功者死，不加者流。』詳沉賤之與身死，流漂之與腐骨，一存一亡，爲害孰甚？然賊律殺人，有首從之科，盜人賣買，無唱和差等。謀殺之與和掠，同是良人，應爲準例。所以不引殺人減之，降從强盜之一科。縱令謀殺之與强盜，俱得爲例，而似從輕。〔九〕其義安在？又云：『知人掠盜之物而故買者，以隨從論。』此明禁暴掠之原，遏姦盜之本，非謂市之於親尊之手，而同之於盜掠之刑。竊謂五服相賣，俱是良人，所以容有差等之罪者，明去掠盜理遠，故從親疏爲差級，尊卑爲輕重。依律：『諸共犯罪，皆以發意爲首。』明賣買之元有由，魁末之坐宜定。若羊皮不云賣，則回無買心，則羊皮爲元首，張回爲從坐。首有沾刑之科，從有極默之戾，推之憲律，法刑無據。買者之罪，宜各從賣者之坐。又詳臣鴻之議，有從他親屬買得良人，而復眞賣，不語後人由狀者，處同掠罪。既一爲婢，賣與不賣，俱非良人。何必以不賣爲可原，轉賣爲難恕。張回之愆，宜鞭一百。賣子葬親，孝誠可美，而表賞之議未聞，刑罰之科已降。恐非敦風厲俗，以德導民之謂。請免羊皮之罪，公酬賣直。」詔曰：「羊皮賣女葬母，孝誠可嘉，便可特原。張回雖買之於父，不應轉賣，可刑五歲。」

先是，皇族有譴，皆不持訊。時有宗士元顯富，犯罪須鞫，宗正約以舊制。尙書李平奏：「以帝宗磐固，周布於天下，其屬籍疏遠，蔭官卑末，無良犯憲，理須推究。請立限斷，以爲定式。」詔曰：「雲來綿遠，繁衍世滋，植籍宗氏，而爲不善，量亦多矣。先朝既無不訊之格，而空相矯恃，以長違暴。諸在議請之外，可悉依常法。」

其年六月，兼廷尉卿元志、監王靖等上言：「檢除名之例，依律文，『獄成』謂處罪案成者。寺謂犯罪逕彈後，使覆檢鞫證定刑，罪狀彰露，案署分昞，獄理是成。若使案雖成，雖已申省，〔一〇〕事下廷尉，或寺以情狀未盡，或邀駕撾鼓，或門下立疑，更付別使者，可從未成之條。其家人陳訴，信其專辭，而阻成斷，便是曲遂於私，有乖公體。何者？五詐既窮，六備已立，僥倖之輩，更起異端，進求延罪於漏刻，退希不測之恩宥，辯以惑正，曲以亂直，長民姦於下，隳國法於上，竊所未安。」大理正崔纂、評楊機、丞甲休、律博士劉安元以爲：「律文，獄已成及決竟，經所綰，而疑有姦欺，不直於法，及訴寃枉者，得攝訊覆治之。檢使處罪者，雖已案成，御史風彈，以痛誣伏；或拷不承引，依證而科；或有私嫌，强逼成罪；家人訴枉，辭案相背。刑憲不輕，理須訊鞫。既爲公正，豈疑於私。如謂規不測之澤，抑絕訟端，則枉滯之徒，終無申理。若從其案成，便乖覆治之律。然未判經赦，及覆治理狀，眞僞未分，承前以來，如此例皆得復職。愚謂經奏遇赦，及已覆治，得爲獄成。」尚書李韶奏：「使雖結案，處上廷尉，解送至省，及家人訴枉，尚書納辭，連解下鞫，未檢遇宥者，不得爲案成之獄。推之情理，謂崔纂等議爲允。」詔從之。

熙平中，有冀州妖賊延陵王買，負罪逃亡，赦書斷限之後，不自歸首。廷尉卿裴延儁上言：「法例律：『諸逃亡，赦書斷限之後，不自歸首者，復罪如初。』依賊律，謀反大逆，處買梟首。〔二〕其延陵法權等所謂月光童子劉景暉者，〔三〕妖言惑衆，事在赦後，亦合死坐。」正崔纂以爲：「景暉云能變爲蛇雉，此乃傍人之言。雖殺暉爲無理，恐赦暉復惑衆。是以依違，不敢專執。當今不諱之朝，不應行無罪之戮。景暉九歲小兒，口尚乳臭，舉動云爲，並不關己，『月光』之稱，不出其口。皆姦吏無端，橫生粉墨，所謂爲之者巧，殺之者能。若以妖言惑衆，據律應死，然更不破□惑衆。赦令之後方顯其事，〔一三〕律令之外，更求其罪。赦律何以取信於天下，天下焉得不疑於赦律乎！書曰：與殺無辜，寧失有罪。又案法例律：『八十已上，八歲已下，殺傷論坐者上請。』議者謂悼耄之罪，不用此律。愚以老智如尙父，少惠如甘羅，此非常之士，可如其議，景暉愚小，自依凡律。」靈太后令曰：「景暉既經恩宥，何得議加橫罪，可謫略陽民。餘如奏。」

時司州表：「河東郡民李憐生行毒藥，〔一四〕案以死坐。其母訴稱：『一身年老，更無期親，例合上請。』檢籍不謬，未及判申，憐母身喪。州斷三年服終後乃行決。」司徒法曹參軍許琰謂州判爲允。〔一五〕主簿李瑒駁曰：「案法例律：『諸犯死罪，若祖父母、父母年七十已上，無成人子孫，旁無期親者，具狀上請。流者鞭笞，留養其親，終則從流。不在原赦之例。』檢上請之言，非應府州所決。毒殺人者斬，妻子流，計其所犯，實重餘憲。準之情律，所虧不淺。且憐既懷酖毒之心，謂不可參鄰人伍。〔一六〕計其母在，猶宜闔門投畀，況今死也，引以三年之禮乎？且給假殯葬，足示仁寬，今已卒哭，不合更延。可依法處斬，流其妻子。實足誡彼氓庶，肅是刑章。」尙書蕭寶夤奏從瑒執，詔從之。

舊制，直閤、直後、直齋，武官隊主、隊副等，以比視官，至於犯譴，不得除罪。尙書令、任城王澄奏：「案諸州中正，亦非品令所載，又無祿恤，先朝已來，皆得當刑。直閤等禁直上下，有宿衞之勤，理不應異。」靈太后令準中正。

神龜中，蘭陵公主駙馬都尉劉輝，坐與河陰縣民張智壽妹容妃、陳慶和妹慧猛，姦亂耽惑，毆主傷胎。輝懼罪逃亡。門下處奏：「各入死刑，智壽、慶和並以知情不加防限，處以流坐。」詔曰：「容妃、慧猛恕死，髡鞭付宮，餘如奏。」尚書三公郎中崔纂執曰：「伏見旨募若獲劉輝者，職人賞二階，白民聽出身進一階，厮役免役，奴婢爲良。案輝無叛逆之罪，賞同反人劉宣明之格。又尋門下處奏，以『容妃、慧猛與輝私姦，兩情耽惑，令輝挾忿，毆主傷胎。雖律無正條，罪合極法，並處入死。其智壽等二家，配敦煌爲兵』。天慈廣被，不卽依決，〔一七〕雖恕其命，竊謂未可。夫律令，高皇帝所以治天下，不爲喜怒增減，不由親疏改易。案鬭律：『祖父母、父母忿怒，以兵刃殺子孫者五歲刑，毆殺者四歲刑，若心有愛憎而故殺者，各加一等。』雖王姬下降，貴殊常妻，然人婦之孕，不得非子。又依永平四年先朝舊格：〔一八〕『諸刑流及死，皆首罪判定，〔一九〕後決從者。』事必因本以求支，獄若以輝逃避，便應懸處，未有捨其首罪而成其末愆。流死參差，或時未允。門下中禁大臣，職在敷奏。昔邴吉爲相，不存鬭斃，而問牛喘，豈不以司別故也。案容妃等，罪止於姦私。若擒之穢席，衆證分明，卽律科處，不越刑坐。何得同宮掖之罪，齊奚官之役。〔二〇〕案智壽口訴，妹適司士曹參軍羅顯貴，〔二一〕已生二女於其夫，則他家之母。禮云婦人不二夫，猶曰不二天。若私門失度，罪在於夫，釁非兄弟。昔魏晉未除五族之刑，有免子戮母之坐。何曾諍之，謂：『在室之女，從父母之刑；已醮之婦，從夫家之刑。』〔二二〕斯乃不刊之令軌，古今之通議。律，『期親相隱』之謂凡罪。〔二三〕況姦私之醜，豈得以同氣相證。論刑過其所犯，語情又乖律憲。案律，姦罪無相緣之坐。不可借輝之忿，加兄弟之刑。夫刑人於市，與衆棄之，爵人於朝，與衆共之，明不私於天下，無欺於耳目。何得以非正刑書，〔二四〕施行四海。刑名一失，駟馬不追。既有詔旨，依即行下，非律之案，理宜更請。」

尚書元脩義以爲：「昔哀姜悖禮於魯，齊侯取而殺之，春秋所譏。又夏姬罪濫於陳國，但責徵舒，而不非父母。明婦人外成，犯禮之愆，無關本屬。況出適之妹，釁及兄弟乎？」右僕射游肇奏言：「臣等謬參樞轄，獻替是司，門下出納，謨明常則。至於無良犯法，職有司存，劾罪結案，本非其事。容妃等姦狀，罪止於刑，並處極法，準律未當。出適之女，坐及其兄，推據典憲，理實爲猛。又輝雖逃刑，罪非孥戮，募同大逆，亦謂加重。乖律之案，理宜陳請。乞付有司，重更詳議。」詔曰：「輝悖法亂理，〔二五〕罪不可縱。厚賞懸募，必望擒獲。容妃、慧猛與輝私亂，因此耽惑，主致非常。此而不誅，將何懲肅！且已醮之女，不應坐及昆弟，但智壽、慶和知妹姦情，初不防禦，招引劉輝，共成淫醜，敗風穢化，理深其罰，特敕門下結獄，不拘恒司，豈得一同常例，以爲通準。且古有詔獄，寧復一歸大理。而尚書治本，納言所屬。弗究悖理之淺深，不詳損化之多少，違彼義途，苟存執憲，殊乖任寄，深合罪責。崔纂可免郎，都坐尚書，悉奪祿一時。」

孝昌已後，天下淆亂，法令不恒，或寬或猛。及尒朱擅權，輕重肆意，在官者，多以深酷爲能。至遷鄴，京畿群盜頗起。有司奏立嚴制：諸强盜殺人者，首從皆斬，妻子同籍，配爲樂戶；其不殺人，及贓不滿五匹，魁首斬，從者死，妻子亦爲樂戶；小盜贓滿十匹已上，魁首死，妻子配驛，從者流。侍中孫騰上言：「謹詳，法若畫一，理尚不二，不可喜怒由情，而致輕重。案律，公私劫盜，罪止流刑。而比執事苦違，好爲穿鑿，律令之外，更立餘條，通相糾之路，班捉獲之賞。斯乃刑書徒設，獄訟更煩，法令滋彰，盜賊多有。非所謂不嚴而治，遵守典故者矣。臣以爲升平之美，義在省刑；陵遲之弊，必由峻法。是以漢約三章，天下歸德；秦酷五刑，率土瓦解。禮訓君子，律禁小人，舉罪定名，國有常辟。至如『眚災肆赦，怙終賊刑』，經典垂言，國朝成範。隨時所用，各有司存。不宜巨細滋煩，令民豫備。恐防之彌堅，攻之彌甚。請諸犯盜之人，悉准律令，以明恒憲。庶使刑殺折衷，不得棄本從末。」詔從之。

天平後，遷移草創，百司多不奉法，貨賄公行。興和初，齊文襄王入輔朝政，以公平肅物，大改其風。至武定中，法令嚴明，四海知治矣。

校勘記

〔一〕大辟四百九十條千八百八十二事死罪決比凡三千四百七十二條　按漢書卷二三刑法志云：「其後姦滑巧法，轉相比況，禁網寖密。律令凡三百五十九章，大辟四百九條，千八百八十二事，死罪決事比萬三千四百七十二事。」當卽此志所本，然記於于定國爲廷尉前，非定國所集。漢志大辟四百九條，此志「九」下多「十」字，疑衍。又漢志死罪決事比萬三千四百七十二條，此志「萬」作「凡」，疑亦音近而訛。

〔二〕便入極默　按「默」本當作「墨」，「墨」本五刑之一，引伸泛指刑法。「極墨」猶言「極刑」、「極法」。但當時「墨」常作「默」，如「墨曹」常作「默曹」。下文高陽王雍議費羊皮、張回罪，亦云：「從有極默之戾」，今仍之。

〔三〕而〔決從眞賣　自「決從眞賣」至「然」字括號內共三百十七字，爲百衲本所據底本之十五頁。此頁脫去，第十四頁與十六頁相連，「而」字逕接「賣者旣以有罪」，不加細察，文字啣接，似亦可通。南本以下諸本遂也不管舊本頁碼不合，接合無痕。百衲本且於十六頁邊欄注「此與十五合頁」，以解釋缺頁問題。今據册府卷六一五七三九四頁補。所缺崔鴻議首數行亦見通典卷一六七雜議下，并用以校册府訛脫。

〔四〕廷尉少卿楊鈞議曰　册府卷六一五七三九四頁「鈞議」作「均義」，宋本册府作「鈞義」。按下崔鴻議中有云：「不得全如鈞議。」楊鈞附卷五八楊播傳。宋本册府作「鈞」是，「義」字乃「議」之訛，今並改正。

〔五〕處流爲允　册府明本同上卷頁「處」訛「虔」，今據宋本册府改。

〔六〕三公郎中崔鴻議曰　册府同上卷頁脫「三」字，今據通典卷一六七補。

〔七〕賣五服内親屬　册府同上卷頁「賣」作「買」，「内」作「因」，通典卷一六七作「賣」，但移在下句「期親及妾與子婦流」上，「因」作「内」。按「買」「因」二字顯訛，今並據通典改。

〔八〕因此流漂　諸本「漂」訛「洞」，不可通，今據册府卷六一五七三九五頁改。

〔九〕而似從輕　册府同上卷頁、通典卷一六七「似」作「以」。按這是說本州援引强盗條文是「從輕」，原文當作「以」，但作「似」亦可通，今仍之。

〔一〇〕雖已申省　册府卷六一一七三三六頁「雖」作「解」。按下文李韶奏有「解送至省」，「連解下鞫」語，「解」是一種公文形式，疑作「解」是，但作「雖」亦通，今仍之。

〔一一〕處買梟首　諸本「買」作「置」，獨百衲本作「買」。按册府卷六一五七三九五頁也作「買」，指「王買」。今從百衲本。

〔一二〕其延陵法擁等所謂月光童子劉景暉者　諸本及册府同上卷頁「擁」作「權」，百衲本作「擁」。按上云「冀州妖賊延陵王買」，延陵應是冀州郡、縣名，今地形志冀州下不載，可能字訛，也可能旋置旋廢，或地形志失載，今不可考。「法擁」或「權」，疑是「法掾」之訛，故下文稱「姦吏無端，橫生繩墨」。但「法」亦姓，今姑作人名標。

〔一三〕方顯其事　諸本脫「事」字，今據册府卷六一五七三九六頁補。

〔一四〕河東郡民李憐生行毒藥　册府同上卷頁、通典卷一六七「生」作「坐」，疑是。但「憐生」作雙名，下稱「李憐」乃單稱，亦通，今仍之。

〔一五〕司徒法曹參軍許琰謂州判爲允　諸本脫「法」字，今據册府同上卷頁補。

〔一六〕不可參隣人伍　諸本「伍」訛「任」，不可通，今據册府同上卷頁改。

〔一七〕不卽依決　百衲本「依決」二字空二格，諸本作「施行」，册府卷六一五七三九七頁作「依決」。按二語意義不同，「不卽依決」是說不卽依從判決，「不卽施行」則是暫不施行。上文門下處奏容妃、慧猛「各入死刑」，詔書「恕死，髡鞭付宮」，則是不依門下的判決，並非暫不施行。舊本二字脫，南本當是以意補，諸本從之，今據册府補。

〔一八〕然人婦之孕不得非子又依永平四年先朝舊格　諸本「子又依」三字作「一夕生」，册府同上卷頁、通典卷一六七作「子又依」。按「不得非一夕生」不可解。上文引鬭律祖父母、父母殺子孫條，這裏是說公主雖貴，懷孕之胎，不得謂之「非子」，則劉輝毆公主以至傷胎，也只能算作父殺子。下文是說按照永平舊格，定罪應先首後從，這是另一理由，故云「又依」。册府、通典是，今據改。通典「永平」訛「初平」。

〔一九〕皆首罪判定　諸本「定」訛「官」，不可通，今據册府同上卷頁、通典卷一六七改。通典「首罪」訛「首末」。

〔二〇〕齊奚官之役　百衲本「役」字空格，北、汲、殿三本注「闕」，南本、局本作「律」，册府同上卷頁、通典卷一六七作「役」。按南本當是以意補，局本從之，今據册府、通典補「役」字。

〔二一〕妹適司士曹參軍羅顯貴　按「司」下當脱「徒」或「空」字。

〔二二〕從夫家之刑　册府卷六一五七三九八頁、通典卷一六七「刑」作「戮」。按「刑」字與上句重複，當時文體通行駢偶，疑作「戮」是。

〔二三〕期親相隱之謂凡罪　册府同上卷頁「之」作「指」，疑是。

〔二四〕何得以非正刑書　百衲本「非」字空格，諸本作「非」，册府同上卷頁無「非」字，也不空格。按這裏闕一字無疑，册府不闕，乃刊本之誤。但所闕不知何字，今姑從諸本。

〔二五〕輝悖法亂理　諸本「亂理」作「者之」，不可通，今據册府同上卷頁、通典卷一六七改。

魏書卷一百一十二上

靈徵志八上第十七

帝王者，配德天地，協契陰陽，發號施令，動關幽顯。是以克躬修政，畏天敬神，雖休勿休，而不敢怠也。化之所感，其徵必至，善惡之來，報應如響。斯蓋神祇眷顧，告示禍福，人主所以仰瞻俯察，戒德慎行，弭譴咎，致休禎，圓首之類，咸納於仁壽。然則治世之符，亂邦之孽，隨方而作，厥迹不同，眇自百王，不可得而勝數矣。今錄皇始之後災祥小大，總爲靈徵志。

地震

洪範論曰：地陰類，大臣之象，陰靜而不當動，動者，臣下強盛，將動而爲害之應也。

太宗泰常四年二月甲子，司州地震，屋室盡搖動。

世祖太延二年十一月丁卯，并州地震。

四年三月乙未，京師地震。

十一月丁亥，幽兗二州地震。

眞君元年五月丙午，河東地震。

高祖延興四年五月，雁門崎城有聲如雷，自上西引十餘聲，聲止地震。

十月己亥，京師地震。

太和元年四月辛酉，京師地震。

五月，統萬鎭地震，有聲如雷。

閏月，秦州地震，殷殷有聲。四年正月，雍州氐民齊男王反。

二年二月丙子，兗州地震。四年十月，蘭陵民桓富反，殺其縣令。

七月丁卯，幷州地震有聲。

三年三月戊辰，平州地震，有聲如雷，野雉皆雊。

七月丁卯，京師地震。五年二月，沙門法秀謀反。

四年五月己酉，幷州地震。

五年二月戊戌，秦州地震。

六年五月癸未，秦州地震有聲。

八月甲午，秦州地震，有聲如雷。乙未又震。
七年三月甲子，秦州地震有聲。
四月丁卯，肆州地震有聲。
六月甲子，東雍州地震有聲。
八年十一月丙申，幷州地震。
十年正月辛未，幷州地震，殷殷有聲。
閏月丙午，秦州地震。
二月甲子，京師地震。丙寅又震。
丙午，秦州地震有聲。
三月壬子，京師及營州地震。十二年三月，中散梁衆保謀反。
十九年二月己未，光州地震，東萊之牟平虞丘山陷五所，一處有水。
二十年正月辛未，幷州地震。
四月乙未，營州地震。十二月，恒州刺史穆泰等在州謀反，〔一〕誅。
二十二年三月癸未，營州地震。
八月戊子，兗州地震。

九月辛卯，幷州地震。

二十三年六月乙未，京師地震。

世宗景明元年六月庚午，秦州地震。

四年正月辛酉，涼州地震。

壬申，幷州地震。

六月丁亥，秦州地震。

十二月辛巳，秦州地震。正始三年正月，秦州民王智等聚衆二千，自號王公，尋推秦州主簿呂苟兒爲主。

正始元年四月庚辰，京師地震。

六月乙巳，京師地震。

二年九月己丑，恒州地震。

三年七月己丑，涼州地震，殷殷有聲，城門崩。

八月庚申，秦州地震。九月，夏州長史曹明謀反。〔二〕

永平元年春正月庚寅，秦州地震。三年二月，秦州沙門劉光秀謀反。〔三〕

九月壬辰，青州地震，殷殷有聲。

二年正月壬寅，青州地震。

四年五月庚戌，恒、定二州地震，殷殷有聲。

十月己巳，恒州地震，有聲如雷。

延昌元年四月庚辰，京師及并、朔、相、冀、定、瀛六州地震。恒州之繁畤、桑乾、靈丘，肆州之秀容、鴈門地震陷裂，山崩泉湧，殺五千三百一十人，傷者二千七百二十二人，牛馬雜畜死傷者三千餘。後尒朱榮强擅之徵也。

十月壬申，秦州地震有聲。

十一月己酉，定、肆二州地震。

十二月辛未，京師地震，東北有聲。

二年三月己未，濟州地震有聲。

□月丙戌，〔四〕京師地震。

三年正月辛亥，有司奏：「肆州上言秀容郡敷城縣自延昌二年四月地震，於今不止。」尒朱榮徵也。

四年正月癸丑，華州地震。

十一月甲午，地震從西北來，殷殷有聲。丁酉，又地震從東北來。

肅宗熙平二年十二月乙巳，秦州地震有聲。

正光二年六月，秦州地震有聲，東北引。五年，莫折念生反。

三年六月庚辰，徐州地震。孝昌元年，元法僧反。

孝靜武定三年冬，幷州地震。

七年夏，幷州鄉郡地震。

山崩

洪範論曰：山，陽，君也；水，陰，民也。天戒若曰：君道崩壞，百姓將失其所也。

太祖天賜六年春三月，恒山崩。

世祖太延四年四月己酉，華山崩。其占曰：山岳配天，猶諸侯之係天子。山岳崩，諸侯有亡者。沮渠牧犍將滅之應。

世宗景明元年五月乙丑，齊州山茌縣太陰山崩，飛泉湧出，殺一百五十九人。

四年十一月丁巳，恒山崩。

正始元年十一月癸亥，恒山崩。

延昌三年八月辛巳，兗州上言：「泰山崩，頹石湧泉十七處。」泰山，帝王告成封禪之所也，而山崩泉湧，陽黜而陰盛，岱又齊地也。天意若曰：當有繼齊而興，受禪讓者。齊代魏之徵也。

大風

京房易傳曰：衆逆同志，至德乃潛，厥異風。

太宗永興三年二月甲午，京師大風。五月己巳，昌黎王慕容伯兒謀反伏誅。

十一月丙午，又大風。五年，河西叛胡曹龍、張大頭等各領部衆二萬入蒲子。

四年正月癸卯，元會而大風晦冥，乃罷。

五年十一月庚寅，京師大風，起自西方。

神瑞元年四月，京師大風。

二年正月，京師大風。三月，河西飢胡反，屯聚上黨，推白亞栗斯爲盟主。

世祖太延二年四月甲申，京師暴風，宮牆倒，殺數十人。

三年十二月，京師大風，揚沙折樹。

眞君元年二月，京師有黑風竟天，廣五丈餘。四月庚辰，沮渠無諱寇張掖，禿髮保周屯於删丹嶺。

高宗和平二年三月壬午，京師大風晦暝。

高祖延興五年五月，京師赤風。

太和二年七月庚申，武川鎮大風，吹失六家，羊角而上，不知所在。

壬戌，雍州赤風。

三年六月壬辰，相州大風，從酉上來，發屋折樹。

七年四月，相、豫二州大風。

八年三月，冀、定、相三州暴風。

四月，濟、光、幽、肆、雍、齊六州暴風。

九年六月庚戌，濟、洛、肆、相四州及靈丘、廣昌鎮暴風折木。

十二年五月壬寅，京師連日大風，甲辰尤甚，發屋拔樹。

六月壬申，京師大風。

十四年七月丁酉朔，京師大風，拔樹發屋。

二十三年八月，徐州自甲寅至己未，大風拔樹。

閏月庚申，河州暴風，大雨雹。

世宗景明元年二月癸巳，幽州暴風，殺一百六十一人。

三年閏月甲午，京師大風，拔樹發屋，吹折閶闔門闕。

九月丙辰，幽、岐、梁、東秦州暴風昏霧，拔樹發屋。

四年三月己未，司州之河北、河東、正平、平陽大風拔樹。

正始元年七月戊辰，東秦州暴風，拔樹發屋。

二年二月癸卯，有黑風羊角而上，起於柔玄鎮，蓋地一頃，所過拔樹。甲辰，至於營州，東入於海。

四年五月甲子，京師大風。

永平元年四月壬申，京師大風拔樹。八月癸亥，冀州刺史、京兆王愉據州反。

三年五月己亥，南秦州廣業、仇池郡大風，發屋拔樹。

延昌四年三月癸亥，京師暴風，從西北來，發屋折樹。

肅宗熙平二年九月，瀛州暴風大雨，自辛酉至於乙丑。

正光三年四月癸酉，京師暴風大雨，發屋拔樹。

四年四月辛巳，京師大風。

孝昌二年五月丙寅，京師暴風，拔樹發屋，吹平昌門扉壞，永寧九層撜折。〔五〕於時天下所在兵亂。

前廢帝普泰元年夏，大風雨，吹普光寺門屋於地。

孝靜武定七年三月，潁川大風。

大水

洪範論曰：大水者，皆君臣治失而陰氣稸積盛强，生水雨之災也。

太祖天賜三年八月，霖雨，大震，山谷水溢。

太宗泰常三年八月，河內大水。

世祖延和元年六月甲戌，京師水溢，壞民廬舍數百家。

眞君八年七月，平州大水。

高祖太和二年夏四月，南豫、徐、兗州大霖雨。

六年七月，青、雍二州大水。

八月，徐、東徐、兗、濟、平、豫、光七州，平原、枋頭、廣阿、臨濟四鎭大水。

九年九月，南豫、朔二州各大水，殺千餘人。

二十二年戊午，兗、豫二州大霖雨。

二十三年六月，青、齊、光、南青、徐、豫、兗、東豫八州大水。

世宗景明元年七月，青、齊、南青、光、徐、兗、豫、東豫，司州之潁川、汲郡大水，平隰一丈五尺，民居全者十四五。

正始二年三月，青、徐州大雨霖，海水溢出於青州樂陵之隰沃縣，流漂一百五十二人。

永平三年七月，州郡二十大水。

延昌元年夏，京師及四方大水。

二年五月，壽春大水。

肅宗熙平元年六月，徐州大水。

二年九月，冀、瀛、滄三州大水。

正光二年夏，定、冀、瀛、相四州大水。

孝昌三年秋，京師大水。

出帝太昌元年六月庚午，京師大水，穀水汎溢，壞三百餘家。

孝靜元象元年，定、冀、瀛、滄四州大水。

興和四年，滄州大水。

湧泉

太宗泰常五年十二月壬辰，湧泉出於平城。

高宗和平五年十一月，雁門泉水穿石湧出。

前廢帝普泰元年秋，司徒府太倉前井並溢。占曰：民遷流之象。永熙三年十月，都遷於鄴。

孝靜天平四年七月，泰州井溢。

元象元年二月，鄴城西南有枯井溢。

雨雹

洪範論曰：陽之專氣爲雹，陰之專氣爲霰。此言陽專而陰脅之，陰專而陽薄之，不能相入，則轉而爲雹。猶臣意不合於君心也。

高祖延興四年四月庚午，涇州大雹，傷稼。

承明元年四月辛酉，青、齊、徐、兗大風，雹。

八月庚申，幷州鄉郡大雹，平地尺，草木禾稼皆盡。

癸未，定州大雹殺人，大者方圓二尺。

世宗景明元年六月，雍、青二州大雨雹，殺麞鹿。

四年五月癸酉，汾州大雨雹。
六月乙巳，汾州大雨雹，草木、禾稼、雉兔皆死。
七月甲戌，暴風，大雨雹，起自汾州，經并、相、司、兗，至徐州而止，廣十里，所過草木無遺。
正始二年三月丁丑，齊、濟二州大雹，雨雪。
永平三年五月庚子，南秦廣業郡大雨雹，殺鳥獸、禾稼。

雪

洪範論曰：春秋之大雨雪，猶庶徵之恒雨也，然尤甚焉。夫雨，陰也，雪又陰也。大雪者，陰之稸積盛甚也。一曰與大水同，冬故爲雪耳。
世祖始光二年十月，大雪數尺。
眞君八年五月，北鎭寒雪，人畜凍死。是時爲政嚴急。〔六〕
高祖太和四年九月甲子朔，京師大風，雨雪三尺。
世宗正始元年五月壬戌，武川鎭大雨雪。
四年二月乙卯，司、相二州暴風，大雨雪。

九月壬申，大雪。

肅宗正光二年四月，柔玄鎮大雪。

霜

京房易傳曰：興兵妄誅，茲謂亡法，厥災霜，夏殺五穀，冬殺麥；誅不原情，茲謂不仁，夏先大霜。

太祖天賜五年七月，冀州霣霜。

世祖太延元年七月庚辰，大霣霜，殺草木。

高宗和平六年四月乙丑，霣霜。

高祖太和三年七月，雍、朔二州及枹罕、吐京、薄骨律、敦煌、仇池鎮並大霜，禾豆盡死。

六年四月，潁川郡霣霜。

七年三月，肆州風霜，殺菽。

九年四月，雍、青二州霣霜。

六月，洛、肆、相三州及司州靈丘、廣昌鎮霣霜。

十四年八月乙未，汾州霣霜。

世宗景明元年四月丙子，夏州霣霜殺草。
六月丁亥，建興郡霣霜殺草。
八月乙亥，雍、幷、朔、夏、汾五州，司州之正平、平陽頻暴風霣霜。
二年三月辛亥，齊州霣霜，殺桑麥。
四年三月壬戌，雍州霣霜，殺桑麥。
辛巳，青州霣霜，殺桑麥。
正始元年五月壬戌，武川鎭霣霜。
六月辛卯，懷朔鎭霣霜。
七月戊辰，東秦州霣霜。
八月庚子，河州霣霜殺稼。
二年四月，齊州霣霜。
五月壬申，恒、汾二州霣霜殺稼。
七月辛巳，豳、岐二州霣霜。
乙未，敦煌霣霜。
戊戌，恒州霣霜。

三年六月丙申，安州隕霜。

四年三月乙丑，豳州頻隕霜。

四月乙卯，敦煌頻隕霜。

八月，河州隕霜。

永平元年三月乙酉，岐、豳二州隕霜。

己丑，幷州隕霜。

四月戊午，敦煌隕霜。

二年四月辛亥，武州鎭隕霜。

延昌四年三月癸亥，河南八州隕霜。

肅宗熙平元年七月，河南、北十一州霜。

無雲而雷

洪範論曰：雷，陽也；雲，陰也。有雲然後有雷，有臣然後有君也。雷託於雲，君託於臣，陰陽之合也。故無雲而雷，示君獨處無臣民也。

顯祖皇興元年七月，東北無雲而雷。

二年七月，東北有聲如雷。

世宗延昌元年二月己酉，有云起東北，南引，殷殷如雷，二聲而止。

鼓妖

世祖太延四年十月辛酉，北有聲如大鼓，西北行。

雷

洪範論曰：陽用事百八十三日而終，陰用事亦百八十三日而終，雷出地百八十三日而入地，入地百八十三日而復出地，是其常經也。故雷安，萬物安；雷害，萬物害。猶國也，君安，國亦安；君害，國亦害。不當雷而雷，皆失節也。

世祖神䴥元年十月己酉，雨，雷電。

太延三年十月癸丑，雷。

四年十一月丁亥，雷。

高祖太和三年十一月庚戌，豫州雷雨。

戊申，豫州大雷雨，平地水三寸。

四年十月戊戌，雷。

七年十一月辛巳，幽州雷電，城內盡赤。

世宗景明二年十一月辛卯，涼州雷，七發聲。

三年十二月己巳，夜雷，九發聲。

正始元年十一月甲寅，秦、齊、荆、朔四州雷電。

肅宗正光元年正月壬寅，雷。

震

春秋震夷伯之廟，左丘明謂展氏有隱慝焉。劉向以爲夷伯世大夫，天戒若曰：勿使大夫世官，將專事也。

太祖天賜六年四月，震天安殿東序。帝惡之，令左校以衝車攻殿東西兩序屋毀之。帝竟暴崩。

顯祖皇興二年十一月夜，震電。

高祖太和三年五月戊午，震東廟東中門屋南鴟尾。

霧

班固說：上不寬大包容臣下，則不能居聖位。貌、言、視、聽，以心爲主，四者皆失，則區霿無識，故其咎霧。

世祖太延四年正月庚子，雨土如霧於洛陽。

高祖太和十二年十一月丙戌，土霧竟天，六日不開，到甲夜仍復濃密，勃勃如火煙，辛慘人鼻。

世宗景明三年二月己丑，秦州黄霧，雨土覆地。

八月己酉，濁氣四塞。

四年八月辛巳，涼州雨土覆地，亦如霧。

正始二年正月己丑夜，陰霧四塞，初黑後赤。

三年正月辛丑，土霧四塞。

九月壬申，黑霧四塞。

延昌元年二月甲戌，黄霧蔽塞。時高肇以外戚見寵，兄弟受封，同漢之五侯也。

桃李花

庶徵之恒燠。劉向、班固以冬亡冰及霜，不殺草之應。京房易傳曰：夏暑殺人，冬則物華實。

世祖眞君五年八月，華林園諸果盡花。

高祖延興五年八月，中山桃李花。

承明元年九月，幽州民齊淵家杜樹結實既成，一朝盡落，花葉復生，七日之中，蔚如春狀。

世宗景明四年十一月，齊州東清河郡桃李花。

延昌四年閏十月辛亥，京師柰樹花。

火不炎上

洪範傳曰：棄法律，逐功臣，殺太子，以妾爲妻，則火不炎上。謂火失其性而爲災。

高宗太安五年春三月，肥如城內大火，官私廬舍焚燒略盡，唯有東西二寺佛圖像舍火獨不及。

高祖太和八年五月戊寅，河內沁縣澤自燃，稍增至百餘步，五日乃滅。

世宗景明元年三月乙巳，恒岳祠災。

肅宗正光元年五月，鈎盾禁災。
孝昌二年夏，幽州遒縣地燃。
三年春，瀛州城內大火，燒三千餘家。
出帝永熙三年二月，永寧寺九層佛圖災。既而時人咸言有人見佛圖飛入東海中。永寧佛圖，靈像所在，天意若曰：永寧見災，魏不寧矣。勃海，齊獻武王之本封也，神靈歸海，則齊室將興之驗也。
三月，幷州三級寺南門災。
孝靜天平四年秋，鄴閶闔門東闕火。
武定三年冬，汾州西河北山有火潛行地下，熱氣上出。
黑眚黑祥
世祖始光二年正月甲寅夜，天東南有黑氣，廣一丈，長十丈。占有兵。二月，慕容渴悉隣反於北平。
顯祖皇興三年正月，河濟起黑雲，廣數里，掩東陽城上，昏暗如夜。既而東陽城潰。
世宗景明三年九月己卯，黑氣四塞。甲辰，揚州破蕭衍將張囂之，斬級二千。

赤眚

高祖太和二年十一月丁未夜，有三白氣從地出，須臾，變爲黃赤，光明照地。十六年九月丁巳，昏時，赤氣見於西北，長二十丈，廣八九尺，食頃乃滅。

世宗延昌元年三月丙申，有赤氣見於天，自卯至戌。

肅宗正光元年十一月辛未，西北赤氣竟天畔，似火氣。京師不見，涼州以聞。三年九月甲辰夜，西北有赤氣似火焰，東西一匹餘。北鎮反亂之徵。五年五月癸酉申時，北有赤氣，東西竟天，如火焰。

莊帝永安三年十一月己丑，有赤氣如霧，從顯陽殿階西南角斜屬步廊，高一丈許，連地如絳紗幔，自未至戌不滅。帝見而惡之，終有幽崩之禍。

孝靜天平三年正月己亥戌時，東方有赤氣，可三丈餘，三食頃而滅。

青眚

莊帝永安三年六月甲子申時，辰地有青氣，廣四尺，東頭緣山，西北引，至天半止。西北戌地有黑赤黃雲，如山峯，頭有青氣，廣四尺許，東南引。至天半，二氣相接。東南氣前散，西北氣後滅。亦帝執崩之徵也。

夜妖

班固說：夜妖者，雲風並起而杳冥，故與常風同象也。溫而風，則生螟螣之孽。

世宗正始元年六月乙巳，晦。

八月甲辰，晝晦。

人痾

劉歆說：貌之不恭，是謂不肅。上嫚下暴，則陰氣勝，水傷百穀，衣食不足，姦宄並作，故其極惡也。一曰，民多被刑，貌醜惡也。班固以爲六畜謂之禍，言其著也；及人，謂之痾，痾，病貌，言寖深也。

太宗永興三年，民烏蘭喉下生骨，狀如羊角，長一尺餘。

高祖太和十六年五月，尚書李沖奏：「定州中山郡毋極縣民李班虎女獻容以去年九月二十日右手大拇指甲下生毛九莖，至十月二十日長一尺二寸。」

肅宗熙平二年十一月己未，并州表送祁縣民韓僧眞女令姬從母右脅而生。靈太后令付掖庭。

正光元年五月戊戌，南兗州下蔡郡有大人跡，見行七步，跡長一尺八寸，廣七寸五分。

高祖延興三年秋，秀容郡婦人一產四男，四產十六男。

莊帝永安三年十一月丁卯，京師民家妻產男，一頭、二身、四手、四脚、三耳。

太和十六年十一月乙亥，高祖與沙門道登幸侍中省。日入六鼓，見一鬼衣黃褶袴，當戶欲入。帝以爲人，叱之而退。問諸左右，咸言不見，唯帝與道登見之。

顯祖皇興二年十月，豫州疫，民死十四五萬。

世宗永平三年四月，平陽之禽昌、襄陵二縣大疫，自正月至是月，死者二千七百三十人。

金沴

太和十九年六月，徐州表言丈八銅像汗流於地。

永安、普泰、永熙中京師平等寺定光金像每流汗，國有事變，時咸畏異之。

永安三年二月，京師民家有二銅像，各長尺餘，一頤下生白毫四，一頰傍生黑毛一。

龍蛇之孽

洪範論曰：龍，鱗蟲也，生於水。雲亦水之象，陰氣盛，故其象至也，人君下悖人倫，上亂天道，必有篡殺之禍。

世祖神䴥三年三月，有白龍二見於京師家人井中。

眞君六年二月丙辰，有白龍見於京師家人井中。龍，神物也，而屈於井中，皆世祖暴崩之徵也。

肅宗正光元年八月，有黑龍如狗，南走至宣陽門，躍而上，穿門樓下而出。魏衰之徵也。

莊帝永安二年，晉陽龍見於井中，久不去。莊帝暴崩晉陽之徵也。

前廢帝普泰元年四月甲寅，有龍跡自宣陽門西出，復入城。乙卯，羣臣入賀，帝曰：「國將興，聽於民；將亡，聽於神。但當君臣上下，克己爲治，未足恃此爲慶。」

馬禍

洪範論曰：馬者，兵象也，將有寇戎之事，故馬爲怪也。

肅宗熙平二年十一月辛未，恒州送馬駒，肉尾長一尺，騣處不生毛。

正光元年九月，沃野鎭官馬爲蟲入耳，死者十四五。蟲似蜋，長五寸已下，大如箸。

牛禍

洪範論：易曰「坤爲牛」，坤，土也，土氣亂則牛爲怪，一曰牛禍。其象，宗廟將滅。一曰，轉輸煩則牛生禍。

世宗景明二年五月，冀州上言長樂郡牛生犢，〔七〕一頭、二面、二口、三目、三耳。

羊禍

洪範論曰：君不明，失政之所致。

高祖太和二十三年三月，肆州上言陽曲縣羊生羔，一頭，二身，一牝、一牡，三耳，八足。尋高祖崩，六輔專事。

世宗正始元年七月，鄯善鎮送羊羔，一頭、兩身、八脚。

二年正月，鄯善鎮送八脚羊。

延昌四年五月，薄骨律鎮上言：羊羔一頭、六足、兩尾。

豕禍

京房傳曰：凡妖象其類足多者，所任邪也。京房易：妖曰豕生人頭豕身者，邑且亂亡。

高祖延興元年九月，有司奏豫州刺史、臨淮公王讓表，有豬生子，一頭、二身、八足。

世宗景明四年九月，梁州上言，犬豕交。

正始四年八月，京師豬生子，一頭、四耳、兩身、八足。

延昌四年七月，徐州上言陽平戍豬生子，頭面似人，頂有肉髻，體無毛。靈太后、幼主傾覆之徵也。

雞禍

洪範論曰：京房傳曰：雞小畜，猶小臣也。角者，兵之象，在上，君之威也。此小臣執事者將秉君之威以生亂，不治之害。

高祖太和元年夏五月，有司奏京師有雌雞二，頭上生冠如角，與衆雞異。是時文明太后臨朝，信用羣小之徵。

世宗正始元年四月，河南有雞雛，四足四翼。語在崔光傳。

八月，司州上言：河內民席衆家雞雛，近尾上復有一頭，口目具。二頭皆從頸後各有二翼，二足旁行。是時世宗頗任羣小，更有朋黨，邪佞干政之驗。

延昌四年十二月，洛州上言魏興太守常矯家黃雌鷄，頭上肉角大如棗，長寸三分，角上生聚毛，長寸半。

肅宗正光元年正月，虎賁中郎將蘭兆家鷄雄、雌二，各頭上生兩角，其毛雜色，上聳過冠。時靈太后臨朝專政。

羽蟲之孽

洪範論曰：視不明，聽不聰之罰也。

太宗泰常三年十一月，京師獲白梟。

肅宗正光二年八月己卯，獲禿鶖鳥於殿內。

孝昌二年四月，民有送死鴨雛，一頭、兩身、四足、四翅、兩尾。

孝靜天平二年三月，雄雉飛入尙書省，殿中獲之。

蝗蟲螟

洪範論曰：刑罰暴虐，取利於下；貪饕無厭，以興師動衆；取邑治城，而失衆心，則蟲爲害矣。

高祖太和五年七月，敦煌鎭蝗，秋稼略盡。

六年七月，青、雍二州虸蚄害稼。

八月，徐、東徐、兗、濟、平、豫、光七州，平原、枋頭、廣阿、臨濟四鎭，蝗害稼。

七年四月，相、豫二州蝗害稼。

八年三月，冀、州、相三州虸蚄害稼。〔八〕

四月，濟、光、幽、肆、雍、齊、平七州蝗。

六月乙巳，相、齊、光、青四州虸蚄害稼。

十六年十月癸巳，枹罕鎭蝗，害稼。

世宗景明元年五月，青、齊、徐、兗、光、南青六州虸蚄害稼。

四年三月壬午，河州大螟，二麥無遺。

五月，光州虸蚄害稼。

六月，河州大蝗。

七月，東萊郡虸蚄害稼。

正始元年六月，夏、司二州蝗害稼。

四年四月，青州步屈蟲害棗花。

八月，涇州黃鼠、蝗蟲、班蟲，河州虸蚄、班蟲，涼州、司州恒農郡蝗蟲並爲災。

永平元年六月己巳，涼州蝗害稼。

五年五月，〔九〕青州步屈蟲害棗花。

七月，蝗蟲，〔一〇〕京師虸蚄。

八月，青、齊、光三州虸蚄害稼，三分食二。

肅宗熙平元年六月，青、齊、光、南青四州虸蚄害稼。

顯祖天安元年六月，兗州有黑蟻與赤蟻交鬭，長六十步，廣四寸，赤蟻斷頭而死。黑主北，赤主南。十一月，劉彧兗州刺史畢衆敬遣使內屬，詔鎮南大將軍尉元納之，大破賊將周凱等。

高祖太和十年七月，幷州治中張萬壽表：建興濩澤縣民賈日成以去四月中養蠶，有絲網成幕，中有卷物似絹帶，長四尺，廣三寸，薄上復得黃繭二，狀如履形。

世宗正始二年三月，徐州蠶蛾喫人，尪殘者一百一十餘人，死者二十二人。

毛蟲之孽

謂變常而爲異也。〔一一〕

太祖登國中，河南有虎七，臥於河側，三月乃去。後一年，蚍蜉、白鹿盡渡河北。後一年，河水赤如血。此衞辰滅亡之應。及誅其族類，悉投之河中，其地遂空。

孝靜元象元年正月，有狼入城，至硤石，曹獲之。〔三〕

武定五年十二月，北城銅爵臺上獲豹一。

高祖太和元年五月辛亥，有狐魅截人髮。時文明太后臨朝，行多不正之徵也。

肅宗熙平二年，自春，京師有狐魅截人髮，人相驚恐。六月壬辰，靈太后召諸截髮者，使崇訓衞尉劉騰鞭之於千秋門外，事同太和也。

瑞圖：外鎮王公、刺史、二千石、令長酷暴百姓，人民怨嗟，則白鼠至。

太宗永興三年二月，京師民趙溫家有白鼠，以獻。

三年春，於北苑獲白鼠一，尋死。割之，腹中有三子，盡白。

四年三月，上幸西宮，獲白鼠一。

八月，御府民張安獲白鼠一。

神瑞二年五月，帝獵於檻崙山，獲白鼠一；平城獲白鼠三。

六月，平城獲白鼠二。

八月，豫章王夔獲白鼠一。

泰常元年十一月，京師民獲白鼬一以獻。

二年六月，中山獲白鼠二。

三年三月，京師獲白鼠一。

十一月，京師獲白鼠一。

世祖始光三年八月，相州魏郡獲白鼠。

太延元年八月，雁門獻白鼠。

高祖太和二十三年八月，京師獲白鼠。

世宗景明四年五月，京師獲白鼠。

正始元年六月，京師獲白鼠。

肅宗熙平元年四月，肆州表送白鼠。

校勘記

〔一〕恒州刺史穆泰等在州謀反　諸本「恒」訛「桓」，今據卷七下高祖紀下太和二十年十二月條及卷二七穆崇附穆泰傳改。

〔二〕九月夏州長史曹明謀反　按承上文，乃正始三年之九月，據卷八世宗紀，事在四年九月，這裏

「九月」上當脫「四年」二字。

〔三〕秦州沙門劉光秀謀反　諸本「秦」作「泰」。按卷八世宗紀永平三年二月作「秦州沙門」，上文也說「秦州地震」，「泰」乃「秦」形近而訛，今改正。

〔四〕□月丙戌　殿本考證云：「本書世宗紀卷八延昌二年有閏月，或以爲闕字應爲『閏』字。又下文云『自延昌二年四月地震』，則此闕字應爲『四』字也。」按延昌二年閏月乙酉朔，四月甲申朔，都有丙戌。

〔五〕永寧九層搒折　局本「搒」作「搭」。按「搒」卽「拯」，用在這裏無所取義，局本當是以意改。據洛陽伽藍記卷一永寧寺條，爲大風吹折的是刹上寶瓶。

〔六〕是時爲政嚴急　御覽卷八七八三八九九頁引後魏書下有「司徒崔浩濫被誅」句。疑此脫去。但御覽咎徵部引後魏書不盡據本書，今不補。

〔七〕冀州上言長樂郡牛生犢　百衲本「生犢」二字空二格，南本無此二字，也不空格，北、汲、殿、局本作「生犢」。按這裏應闕二字，南本逕接上文，非。今從北、汲等本。

〔八〕冀州相三州蚄蚄害稼　錢氏考異卷三〇云：「『冀州』之『州』字誤。」

〔九〕五年五月　按此承上文乃「永平五年」，然是年四月已改年延昌，不當系於五年。

〔一〇〕七月蝗蟲　殿本考證云：「蝗蟲不載地名，當有脫誤。」

〔二〕謂變常而爲異也　按此句上當有脫文。

〔三〕有狼入城至硤石曹獲之　諸本「曹」下並注「疑」字。按此云「入城」，不知入何城。據下條不舉地名，只稱「北城銅雀臺」，卽是鄴城，則此條疑亦指鄴城。鄴爲東魏國都，故以狼入城爲異事而記之。然鄴城中不聞有「峽石」，疑「石曹」連讀，爲「石竇」之訛，「峽」字衍。水經注卷一〇濁漳水篇，有「石竇堰」，在鄴城中。若謂「曹」姓，脫其名，則志舉某人必稱某地某官或某地民，從無只舉姓名之例。又淮水所經之硤石今安徽壽縣西北，黃河之峽石見卷一〇孝莊紀永安二年七月，在今河南孟津縣西。都是山峽，當然不在城中。

魏書卷一百一十二下

靈徵志八下第十八

魏氏世居幽朔，至獻帝世，有神人言應南遷，於是傳位於子聖武帝，命令南徙，山谷阻絕，仍欲止焉。復有神獸，其形似馬，其聲類牛，先行導引，積年乃出。始居匈奴之故地。

高祖延興元年十一月，肆州秀容民獲麟以獻。王者不刳胎剖卵則至。

世祖神䴥三年七月，冀州獻白龜。王者不私人以官，尊耆任舊，無偏黨之應。

高宗興安二年六月，營州送大龜。

高祖延興元年十二月，徐州竹邑戍士邢德於彭城南一百二十里，得著一株，四十九枝，下掘得大龜獻之。詔曰：「龜著與經文相合，所謂靈物也。德可賜爵五等。」

三年六月，京師獲大龜。

肅宗神龜元年二月，獲龜於九龍殿靈芝池，大赦改元。

孝靜武定三年十月，有司奏南兗州陳留郡民賈興達於家庭得毛龜一。

天平四年八月，有巨象至於南兗州，碭郡民陳天愛以告，送京師，大赦改年。王者自養有節則至。

高祖太和二年十一月，徐州獻黑狐。周成王時，治致太平而黑狐見。

三年五月，獲白狐。王者仁智則至。

六月，撫冥獲白狐以獻。

八年六月，徐州獲黑狐以獻。

十年三月，冀州獲九尾狐以獻。王者六合一統則見。周文王時，東夷歸之。曰，王者不傾於色則至德至，鳥獸亦至。

十一年十一月，冀州獲九尾狐以獻。

二十三年正月，司州、河州各獻白狐狸。

十九年六月，司州平陽郡獲白狐以獻。

世宗景明三年二月，河州獻白狐。

永平三年十月，白狐見於汲郡。

延昌四年四月，兗州獻白狐。

九月，相州獻白狐。
閏月，汾州獻白狐二。
肅宗正光二年三月，南青州獻白狐二。
三年六月，平陽郡獻白狐。
八月，光州獻九尾狐。
四年五月，平陽郡獻白狐。
孝靜天平四年四月，西兗州獻白狐；七月，光州獻九尾狐。
元象元年四月，光州獻九尾狐。
二年二月，光州獻九尾狐。
興和三年五月，司州獻九尾狐。
十二月，魏郡獻白狐。
四年四月，瀛州獻白狐二。
武定元年七月，幽州獲白狐，以獻上。
三年七月，瀛州獻白狐，二牡一牝。
九月，西兗州獻白狐。

太和二年十一月辛未，泰州獻五色狗。

三年三月，齊州獻五色狗，其五色如畫。

太祖天興四年五月，魏郡斥丘縣獲白鹿。王者惠及下則至。

太宗永興四年九月，建興郡獻白鹿。

世祖神䴥元年二月，定州獲白䴥，白䴥鹿又見於樂陵，〔一〕因以改元。

三年二月，白鹿見於代郡倒刺山。

太延四年十二月，相州獻白鹿。

眞君八年五月，洛州送白鹿。

高宗太安二年十月，白鹿見於京師西苑。

高祖承明元年六月，秦州獻白鹿。

太和元年正月，白鹿見於秦州。

三月，白鹿見於青州。

四年正月，南豫州獻白鹿。

十九年七月，司州獲白鹿、麑以獻。

二十年六月，司州獻白鹿。

世宗景明元年四月，荊州獻白鹿。
永平四年八月，平州獻白鹿。
延昌二年五月，齊州獻白鹿。
四年六月，司州獻白鹿。
肅宗熙平元年五月，濟州獻白鹿。
二年五月，司州獻白鹿。
神龜二年六月，徐州獻白鹿。
孝靜元象元年六月，齊獻武王獲白鹿以獻。
武定元年六月，兗州獻白鹿。
太祖登國六年十二月，上獵，親獲鹿一角。召問羣臣，皆曰：「鹿當二角，今一，是諸國將幷之應也。」
高祖太和三年三月，肆州獻一角鹿。
神龜元年七月，徐州獻一角鹿。
世宗正始二年九月，後軍將軍尒朱新興獻一角獸。天下平一則至。
肅宗熙平元年十一月，肆州獻一角獸。

神龜二年九月，徐州獻一角獸。

高宗太安三年三月，有白狼一，見於太平郡。議者曰：「古今瑞應多矣，然白狼見於成湯之世，故殷道用興，太平嘉名也。又先帝本封之國而白狼見焉，無窮之徵也。」周宣王得之而犬戎服。

太宗永興四年十二月，章安子封懿獻白麞。王者刑罰理則至。

高祖太和二年十二月，懷州獻白麞。

三年五月，白麞見於豫州。

二十三年正月，華州獻白麞。

肅宗熙平二年三月，徐州獻白麞。

神龜二年七月，徐州獻白麞。

孝靜武定七年七月，瀛州獻白麞。

高祖太和七年六月，青州獻三足烏。王者慈孝天地則至。

十三年十一月，滎陽獻三足烏。

十四年六月，懷州獻三足烏。

十五年閏月，濟州獻三足烏。

十七年五月，冀州獻三足烏。
二十年六月，豫州獻三足烏。
二十三年六月，冀州獻三足烏。
世宗景明元年五月，徐州獻三足烏。
三年二月，豫州獻三足烏。
四年六月，幽州獻四足烏。
正始元年二月，冀州獻三足烏。
五月，幽州獻三足烏。
是月，相州獻三足烏。
六月，定州獻三足烏。
二年五月，肆州獻三足烏。
三年三月，豫州獻三足烏。
是月，豫州又獻三足烏。
永平元年四月，豫州獻三足烏。
延昌三年二月，冀州獻三足烏。

肅宗熙平元年四月，汲郡獻三足烏。

二年四月，東郡獻三足烏。

是月，豫州獻三足烏。南兗州又獻三足烏。

神龜元年八月，雍州獻三足烏。

二年五月，潁川郡獻三足烏。

正光元年四月，濟州獻三足烏。

是月，濟州又獻三足烏。

二年閏月，東郡獻三足烏。

三年五月，東郡獻三足烏。潁川郡許昌縣獻三足烏。肆州獻三足烏。

六月，冀州獻三足烏。

四年六月，瀛州獻三足烏。

出帝太昌元年五月，齊獻武王獲三足烏以獻。

孝靜元象二年四月，京師獲三足烏。

武定三年五月，瀛州獻三足烏。

四年四月，潁州獻三足烏。

五月，潁州又獻三足烏。

高祖太和二年七月，白烏見於涼州。王者宗廟肅敬則至。

九月，白烏見於京師。

三年五月，白烏見於豫州。

九月，白烏見於秦州。

十七年六月，兗州獻白烏。

二十三年十二月，司州獻白烏。

世宗正始二年五月，司州獻白烏。

三年九月，潁川郡獻白烏。

四年七月，潁川又獻白烏。

永平元年四月，潁川獻白烏。

延昌二年八月，平陽郡獻白烏。

三年六月，冀州獻白烏。

肅宗正光元年十月，幽州獻白烏。

孝靜天平二年七月，齊獻武王獲白烏以獻。

元象元年五月，冀州獲白烏。
二年八月，徐州表：「濟陰郡廳事前槐樹，烏巢於上，烏母死，有鵲銜食餔烏兒，不失其時，並皆長大。」賞太守帛十匹。
興和四年四月，魏郡貴鄉縣獲白烏鶵。
五月，京師獲白烏。是月，陽夏郡獻白烏。
七月，北豫州獻白烏。
十月，瀛州獻白烏。
武定元年六月，東郡民獻白烏。
三年五月，北豫州獻白烏。
是月，廣宗郡獻白烏。潁州又獻白烏。
六月，滄州獻白烏。
四年四月，梁州獻白烏。
五月，濟州獻白烏。
八月，陽夏郡獻白烏。
高祖太和二年二月，涼州獻赤烏。周武王時銜麥至而克殷。

肅宗熙平元年二月，赤烏見肆州秀容郡。
神龜元年四月，赤烏見并州之晉陽縣。
世宗景明二年十二月，南青州獻蒼烏。君修行孝慈，萬姓不好殺生則至。
正始二年五月，雍州獻蒼烏。
六月，雍州又獻蒼烏。
永平二年四月，河內獻蒼烏。
肅宗熙平元年六月，冀州獻蒼烏。
前廢帝普泰元年五月，河內獻蒼烏。
孝靜興和四年五月，濟州獻蒼烏。
七月，瀛州又獻蒼烏。
武定元年四月，兗州獻蒼烏。
五月，濟州又獻蒼烏。
二年五月，京師獲蒼烏。
三年六月，京師獲蒼烏。
十月，光州獻蒼烏。

高祖延興二年四月，幽州獻白鵲。

四年九月，白鵲見於中山。

承明元年八月，定、冀二州俱獻白鵲。

十一月，定州又獻白鵲。

太和二年十一月，洛州獻白鵲。

肅宗熙平元年正月，定州獻白鵲。

正光四年正月，京師獲白鵲。

孝靜興平二年五月，京師獲白鵲。

武定二年七月，林慮獻白鵲。

三年六月，京師獲白鵲。

世祖太平眞君二年七月，天有黃光洞照。議者僉謂榮光也。

高宗興光元年二月，有雲五色。所謂景雲，太平之應也。

景明二年六月，有雲五色，見於申酉之間。

出帝太昌元年六月，日初出，有大黃氣成抱。

世祖始光四年六月，甘露降於太學。王者德至，天和氣盛則降。又王者敬老，則栢受甘露。王者尊賢愛老，不失細微，則竹葦受。

神䴥元年二月，甘露降於范陽郡。

二年四月，甘露降於鄴。

六月，甘露降於平城宮。

三年三月，甘露降於鄴。

四年五月，甘露降於河西。

太平眞君元年四月，甘露降於平原郡。

高宗太安二年七月，甘露降於常山郡。

和平二年七月，甘露降於京師。

世宗景明三年八月，甘露降於青州新城縣。

永平元年十月，甘露降於青州益都縣。

延昌二年九月，甘露降於齊州清河郡。

三年十月，齊州上言甘露降。

四年七月，甘露降於京師。

肅宗正光三年十月，甘露降華林園栢樹。

四年八月，甘露降顯美縣。
孝靜元象二年三月，甘露降於京師。
武定五年十月，甘露降齊文襄王第門柳樹。
六年三月，甘露降於京師。
四月，太山郡上言甘露降。
太祖天興二年七月，獲嘉禾於平城縣，異莖同穎。
八月，廣寧送嘉禾一莖十一穗；平城南十里郊嘉禾一莖九穗，告于宗廟。
太宗永興二年十月，嘉禾生於清河郡。
泰常三年八月，嘉禾生於勃海郡東光縣。
世祖神䴥二年七月，嘉禾生於魏郡安陽縣，三本同穎。
高祖承明元年八月，齊州獻嘉禾。
太和三年九月，齊州獻嘉禾。
五年八月，常山獻嘉禾。
七年八月，定州獻嘉禾。
世宗景明元年七月，齊州獻嘉禾。

三年七月，齊州獻嘉禾。
四年八月，冀州獻嘉禾。
正始元年八月，濟州獻嘉禾。
二年六月，齊州獻嘉禾。七月，魯陽郡獻嘉禾。八月，司州獻嘉禾。
三年七月，冀州獻嘉禾。
永平三年八月，滎陽獻嘉禾。
肅宗熙平二年八月，幽州獻嘉禾，三本同穗。
正光二年七月，朔州獻嘉禾。
三年八月，肆州獻嘉禾，一根生六穗。
孝靜天平三年七月，魏郡獻嘉禾。
四年八月，幷州獻嘉禾。
是月，京師又獲嘉禾。虞曹郎中司馬仲璨又獻嘉禾，一莖五穗。
元象元年八月，東雍州獻嘉禾。
興和三年八月，南青州獻嘉禾。
四年八月，京師再獲嘉禾。

武定二年八月，京師獲嘉禾。

三年八月，幷州獻嘉禾。

高祖太和三年十月，徐州獻嘉瓠，一蔕兩實。

太祖天興二年七月，幷州獻白兔一。王者敬耆老則見。

三年五月，車駕東巡，幸廣寧，有白兔見於乘輿前，獲之。

四年正月，幷州獻白兔。

太宗永興三年，上獵於西山，獲白兔。

八月，京師獲白兔。

泰常元年十一月，定州安平縣獻白兔。

二年六月，京師獲白兔。

三年六月，頓丘郡獲白兔。

世祖始光三年五月，洛州獻黑兔。

神䴥元年九月，章武郡獻白兔。

四年二月，勃海郡獻白兔。

眞君七年二月，青州獻白兔二。

高宗和平三年十月，雲中獲白兔。
四年閏月，鄴縣獲白兔。
高祖延興五年四月，白兔見於代郡。
承明元年八月，白兔見於雲中。
太和元年六月，雍州周城縣獻白兔。
三年三月，吐京鎮獻白兔。
八年六月，徐州獻白兔。
十八年十月，瀛州獻白兔。
二十年七月，汲郡獻黑兔。
七月，京師獲白兔。
二十三年，獲黑兔。
世宗景明元年十一月，河州獻白兔。
三年四月，潁川郡獻白兔。
八月，河內郡獻白兔。
四年六月，河內郡獻白兔。

七月，夏州獻黑兔。

正始元年三月，河南郡獻黑兔。

四月，魯陽郡獻白兔。

二年八月，東郡獻白兔。

九月，河內郡獻黑兔。

是月，肆州獻白兔，東郡又獻白兔。

三年七月，薄骨律鎮獻白兔。

九月，肆州獻白兔。

四年四月，河內郡獻白兔。

永平元年四月，濟州獻白兔。

五月，河內獻黑兔。

十月，樂安郡獲白兔。

二年二月，相州獻白兔。

延昌三年七月，豫州獻白兔。

四年三月，河南獻白兔。

八月，河南又獻白兔。
九月，河內又獻白兔。
肅宗熙平二年四月，豫州獻白兔。
五月，東郡獻白兔。
六月，京師獲白兔。
十一月，鄯善鎮獻白兔。
神龜元年六月，京師獲黑兔。
二年八月，正平郡獻白兔。
九月，正平郡又獻白兔。
十月，京師獲黑兔。
正光元年正月，徐州獻白兔。
五月，冀州獻白兔。
三年五月，徐州獻白兔二。
是月，冀州獻白兔。
孝靜天平二年八月，光州獻白兔。

四年十月，光州獻白兔。

元象元年五月，徐州獲白兔。

六月，齊獻武王獲白兔以獻。

是月，濮陽郡獻白兔。

興和二年四月，徐州獻白兔。

六月，京師獲白兔。

四年正月，光州獻白兔。

武定元年三月，瀛州獻白兔。

□月，汲郡獻白兔。

六年十一月，武平鎮獻白兔。

太祖天興五年八月，上曜軍覽谷，見白燕一。

太宗永興三年六月，京師獲白燕。

四年閏月，京師又獲白燕。

泰常二年六月，京師獲白燕。

高祖太和二年三月，白燕見於幷州。

八年四月，白燕集於京師。

是月，代郡獻白燕。

二十三年八月，荆州獻白燕。

閏月，正平郡獻白燕。

世宗景明三年六月，涇州獻白燕。

肅宗熙平元年七月，京師獲白燕。

孝靜元象元年八月，西中府獻白燕。

興和二年三月，京師獲白燕。

武定三年六月，北豫州獻白燕。

太宗泰常八年五月，雁門獻白雀。王者爵祿均則白雀至。〔三〕

世祖神䴥元年九月，滄水郡獻白雀。

十月，魏郡獻白雀。

眞君八年五月，雁門郡獻白雀。

高祖延興二年二月，白雀見於扶風郡。

三年五月，白雀見於代郡。

四年正月，青州獻白雀。
太和三年五月，白雀見於豫州。
十三年正月，淸河武城縣獻白雀。
世宗景明三年六月，滎陽郡獻白雀。
十月，薄骨律鎭獻白雀。
四年三月，敦煌鎭獻白雀。
五月，京師獲白雀。
六月，恒農郡獻白雀。
七月，京師獲白雀。
正始二年七月，薄骨律鎭獻白雀。
三年四月，獲白雀於京師。
十月，河州獻白雀。
十二月，雍州獻白雀。
四年二月，豫州獻白雀。
永平三年七月，京師獲白雀。

延昌三年七月，河南郡獲白雀。
十一月，秦州獻白雀。
四年五月，滎陽獻白雀。
八月，秦州獻白雀。
是月，青州獻白雀。
是月，恒州獻白雀。
是月，洛陽獲白雀。
十一月，荆州獻白雀。
肅宗熙平元年四月，京師再獲白雀。
七月，宮中獲白雀。
二年四月，華州獻白雀。
六月，相州獻白雀。
是月，薄骨律鎭獻白雀。
七月，京師獲白雀。
八月，薄骨律鎭又獻白雀。

是月，京師獲白雀。

十一月，京師獲白雀。

神龜元年五月，京師獲白雀。

六月，京師獲白雀二。

八月，薄骨律鎮獻白雀。

二年五月，徐州獻白雀。

是月，京師獲白雀。

三年七月，京師又獲白雀。

正光元年六月，京師獲白雀。

二年六月，光州獻白雀。

三年四月，京師獲白雀。

六月，滎陽郡獻白雀。

八月，濟州獻白雀。

是月，光州獻白雀。

九月，白雀見舍人省。

四年六月，京師獲白雀。
七月，京師獲白雀。
出帝太昌元年四月，京師獲白雀。
孝靜天平二年五月，北豫州獻白雀。
三年七月，京師獲白雀。
四年七月，兗州獻白雀。
元象元年五月，京師獲白雀。
六月，京師獲白雀。
七月，肆州獻白雀。
是月，齊獻武王獲白雀。
二年五月，京師獲白雀。
六月，齊文襄王獲白雀以獻。
是月，南兗州獲白雀。
七月，京師獲白雀。
興和二年四月，京師獲白雀。

閏月，京師獲白雀。

六月，光州獻白雀。

七月，京師獲白雀。

三年五月，京師獲白雀。

四年正月，京師獲白雀。

六月，京師獲白雀。

七月，京師獲白雀。

武定元年六月，京師獲白雀。

七月，京師獲白雀。

三年五月，梁州獲白雀。

七月，京師獲白雀。

十月，兗州獲白雀。

四年六月，京師獲白雀。

六年六月，京師獲白雀。

世宗景明三年三月，濟州獻赤雀。周文王時銜書至。

四年五月，獲赤雀於京師。
永平元年四月，京師獲赤雀。
肅宗孝昌三年四月，河南獲赤雀以獻。
高宗和平四年三月，冀州獻白鳩。殷湯時至。王者養耆老，遵道德，不以新失舊則至。
高祖承明元年十一月，冀州獻白鳩。
太和二十三年七月，瀛州獻白鳩。
八月，榮陽郡獻白鳩。
世宗景明三年七月，涇州獻白鳩。
正始元年十月，京師獲白鳩。
是月，建興郡獻白鳩。
二年四月，幷州獻白鳩。
七月，冀州獻白鳩二。
三年七月，夏州獻白鳩。
永平元年六月，洛州獻白鳩。
肅宗熙平二年九月，汲郡獻白鳩。

太祖天興四年春，新興太守上言：「晉昌民賈相，昔年二十二，爲雁門郡吏，入句注西陘，見一老父，謂相曰：『自今以後四十二年當有聖人出於北方。時當大樂，子孫永長，吾不及見之。』言終而過。相顧視之，父老化爲石人。相今七十。下檢石人見存。至帝破慕容寶之歲，四十二年。」

眞君五年二月，張掖郡上言：「往曹氏之世，丘池縣大柳谷山石表龍馬之形，石馬脊文曰『大討曹』，而晉氏代魏。今石文記國家祖宗諱，著受命之符。」乃遣使圖寫其文。大石有五，皆青質白章，間成文字。其二石記張、呂之前，已然之效。其三石記國家祖宗以至於今。其文記昭成皇帝諱「繼世四六，天法平，天下大安」，凡十四字；〔三〕次記太祖道武皇帝諱「應王，載記千歲」，凡七字；次記太宗明元皇帝諱「長子二百二十年」，凡八字；〔四〕次記「太平天王繼世主治」，凡八字；次記皇太子諱「昌封太山」，凡五字。初上封太平王，天文圖錄又授「太平眞君」之號，與石文相應。太宗名諱之後，有一人象，攜一小兒。見者皆曰：「上愛皇孫，提攜臥起，不離左右，此卽上象靈契，眞天授也。」於是衞大將軍、樂安王範，輔國大將軍、建寧王崇，征西大將軍、常山王素，征南大將軍、恒農王奚斤上奏曰：「臣聞帝王之興，必有受命之符，故能經緯三才，維建皇極，三五之盛，莫不同之。伏羲有河圖、八卦，夏禹有洛書、九疇，至乃神功播於往古，聖跡顯於來世。伏惟陛下德合乾坤，明並日月，固天縱聖，應運挺生，上靈垂顧，徵善備集。是以始光元年經天師奉天文圖錄，授『太平眞君』之號。陛下深執虛沖，歷年乃受。精誠感於靈物，信惠協於天人，用能威加四海，澤流宇內，溥天率土，無思不服。今張掖郡列言：丘池縣大柳谷山大石有青質白章，間成文字，記國家祖宗之諱，著受命歷數之符。王公已下，羣司百辟，覩此圖文，莫不感動，僉曰：自古以來，禎祥之驗，未有今日之煥炳也。斯乃上靈降命，國家無窮之徵也。臣等幸遭盛化，沐浴光寵，無以對揚天休，增廣天地，謹與羣臣參議，宜以石文之徵，宣告四海，令方外僭竊知天命有歸。」制曰：「此天地況施，乃先祖父之遺徵，豈朕一人所能獨致。可如所奏。」

太和元年冬十月，南部尚書安定侯鄧宗慶奏：「鄉郡民李飛、太原民王顯前列稱：詣京南山採藥，到遊越谷南嶺下，見清碧石柱數百枚。被詔案檢，稱所見青碧柱，長者一匹，相接而上，或方一尺二寸，或方一尺，方楞悉就。其數旣多，不可具數，請付作曹採用。」奏可。時人神異之。

顯祖皇興三年六月，尉元表：「臣於彭城遣別將以八日至睢口邀賊將陳顯達，〔五〕有戰士於營外五里芻牧，見一白頭翁，乘白馬，將軍，〔六〕呼之語，稱：『至十八日辰必來到此，語汝將軍，領衆從東北臨入，我當驅賊令走。申時，賊必大破，宿豫、淮陽皆克無疑。我當與汝國家淮畔爲斷，下邳城我當驅出，〔七〕不勞兵力。』後十日，此人復於彭城南戲馬臺東二里見白頭翁，亦乘白馬，從東北來，呼此人謂曰：『我與東海、四瀆、太山、北嶽神共行淮北，助汝二將蕩除已定。汝上下喜不？』因忽然不見。」詔元於老人前後見所，爲壇表記之。

肅宗孝昌二年十月，揚州刺史李憲表云：「門下督周伏興以去七月患假還家，至十一日夜夢渡肥水，行至草堂寺南，遙見七人，一人乘馬著朱衣，籠冠，六人從後。興路左而立，至便再拜。問興何人。興對曰：『李公門下督，暫使硤石。』其人語興：『君可回，我是孝文皇帝中書舍人，遣語李憲，勿憂賊堰，此月破矣。』興行兩步，錄興姓字，令興速白。興寤，曉遂還城，具言夢狀。七月二十七日，堰破。」

世祖延和三年三月，樂安王範獲玉璽一，文曰「皇帝璽」以獻。

太延元年，自三月不雨至六月，使有司遍請羣神，數日，大雨。是日，有婦人持一玉印至潞縣侯孫家賣之。孫家得印，奇之，求訪婦人，莫知所在。其文曰：「旱疫平。」寇天師曰：「龍文紐書云，此神中三字印也。」

高宗和平三年四月，河內人張超於壞樓所城北故佛圖處獲玉印以獻。〔六〕印方二寸，其文曰：「富樂日昌，永保無疆，福祿日臻，長享萬年。」玉色光潤，模制精巧，百僚咸曰：「神明所授，非人爲也。」詔天下大酺三日。

高祖承明元年八月，上谷郡民獻玉印，上有蛟龍文。

太和元年三月，武川鎮獻玉印，青質素文，其文曰「太昌」。

六月，雍州獻玉印。

是月，長安鎮獻玉印一，上有龜紐，下有文字，色甚鮮白，有殊常玉。

三年七月，定州鉅鹿民獻玉印一方，七分，上有文字。

世宗永平元年四月，瀛州民獲玉璧、玉印各一以獻。

肅宗熙平二年十一月，京師仍獲玉璽二。

孝靜興和三年二月，東郡白馬縣民獻玉印一。

太宗永興三年十二月，北塞候人獲玉板二以獻。王者慈仁則見。

孝靜天平二年二月，員外散騎常侍穆禮得玉板一，廣三寸，長尺五寸，頭有兩孔以獻。

高祖承明元年九月，京兆民獻青玉璧一雙，文色炳煥。王者賢良美德則至。

肅宗正光三年六月，幷州靜林寺僧在陽邑城西橡谷掘藥，得玉璧五，珪十，印一，玉柱一，玉蓋一，並以獻。

高祖太和五年六月，上邽鎮將上言：「於鎮城西二百五十里射獵，於營南千水中得玉車釧三枚，二青一赤，制狀甚精。」

孝靜興和四年七月，鄴縣民獻白玉一璞。

肅宗熙平二年正月，金出岐州橫水縣赤粟谷。

太祖天興三年四月，有木連理，生於代郡天門關之路左。王者德澤純洽，八方爲一則生。

八月，勃海上言脩縣、東光縣木連理各一。

十二月，豫州上言木連理生於河內之沁縣。〔九〕

四年春，河內郡木連理二。

八月，魏郡上言內黄縣木連理。

太宗泰常元年十月，范陽郡上言木連理。

十一月，常山郡上言木連理。

三年正月，勃海上言東光縣木連理。

八月，廣寧郡上言木連理。

世祖神䴥四年九月，滎陽郡上言木連理。

延和二年三月，樓煩南山木連理。

三年九月，上谷郡上言木連理。

太延元年二月，魏郡上言木連理。

五年二月，遼西上言木連理。
高祖延興元年十一月，祕書令楊崇奏，鍾律郎李生於京師見長生連理樹。
承明元年九月，并州上言木連理，相去一丈二尺，中有五枝相連。
太和元年三月，冀州上言木連理。
十七年六月，京師木連理。
十八年十月，河南上言鞏縣木連理。
二十三年十月，并州上言百節連理生縣甕山。濟州上言木連理。
十二月，瀛州上言木連理。
世宗景明二年正月，瀛州上言平舒縣木連理。
三年正月，潁川郡上言木連理。
二月，平陽郡上言襄陵縣木連理。
四月，荊州上言南陽宛縣木連理。
六月，徐州上言東海木連理。
十月，秦州上言南稻、新興二縣木連理各一。
四年二月，趙平郡上言鶉觚縣木連理。

二月，齊郡上言臨淄縣木連理。
四月，汾州上言五城郡木連理。
五月，青州上言莒縣木連理。
六月，恒農盧氏縣木連理。
是月，徐州上言粱郡下邑縣木連理。
九月，秦州上言當亭四縣界各木連理。
正始元年五月，司州上言滎陽京縣木連理。
六月，京師西苑木連理。
七月，河東郡上言聞喜縣木連理。
八月，河南郡上言，慈水濱木連理。
十月，恒農郡上言崤縣木連理。
十二月，涼州上言石城縣木連理。
二年正月，汾州上言平昌縣木連理。
二月，司州上言崤縣木連理。
九月，司州上言潁川陽翟縣木連理。

三年六月，汾州上言永安縣木連理。
是月，京師木連理。
七月，潁川陽翟縣上言木連理。
是月，建德郡上言石城縣木連理。
永平元年四月，司州上言潁川郡木連理。
二年四月，司州上言恒農北陜縣木連理。
三年十一月，夏州上言横風山木連理。
延昌二年正月，徐州上言建陵戍木連理。
三年正月，司州上言軹縣木連理。
四年三月，冀州上言信都縣木連理。
六月，京師木連理。
九月，雍州上言鄠縣木連理。
肅宗熙平元年正月，光州上言曲城縣木連理。
二年十一月，京師木連理。
十二月，敦煌鎮上言晉昌戍木連理。

神龜元年正月，汾州上言永安縣木連理。
三月，滄州上言饒安縣木連理。
八月，燕州上言上谷郡木連理。
九月，秦州上言隴西之武陽山木連理。
二年六月，夏州上言山鹿縣木連理。
正光元年五月，并州上言上黨東山谷中木連理。
十一月，齊州上言濟南郡靈壽山木連理。
二年六月，齊州上言魏郡逢陵縣木連理。
三年二月，涼州上言橡中縣木連理。
三月，青州上言平昌郡木連理。
八月，徐州上言龍亢戍東木連理二。
四年二月，揚州上言汝陰縣木連理。
八月，涼州上言顯美縣木連理。
孝昌元年十月，魏郡元城縣木連理。
孝靜天平二年四月，臨水郡木連理。

七月，魏郡木連理。
三年五月，司州上言清河郡木連理。
四年六月，廣平郡上言木連理。
八月，并州上言木連理。
元象元年二月，洛州上言木連理。
五月，林慮縣上言木連理。
八月，上黨郡上言木連理。
興和元年九月，有司奏西山採材司馬張神和上言司空谷木連理。
二年四月，光州上言盧鄉縣木連理。
武定元年閏月，西兗州上言濟陰郡木連理。
九月，齊獻武王上言并州木連理。
三年九月，瀛州上言，河間郡木連理。
五年十一月，汾州上言木連理。
六年五月，晉州上言木連理。
八年四月，青州上言齊郡木連理。

世宗景明三年七月，魯陽獻烏芝。王者慈仁則生，食之令人度世。

太祖天興二年七月，幷州獻白雉。周成王時越裳氏來獻。

四年正月，上黨郡獻白雉。

二月，幷州獻白雉。

五月，河內郡獻白雉。

太宗神瑞二年十一月，右民尚書周幾獲白雉一於博陵安平以獻。

泰常三年正月，勃海郡高城縣獻白雉。

三月，勃海郡南皮縣獻白雉一。

十一月，中山行唐縣獻白雉。

四年正月，新興郡獻白雉。十二月，又獻白雉一。

五年二月，白雉見於河內郡。

世祖神䴥元年二月，相州獻白雉。

二年二月，上黨郡獻白雉。

高祖延興二年正月，青州獻白雉。

五年正月，白雉見於上谷郡。

太和元年二月，秦州獻白雉。
三月，白雉見於秦州。
十一月，白雉見於安定郡。
二年十一月，徐州獻白雉。
三年正月，統萬鎮獻白雉。
四年正月，南豫州獻白雉。
六年三月，豫州獻白雉。
八年六月，齊州清河郡獻白雉。
十七年正月，幽州獻白雉。
四月，瀛州獻白雉。
二十年三月，兗州獻白雉。
世宗景明三年正月，徐州獻白雉。
二月，冀州獻白雉。
正始三年三月，齊州獻白雉。
十月，青州獻白雉。

四年十一月，秦州獻白雉。

永平二年四月，河內郡獻白雉。

六月，河南獻白雉。

十二月，豫州獻白雉。

延昌四年二月，冀州獻白雉。

是月，京師獲白雉。

閏月，岐州獻白雉。

十二月，幽州獻白雉。

三月，肆州獻白雉。

肅宗熙平元年二月，相州獻白雉。

二年三月，徐州獻白雉。

神龜元年三月，潁川郡獻白雉。

二年正月，豫州獻白雉。

正光三年二月，夏州獻白雉。

四年三月，光州獻白雉。

孝靜天平三年正月，青州獻白雉。

四年二月，青州獻白雉。

十二月，梁州獻白雉。

元象二年正月，魏郡繁陽縣獻白雉。

武定元年正月，廣宗郡獻白雉。

是月，兗州獻白雉。

四年三月，青州獻白雉。

太宗泰常七年九月，溫泉出於涿鹿，人有風寒之疾，入者多愈。

高祖太和八年正月，上谷郡惠化寺醴泉涌。醴泉，水之精也。味甘美，王者修治則出。

興和元年冬，西兗州濟陰郡宛句縣濮水南岸，有泉涌出，色清味甘，飲者愈疾，四遠奔湊。齊獻武王令於泉所營立廬舍。尙書奏賞刺史粟千石，太守粟五百石，縣令粟二百石，以旌善政所感；先列言者依第出身。詔可。

高宗太和二年九月，鼎出於洛州滍水，送於京師。王者不極滋味，則神鼎出也。

校勘記

〔一〕定州獲白麑白麑鹿又見於樂陵　按「麑」乃牡鹿，無須下着「鹿」字，疑下「麑」或「鹿」字衍其一。

〔二〕王者爵祿均則白雀至　百衲本「均」字空格，他本注「闕」字。今據宋書卷二九符瑞志下補。

〔三〕其文記昭成皇帝諱繼世四六天法平天下大安凡十四字　百衲、北、汲三本「帝」作「后」，南、殿、局三本作「帝」。殿本考證云「昭成帝諱什翼犍，今以『什翼犍』三字幷下『繼世四六天法平天下大安』十一字合之，恰與十四字之數相符」。按考證說是，今從南、殿、局本。

〔四〕次記太宗明元皇帝諱長子二百二十年凡八字　百衲、北、汲、局四本「八」作「六」，南、殿本作「八」。殿本考證云：「明元帝諱嗣，今以『嗣』字幷下『長子二百二十年』七字合之，則『六』字必係『八』字之訛。」按考證說是，今從南、殿本。

〔五〕臣於彭城遣別將以八日至睢口邀賊將陳顯達　諸本「八日」作「八月」，冊府卷三九八四七三六頁作「八日」。按上云尉元於六月上表，豈得敍八月事。「月」字訛，今據改。

〔六〕將軍　冊府同上卷頁「軍」作「杖」。按「將軍」謂此白頭翁率領一批軍士，然統觀此段，似只一人。「將杖」猶言「持杖」，疑是。此「將軍」乃因舊本與次行「語汝將軍」相並而訛。

〔七〕下邳城我當驅出　冊府同上卷頁「城」下有「賊」字。按無「賊」字較晦，疑當有此字。

〔八〕河內人張超於壞樓所城北故佛圖處獲玉印以獻　冊府卷二二三二四六頁、卷七九九一七頁「壞樓所城」作「懷樓新城」。按一〇六上地形志上河內是懷州屬郡，懷州武德郡有懷縣，這裏「壞」當是「懷」之訛，指懷縣。地形志於懷縣下云「有懷城」，志例，已遷治者，稱「有某城」，皆指故城，可知當時懷遷治新城。册府作「新城」當是。但「樓」字不可解，疑亦字訛。

〔九〕貌州上言木連理生於河內之沁縣　按卷一〇六上地形志上懷州河內郡有沁水縣。懷州未置前，此縣當屬豫州。據水經注卷九沁水篇，亦作「沁水城」，疑這裏「沁」下脫「水」字。

魏書卷一百一十三

官氏志九第十九

百姓不能以自治，故立君以司牧；元首不可以獨斷，乃命臣以佐之。然則安海內，正國家，非一人之力也。書契已外，其事蔑聞，至於羲、軒、昊、頊之間，龍、火、鳥、人之職，頗可知矣。唐虞六十，夏商倍之，周過三百，是爲大備。而秦、漢、魏、晉代有加減，罷置盛衰，隨時適務。且國異政，家殊俗，設官命職，何常之有。帝王爲治，禮樂不相沿；海內作家，物色非一用。其由來尚矣。

魏氏世君玄朔，遠統□臣，掌事立司，各有號秩。及交好南夏，頗亦改創。昭成之卽王位，已命燕鳳爲右長史，許謙爲郎中令矣。餘官雜號，多同於晉朝。建國二年，初置左右近侍之職，無常員，或至百數，侍直禁中，傳宣詔命。皆取諸部大人及豪族良家子弟儀貌端嚴，機辯才幹者應選。又置內侍長四人，主顧問，拾遺應對，若今之侍中、散騎常侍也。其諸方雜人來附者，總謂之「烏丸」，各以多少稱酋、庶長，分爲南北部，復置二部大人以統攝之。時帝弟孤監北部，子寔君監南部，分民而治，若古之二伯焉。

太祖登國元年，因而不改，南北猶置大人，對治二部。是年置都統長，又置幢將及外朝大人官。其都統長領殿內之兵，直王宮；幢將員六人，主三郎衞士直宿禁中者自侍中已下中散已上皆統之，外朝大人無常員，主受詔命外使，出入禁中，國有大喪大禮皆與參知，隨所典焉。

皇始元年，始建曹省，備置百官，封拜五等；外職則刺史、太守、令長已下有未備者，隨而置之。

天興元年十一月，詔吏部郎鄧淵典官制，立爵品。

十二月，置八部大夫、散騎常侍、待詔等官。〔一〕其八部大夫於皇城四方四維面置一人，以擬八座，謂之八國。常侍、待詔侍直左右，出入王命。

二年三月，分尙書三十六曹及諸外署，凡置三百六十曹，令大夫主之。大夫各有屬官，其有文簿，當曹敷奏，欲以省彈駁之煩。初令五經諸書各置博士，國子學生員三十人。

三年十月，置受恩、蒙養、長德、訓士四官。受恩職比特進，無常員，有人則置，親貴器望者爲之。蒙養職比光祿大夫，無常員，取勤舊休閑者。長德職比中散大夫，無常員。訓士職比諫議大夫，規諷時政，匡刺非違。又置仙人博士官，典煮鍊百藥。

四年七月，罷匈奴中郎將官，令諸部護軍皆屬大將軍府。

九月，罷外蘭臺御史，總屬內省。

十二月，復尚書三十六曹，曹置代人令史一人，譯令史一人，書令史二人。

天賜元年八月，初置六謁官，準古六卿，其秩五品。屬官有大夫，秩六品。大夫屬官有元士，秩七品。元士屬官有署令長，秩八品。令長屬官有署丞，秩九品。

九月，減五等之爵，始分爲四，曰王、公、侯、子，除伯、男二號。皇子及異姓元功上勳者封王，宗室及始蕃王皆降爲公，諸公降爲侯，侯、子亦以此爲差。於是封王者十人，公者二十二人，侯者七十九人，子者一百三人。王封大郡，公封小郡，侯封大縣，子封小縣。王第一品，公第二品，侯第三品，子第四品。又制散官五等：五品散官比三都尉，六品散官比議郎，七品散官比太中、中散、諫議三大夫，八品散官比郎中，九品散官比舍人。文官五品已下，才能秀異者總比之造士，亦有五等。武官五品已下堪任將帥者，亦有五等。若百官有闕者，則於中擢以補之。

初，帝欲法古純質，每於制定官號，多不依周漢舊名，或取諸身，或取諸物，或以民事，皆擬遠古雲鳥之義。諸曹走使謂之鳧鴨，取飛之迅疾；以伺察者爲候官，謂之白鷺，取其延頸遠望。自餘之官，義皆類此，咸有比況。又制諸州各置都尉以領兵。

十一月，以八國姓族難分，故國立大師、小師，令辯其宗黨，品舉人才。自八國以外，郡各自立師，職分如八國，比今之中正也。宗室立宗師，亦如州郡八國之儀。

十二月，詔始賜王、公、侯、子國臣吏，大郡王二百人，次郡王、上郡公百人，次郡公五十人，侯二十五人，子十二人，皆立典師，職比家丞，總統羣隸。

二年二月，復罷尚書三十六曹，別置武歸、修勤二職。武歸比郎中，修勤比令史，分主省務。

三年正月，〔三〕置內官員二十人，比侍中、常侍，迭直左右。

又制諸州置三刺史，刺史用品第六者，宗室一人，異姓二人，比古之上中下三大夫也。郡置三太守，用七品者。縣置三令長，八品者。刺史、令長各之州縣，以太守上有刺史，下有令長，雖置而未臨民。自前功臣爲州者徵還京師，以爵歸第。置散騎郎、獵郎、諸省令史、省事、典籤等。

四年五月，增置侍官，侍直左右，出內詔命，取八國良家，代郡、上谷、廣寧、雁門四郡民中年長有器望者充之。

永興元年十一月，置騏驎官四十人，宿直殿省，比常侍、侍郎。

神瑞元年春，置八大人官，大人下置三屬官，總理萬機，故世號八公云。

泰常二年夏，置六部大人官，有天部，地部，東、西、南、北部，皆以諸公爲之。大人置三屬官。

始光元年正月，置右民尙書。

神䴥元年三月，置左右僕射、左右丞、諸曹尙書十餘人，各居別寺。

七月，詔諸征鎭大將依品開府，以置佐吏。

延和元年三月，改代尹爲萬年尹，代令爲萬年令。後復。

眞君五年正月，侍中、中書監、宜都王穆壽，司徒、東郡公崔浩，侍中、廣平公張黎輔政，置通事四人。又選諸曹良吏，給事東宮。

正平元年七月，以諸曹吏多，減其員。

興安二年正月，置駕部尙書、右士尙書。

太安三年五月，以諸部護軍各爲太守。

延興二年五月，詔曰：「非功無以受爵，非能無以受祿，凡出外遷者皆引此奏聞，求乞假品。在職有效，聽下附正，若無殊稱，隨而削之。舊制諸鎭將、刺史假五等爵，及有所貢獻而得假爵者，皆不得世襲。」

四年二月，置外牧官。

五年九月，置監御曹。

太和二年五月，減置候職四百人，司察非違。

四年，省二部內部幢將。

十一年八月，置散官員一百人，朝請員二百人。

十五年七月，置司儀官。

十二月，置侍中、黃門各四人，又置散騎常侍、侍郎，員各四人；通直散騎常侍、侍郎，員外散騎常侍、侍郎，各六人。又置司空、主客、太倉、庫部、都牧、太樂、虞曹、宮輿、覆育少卿官。又置光爵、驍游、五校、中大夫、散員士官。又置侍官一百二十人。改立諸局監羽林、虎賁。

舊制，諸以勳賜官爵者子孫世襲軍號。十六年，改降五等，始革之，止襲爵而已。

舊制，緣邊皆置鎮都大將，統兵備禦，與刺史同。城隍、倉庫皆鎮將主之，但不治。故為重於刺史。疑〔三〕

自太祖至高祖初，其內外百官屢有減置，或事出當時，不為常目，如萬騎、飛鴻、常忠、直意將軍之徒是也。舊令亡失，無所依據。太和中高祖詔羣僚議定百官，著於令，今列於左，勳品、流外位卑而不載矣。

太師
太傅
太保
　右三師
大司馬
大將軍
右第一品上
太子太師
太子太傅
太子太保

太尉
司徒
司空
　右三公
右第一品中
四征加大者，次衞將軍。
左右光祿大夫
尚書左僕射

儀同三司
都督中外諸軍事
特進
諸開府
驃騎將軍
車騎將軍二將軍加大者，位在三司上。
衞將軍加大者，次儀同三司。
　右三將軍
右第一品下
四鎮加大者，次尚書令。
吏部尚書
太常

右東宮三師
尚書令
都督府州諸軍事

右從第一品上
太子少師
太子少傅
太子少保
右東宮三少
中侍中
都督三州諸軍事

尚書右僕射
中書監

右從第一品中
列曹尚書
中書令
領軍
護軍二職若侍臣帶者加中。
司州刺史

光祿勳
衞尉
右三卿
中軍將軍
鎮軍將軍
撫軍將軍
右三將軍加大者，秩次四征下。
金紫光祿大夫

右從第一品下
四安加大者，秩次三少下。
凡將軍三品已下、五品已上加大者。
太子左右詹事
散騎常侍

太僕
廷尉
大鴻臚
宗正
大司農
少府
　右六卿
領軍將軍
護軍將軍二將軍與領護不並置。
右第二品上
前、後、左、右將軍
四平加大者，秩次護軍下。
大長秋卿
左衞將軍
右從第二品上

右第二品中
秘書監
光祿大夫銀青者。
右從第二品中

右第二品下
武衞將軍
都督一州諸軍事
將作大匠
右衞將軍
右從第二品下

駙馬
諸王師
太子左右衞率
御史中尉
中常侍
征虜將軍
輔國將軍
龍驤將軍
司衞監
中尹
少卿
光爵
代尹
右第三品上

給事黃門侍郎
太子中庶子
南、北、東、西中郎將
護匈奴、羌、戎、夷、蠻、越中郎將
右第三品中

通直散騎常侍
城門校尉
羽林中郎將
太中大夫
護羌、戎、夷、蠻、越校尉
右第三品下

員外散騎常侍
驍騎將軍
太子家令
太子率更令
太子僕
太子庶子
給事中
前、後、左、右軍將軍
中大夫
祕書令
給事

右從第三品上

中給事
射聲校尉
越騎校尉
屯騎校尉
步兵校尉
長水校尉
監軍

右從第三品中

鎮遠將軍
安遠將軍
建遠將軍
建中將軍
建節將軍
立義將軍
立忠將軍
立節將軍
恢武將軍
勇武將軍
曜武將軍
昭武將軍
顯武將軍
直閣將軍

右從第三品下

國子祭酒
下大夫
公府長史
尚書左丞
太子三校
散騎侍郎
中書侍郎
中謁者大夫
中散大夫
中堅將軍
中壘將軍
寧朔將軍
揚威將軍
右第四品上
元士

公府司馬
尚書右丞
司馬別駕〔四〕
太子中舍人
中黃門令
令〔五〕
內署令
都水使者
符節令
通直散騎侍郎〔六〕
建威將軍
振威將軍
奮威將軍
右第四品中
諸開府司馬

諫議大夫
祕書丞
建武將軍
振武將軍
奮武將軍
揚武將軍
廣武將軍
廣威將軍
右第四品下
諸王友

公府諮議參軍

諸開府長史

尚書吏部郎中

太子洗馬

武騎侍郎

奉車都尉

駙馬都尉

騎都尉

羽林中郎

中散庶長

謁者僕射

羽林郎將

高車羽林郎將

冗從僕射

右從第四品上

司州功曹都官

五局司直

司敗

諸局校尉

符璽郎中

右從第四品中

員外散騎侍郎

太子門大夫

協律中郎

戟楯虎賁將軍

募員虎賁將軍

高車虎賁將軍

左右積弩射將軍

强弩將軍

右從第四品下

中軍、鎮軍、撫軍長史　中書議郎　皇宗博士
鷹揚將軍　諸開府從事中郎　歸義侯
折衝將軍　公府正參軍　率義侯
寧遠將軍　公府主簿　順義侯
揚烈將軍　廷尉正、監、評　朝服侯
諸開府諮議參軍　太子舍人　太常丞
祕書著作郎　司州主簿
治書侍御史　中黃門
中謁者僕射　輕車將軍
中黃門冗從僕射　威遠將軍
侍御中散　虎威將軍
中軍、鎮軍、撫軍司馬　中散
公府從事中郎　殿中將軍
尚書郎中　散臣監
伏波將軍　太子倉令

陵江將軍
平漠將軍
太子食官令
太子中盾
右第五品上
祕書郎
國子博士
太學祭酒
祕書著作佐郎
武士將軍
虎賁司馬
虎賁郎將
方舞郎庶長
宿衞軍將
掖庭監

右第五品中
太子廄長
諸局監
尚書郎
侍御史
殿中御史
京邑市令
典牧都尉
水衡都尉
司鹽都尉
司竹都尉

右第五品下
附義中郎將
歸義中郎將
率義中郎將
順義中郎將
戟楯虎賁司馬
募員虎賁司馬
高車虎賁司馬
戟楯虎賁將
募員虎賁將
高車虎賁將

典客監
典儀監
協律郎
太祝令
右從第五品上

崇虛都尉
列卿丞
詹事丞
代尹丞
小黃門
謁者
員外將軍
散員大夫
太樂祭酒
門下錄事
奉乘郎
羽林郎
右從第五品中

嘗藥監
中謁者
宮門司馬
宗聖士
諸開府正參軍
諸門府主簿
辨章郎
太宰令
廩犧令
殿中監
翼馭郎
高車羽林郎
瞻人郎
方者郎
右從第五品下

公府行參軍
宣威將軍
明威將軍
襄武將軍
厲威將軍
公府掾屬
中軍、撫軍、鎮軍正參軍
主書郎
詹事五官
門下主書舍人
門下通事舍人
司州司事
司州從事
代郡功曹主簿
右第六品上

太學博士
太史博士
律博士
禮官博士
公府記室督
威烈將軍
威寇將軍
威虜將軍
威戎將軍
威武將軍
右第六品中

散騎
奉朝請
武烈將軍
武毅將軍
武奮將軍
太樂博士
河隄謁者
右第六品下

諸開府行參軍　監淮海津都尉　戟楯虎賁
散員士　諸局中校尉　募員虎賁
中書舍人　方舞郎　高車虎賁
領、護二衞主簿　諸宮門僕　治禮郎
主事郎　諸開府記室督　獄丞
詹事主簿　司馬督
集書舍人　千人督
中軍、鎭軍、撫軍行參軍〔七〕　校尉
領、護功曹掾
領、護五官
散臣中校
宿衞統
太子常從虎賁督
侍幹
寺人

闍人
掌璽郎
太子守舍人
掌服郎
掌筵郎
虎賁郎
諸開府掾屬
集書校書郎
祕書校書郎
祕書鍾律郎
右從第六品上
公府舍人
太子主書舍人
太子主衣舍人
都令史

右從第六品中
國子學生
討寇將軍
討虜將軍
討難將軍

右從第六品下
祕書舍人
符史郎
盪寇將軍
盪虜將軍

主書令史
門下令史
太子左、右衛率主簿
司事郎
司州錄事
代郡通事
御屬
綏遠將軍
綏虜將軍
綏邊將軍
右第七品上
諸門府舍人
祕書令史
主書令史
集書令史

討夷將軍
右第七品中
祝史
太常齋郎
王家尉
公主家令

盪難將軍
盪逆將軍
太廟門僕
右第七品下
諸局督事
獄掾
太學典錄
太史博士

起居注令史
直事郎
司州本曹
散臣督事
宿衞幢將
右從第七品上
公府令史
太子典書令史
太子典衣令史
司事令史
諸局通事
殄寇將軍
殄虜將軍
殄難將軍
殄夷將軍

右從第七品中
太學助教
掃寇將軍
掃虜將軍
掃難將軍
掃逆將軍

太卜博士
太醫博士
太常日者
扶令
太樂典錄
右從第七品下
厲武將軍
厲鋒將軍
虎牙將軍
虎奮將軍

右第八品上

直事令史

宿衛軍司馬

諸局省事

尚書記室令史

右從第八品上

諸開府令史

宿衛軍吏

諸局書吏

書幹

主書幹

典書幹

廣野將軍

橫野將軍

偏將軍

右第八品中

尚書算生

典客舍人

符券吏

公府閤下令史

右從第八品中

祀官齋郎

典客參軍

太醫、太史助教

右第八品下

諸寺算生

諸局書令史

虎賁軍書令史

乘傳使者

右從第八品下

白衣臣

裨將軍　　右第九品中　　右第九品下
右第九品上
統史　　方驛博士　　八書吏
中校尉　　王家吏
右從第九品上　　右從第九品中　　右從第九品下

太和十八年十二月，降車、驃將軍，侍中，黄門秩，依魏晉舊事。十九年八月，初置直齋、御仗左右武官。〔八〕

二十三年，高祖復次職令，及帝崩，世宗初班行之，以爲永制。

太師　　太傅　　太保
右三師上公
王
大司馬　　大將軍
右二大

太尉　司徒　司空〔九〕

開國郡公

　右第一品

儀同三司　開國縣公　都督中外諸軍事　諸開府　散公

　右從第一品

太子太師　太子太傅　太子太保　特進　尚書令　驃騎將軍　車騎將軍

二將軍加大者，位在都督中外之下。　衞將軍加大者，位在太子太師之上。　四征將軍加大者，位次衞大將軍。

諸將軍加大者　左右光祿大夫　開國縣侯

　右第二品

尚書僕射若並置左右，則左居其上，右居其下。　中書監　司州牧　四鎮將軍加大者，次衞將軍。

中軍將軍　鎮軍將軍　撫軍將軍〔一〇〕

　右三將軍

金紫光祿大夫　散侯

　右從第二品

吏部尚書　四安將軍　中領軍　中護軍二軍加將軍，則去中，位次撫軍。
太常　光祿　衞尉
右三卿
太子少師　太子少傅　太子少保　中書令　太子詹事　侍中　列曹尚
書　四平將軍
太僕　廷尉　大鴻臚　宗正　大司農　太府
右六卿
河南尹　上州刺史　祕書監　諸王師　左右衞將軍　前、左、右、後將軍
光祿大夫銀青者。　開國縣伯
右第三品
散騎常侍　四方郎將〔一〕　護匈奴、羌、戎、夷、蠻、越中郎將　國子祭酒　御
史中尉　大長秋卿　將作大匠　征虜將軍　二大、二公長史若司徒置二長史，左在散
騎常侍下，右在中庶子下。　太子左右衞率　武衞將軍　冠軍將軍　護羌、戎、夷、蠻、
越校尉　太中大夫　輔國將軍　中州刺史　龍驤將軍　散伯
右從第三品

二大、二公司馬
太常　光祿　衞尉
右三少卿
尚書吏部郎中〔一二〕　給事黃門侍郎　太子中庶子　司空、皇子長史
太僕　廷尉　大鴻臚　宗正　大司農　太府
右六少卿
中常侍　中尹　城門校尉　司空、皇子司馬　從第一品將軍開府長史　驍騎
將軍　游擊將軍
以前上階
鎭遠將軍　安遠將軍　平遠將軍　建義將軍　建忠將軍　建節將軍　立
義將軍　立忠將軍　立節將軍　恢武將軍　勇武將軍　曜武將軍　昭武
將軍　顯武將軍　從第一品將軍開府司馬　通直散騎常侍　司徒諮議參軍
事〔一三〕　中散大夫　下州刺史　上郡太守、內史、相　開國縣子
右第四品
中堅將軍　中壘將軍　尚書左丞　二大、二公諮議參軍事　司州別駕從事

史　第二品將軍、始蕃王長史　太子家令　太子率更令　太子僕　中書侍
郎　太子庶子　第二品將軍、始蕃王司馬　前、左、右、後軍將軍
　　以前上階
寧朔將軍　建威將軍　振威將軍　奮威將軍　揚威將軍　廣威將軍　諫
議大夫　尙書右丞　司空、皇子諮議參軍事　司州治中從事史　左、右中郎
將　建武將軍　振武將軍　奮武將軍　揚武將軍　廣武將軍　從第一品將
軍開府諮議參軍事　散子
　　右從第四品
寧遠將軍　鷹揚將軍　折衝將軍　揚烈將軍　從第二品將軍、二蕃王長史
二大、二公從事中郎　秘書丞　皇子友　國子博士　散騎侍郎　太子中舍
人　員外散騎常侍　從第二品將軍、二蕃王司馬
　　以前上階
射聲校尉　越騎校尉　屯騎校尉　步軍校尉　長水校尉　司空、皇子之開府
從事中郎　第二品將軍、始蕃王諮議參軍事　開府從事中郎　中郡太守、內史、
相　開國縣男

右第五品

伏波將軍　陵江將軍　平漢將軍〔一四〕　第三品將軍、三蕃王長史　二大、二公掾屬　著作郎　通直散騎侍郎　太子洗馬　從第二品將軍、二蕃王諮議參軍事　第三品將軍、三蕃王司馬　奉車都尉

以前上階

太子屯騎校尉　太子步兵校尉　太子翌軍校尉　都水使者　司空、皇子之開府掾屬　領、護長史、司馬　歸義侯　率義侯　順義侯　朝服侯　輕車將軍　威遠將軍　開府掾屬　虎威將軍　洛陽令　中給事中　散男

右從第五品

宣威將軍　明威將軍　從第三品將軍長史　二大、二公主簿　二大、二公錄事〔一五〕　皇子郎中令　司空主簿　司空、皇子錄事參軍事　從第三品將軍司馬　第三品將軍、三蕃王諮議參軍事　二大、二公功曹、記室、戶曹、倉曹、中兵參軍事　皇子文學　治書侍御史　謁者僕射　從第一品將軍開府錄事參軍　司空、皇子功曹、記室、戶曹、倉曹、中兵參軍事　皇子功曹史

以前上階

河南郡丞　虎賁中郎將　羽林監　冗從僕射　駙馬都尉　廷尉正、監、評
尚書郎中　中書舍人　從第一品將軍開府功曹、記室、倉曹、戶曹、中兵參軍事，功
曹史　下郡太守、內史、相　上縣令、相
右第六品
襄威將軍　厲威將軍　第二品將軍、始蕃王錄事參軍　二大、二公列曹參軍事
給事中　太子門大夫　皇子大農　騎都尉　符璽郎
以前上階
從第二品將軍、二蕃王錄事參軍　皇子主簿　司空、皇子列曹參軍事　第二品將
軍、始蕃王功曹、記室、戶曹、倉曹、中兵參軍事，功曹史　從第一品將軍開府主簿、列
曹參軍事　從第二品將軍、二蕃王功曹、記室、戶曹、倉曹、中兵參軍事，功曹史　太子
舍人　三卿丞
右從第六品
威烈將軍　威寇將軍　威虜將軍　威戎將軍　威武將軍　四品正從將軍長
史司馬　二大、二公祭酒　第三品將軍三蕃王錄事參軍　司空皇子之開府祭
酒　武烈將軍　武毅將軍　武奮將軍　王、公國郎中令　積弩將軍　積射

將軍　員外散騎侍郎　皇子中尉　二大、二公參軍事　二大、二公列曹行參軍　開府祭酒

以前上階

司空、皇子參軍事　司空、皇子列曹行參軍　從第三品將軍錄事參軍　第二品將軍、始蕃王主簿、列曹參軍事　從第一品將軍開府列曹行參軍　第三品將軍、三蕃王功曹、記室、戶曹、倉曹、中兵參軍，功曹史〔二六〕　從第二品將軍、二蕃王主簿、列曹參軍事　二衞司馬　討寇將軍　討虜將軍　討難將軍　討夷將軍　從第三品將軍功曹、戶曹、倉曹、中兵參軍事　詹事丞　列卿丞　祕書郎中　著作佐郎　中縣令、相

右第七品

盪寇將軍　盪虜將軍　盪難將軍　盪逆將軍　五品正從將軍長史、司馬　强弩將軍　二大、二公行參軍　司空、皇子行參軍　第二品將軍、始蕃王列曹行參軍　第三品將軍、三蕃王主簿、列曹參軍事　第一品將軍開府行參軍　王、公國大農

以前上階

太學博士　皇子常侍　太常博士〔一七〕　從第二品將軍、二蕃王參軍事　從第二品將軍、二蕃王列曹行參軍　從第三品將軍主簿、列曹參軍事　四品正從將軍錄事、功曹、戶曹、倉曹、中兵參軍事　司州主簿　奉朝請　國子助教

右從第七品

殄寇將軍　殄虜將軍　殄難將軍　殄夷將軍　第二品將軍、始蕃王行參軍　第三品將軍、三蕃王參軍事　第三品將軍、三蕃王列曹行參軍　四品正從將軍主簿、列曹參軍事　侯、伯國郎中令　司州西曹書佐　殿中將軍　皇子侍郎　大長秋丞

以前上階

侍御史　協律郎　辨章郎　從第二品將軍、二蕃王行參軍　從第三品將軍參軍事　從第三品將軍列曹行參軍　五品正從將軍錄事、功曹、戶曹、倉曹、中兵參軍事　王、公國中尉　司州祭酒從事　下縣令、相

右第八品

掃寇將軍　掃虜將軍　掃難將軍　掃逆將軍　司州議曹從事史　二大、二公長兼行參軍　公車令　符節令　諸署令千石已上者。　中黃門令　門下錄事

尚書都令史　主書令史　殿中侍御史　中謁者僕射　中黃門冗從僕射

以前上階

宮門僕射　侯、伯國大農　司空、皇子長兼行參軍　二大、二公長兼行參軍〔一八〕　王、公皇子上、中、下將軍　皇子中大夫　二率丞　四品正從將軍列曹行參軍　國常侍　厲武將軍　厲鋒將軍　虎牙將軍　虎奮將軍　五品正從將軍主簿、列曹行參軍　司州文學　從第一品將軍、開府長兼行參軍　員外將軍

右從第八品

曠野將軍　橫野將軍　子、男國郎中令　太祝令　諸署令六百石已上者　中黃門　公主家令　皇子典書令　四門小學博士　律博士　校書郎　二大、二公參軍督護　檢校御史〔一九〕

王、公國侍郎　侯、伯國中尉　謁者　太子三卿丞　五品正從將軍列曹行參

以前上階

軍　司空、皇子參軍督護　第二品將軍、始蕃王長兼行參軍　從第一品將軍、開府參軍督護　殿中司馬督

右第九品

偏將軍　裨將軍　太子廐長　監淮海津都尉　諸局都尉　皇子典祠令

皇子學官令　皇子典衞令　王公國上中下將軍　王公國中大夫　諸署令不滿六百石者。

以前上階

第二品將軍、始蕃王參軍督護　從第二品將軍、二蕃王長兼行參軍　太常、光祿、衞尉、領、護詹事功曹、五官〔三〇〕　治禮郎　子、男國大農　小黃門　員外司馬督

右從第九品

前世職次皆無從品，魏氏始置之，亦一代之別制也。

正始元年十一月，罷郡中正。

四年九月詔曰：「五校昔統營，位次於列卿，奉車都尉禁侍美官，顯加通貴。世移時變，遂爲冗職。旣典名猶昔，宜有定員，幷殿中二司馬亦須有常數。今五校可各二十人，奉車都尉二十人，騎都尉六十人，殿中司馬二百人，員外司馬三百人。」

永平元年十二月，尙書令高肇，尙書僕射、淸河王懌等奏置小學博士員三千人。

二年正月，尙書令高肇奏，都水臺請依舊二使者，參軍事、謁者幷錄事、令史亦隨事更

立。〔二〕詔曰：「使者置二，可如所奏。其下屬司，唯須充事耳，亦何勞多也。參軍、録事並更置一，謁者加二，令史依舊。」肇又奏諸州諮議、記室、户曹、刑獄、田曹、水曹、集曹、士曹參軍悉併省之。

四年七月，詔改宗子羽林爲宗士，其本秩付尚書計其資集，敍從七已下、從八已上官。

正光元年七月，置左、右衞將軍各二人。

十二月，罷諸州中正，郡縣定姓族，後復。

孝昌二年十月，詔宗士、庶子二官各增二百人。置望士隊四百人，取肺腑之族有武藝者。

孝莊初，以尒朱榮有扶翼之功，拜柱國大將軍，位在丞相上；又拜大丞相、天柱大將軍，增佐吏。又以太尉、上黨王天穆爲太宰，增佐吏。

永安二年，各詔復置司直十人，視五品，隸廷尉，覆治御史檢劾事。

普泰初，以尒朱世隆爲儀同三師，位次上公。〔三〕又侍中、黄門、武衞將軍，並增置六人。

永安已後，遠近多事，置京畿大都督，復立州都督，俱總軍人。

天平四年夏，罷六州都督，悉隸京畿，其京畿大都督仍不改焉。立府置佐。

舊制：有大將軍，不置太尉；有丞相，不置司徒。自正光已後，天下多事，勳賢並軌，乃俱置之。

武定二年十一月，有司奏：「齊獻武王勳高德重，禮絕羣辟。昔霍光陵邑亦置長、丞主陵，今請置長一人，丞一人，錄事一人，戶曹史一人，禁備史一人，侍一人，皆降帝陵官品一等。其侍依舊。」詔「可」。

七年三月，詔左右光祿大夫各置二人，金紫光祿大夫置四人，光祿大夫置四人，太中、中散各置六人。五月，又詔以四中郎將，世宗永平中權隸領軍，今還屬護軍。

自古天子立德，因生以賜姓，胙之土而命之氏；諸侯則以家與諡，官有世功，則有宦族，邑亦如之。姓則表其所由生，氏則記族所由出，其大略然也。至於或自所居，或以國號，或用官爵，或用事物，雖緣時不同，俱其義矣。魏氏本居朔壤，地遠俗殊，賜姓命氏，其事不一，亦如長勺、尾氏、終葵之屬也。初，安帝統國，諸部有九十九姓。至獻帝時，七分國人，使諸兄弟各攝領之，乃分其氏。自後兼幷他國，各有本部，部中別族，爲內姓焉。年世稍久，互以改易，興衰存滅，間有之矣，今舉其可知者。

獻帝以兄爲紇骨氏，後改爲胡氏。

次兄爲普氏，後改爲周氏。

次兄爲拓拔氏，後改爲長孫氏。〔三〕

弟爲達奚氏，後改爲奚氏。

次弟爲伊婁氏，後改爲伊氏。

次弟爲丘敦氏，後改爲丘氏。

次弟爲侯氏，後改爲亥氏。〔四〕

七族之興，自此始也。

又命叔父之胤曰乙旃氏，後改爲叔孫氏。

又命疏屬曰車焜氏，後改爲車氏。

凡與帝室爲十姓，百世不通婚。太和以前，國之喪葬祠禮，非十族不得與也。高祖革之，各以職司從事。

神元皇帝時，餘部諸姓內入者。

丘穆陵氏，後改爲穆氏。

步六孤氏，後改爲陸氏。
賀賴氏，後改爲賀氏。
獨孤氏，後改爲劉氏。
賀樓氏，後改爲樓氏。
勿忸于氏，後改爲于氏。
是連氏，後改爲連氏。
僕闌氏，後改爲僕氏。
若干氏，後改爲苟氏。
拔列氏，後改爲梁氏。〔二五〕
撥略氏，後改爲略氏。〔二六〕
若口引氏，後改爲寇氏。
叱羅氏，後改爲羅氏。
普陋茹氏，後改爲茹氏。
賀葛氏，後改爲葛氏。
是賁氏，後改爲封氏。

阿伏于氏，後改爲阿氏。〔二七〕
可地延氏，後改爲延氏。
阿鹿桓氏，後改爲鹿氏。
他駱拔氏，後改爲駱氏。
薄奚氏，後改爲薄氏。
烏丸氏，後改爲桓氏。
素和氏，後改爲和氏。
吐谷渾氏，依舊吐谷渾氏。
胡古口引氏，後改爲侯氏。〔二八〕
賀若氏，依舊賀若氏。
谷渾氏，後改爲渾氏。
匹婁氏，後改爲婁氏。
俟力伐氏，後改爲鮑氏。
吐伏盧氏，後改爲盧氏。
牒云氏，後改爲云氏。

是云氏，後改爲是氏。
叱利氏，後改爲利氏。
副呂氏，後改爲副氏。
那氏，依舊那氏。
如羅氏，後改爲如氏。
乞扶氏，後改爲扶氏。
阿單氏，後改爲單氏。〔二九〕
俟幾氏，後改爲幾氏。〔三〇〕
賀兒氏，後改爲兒氏。
吐奚氏，後改爲古氏。
出連氏，後改爲畢氏。
庾氏，依舊庾氏。
賀拔氏，後改爲何氏。
叱呂氏，後改爲呂氏。
莫那婁氏，後改爲莫氏。

奚斗盧氏，後改爲索盧氏。

莫蘆氏，後改爲蘆氏。

出大汗氏，後改爲韓氏。〔三一〕

沒路眞氏，後改爲路氏。

扈地于氏，後改爲扈氏。〔三二〕

莫輿氏，後改爲輿氏。〔三三〕

紇干氏，後改爲干氏。

俟伏斤氏，後改爲伏氏。

是樓氏，後改爲高氏。

尸突氏，後改爲屈氏。〔三四〕

沓盧氏，後改爲沓氏。

嗢石蘭氏，後改爲石氏。

解枇氏，後改爲解氏。

奇斤氏，後改爲奇氏。

須卜氏，後改爲卜氏。

丘林氏，後改爲林氏。
大莫干氏，後改爲郃氏。
尒緜氏，後改爲緜氏。
蓋樓氏，後改爲蓋氏。
素黎氏，後改爲黎氏。
渴單氏，後改爲單氏。
壹斗眷氏，後改爲明氏。
叱門氏，後改爲門氏。
宿六斤氏，後改爲宿氏。
馝邗氏，後改爲邗氏。〔三五〕
土難氏，後改爲山氏。
屋引氏，後改爲房氏。
樹洛于氏，後改爲樹氏。〔三六〕
乙弗氏，後改爲乙氏。

東方宇文、慕容氏，卽宣帝時東部，此二部最爲强盛，別自有傳。

南方有茂眷氏，後改爲茂氏。〔三七〕

宥連氏，後改爲雲氏。

次南有紇豆陵氏，後改爲竇氏。

侯莫陳氏，後改爲陳氏。

庫狄氏，後改爲狄氏。〔三八〕

太洛稽氏，後改爲稽氏。

柯拔氏，後改爲柯氏。

西方尉遲氏，後改爲尉氏。

步鹿根氏，後改爲步氏。

破多羅氏，後改爲潘氏。

叱干氏，後爲薛氏。

俟奴氏，後改爲俟氏。

輾遲氏，後改爲展氏。

費連氏，後改爲費氏。

其連氏，後改爲綦氏。〔三九〕

去斤氏，後改爲艾氏。

渴侯氏，後改爲緱氏。

叱盧氏，後改爲祝氏。

和稽氏，後改爲緩氏。

寃賴氏，後改爲就氏。〔四〇〕

嗢盆氏，後改爲溫氏。

達勃氏，後改爲褒氏。

獨孤渾氏，後改爲杜氏。

凡此諸部，其渠長皆自統衆，而尉遲已下不及賀蘭諸部氏。

北方賀蘭，後改爲賀氏。

郁都甄氏，後改爲甄氏。〔四一〕

紇奚氏，後改爲嵇氏。

越勒氏，後改爲越氏。〔四二〕

叱奴氏，後改爲狼氏。

渴燭渾氏，後改爲味氏。〔四三〕

庫褥官氏，後改爲庫氏。

烏洛蘭氏，後爲蘭氏。

一那蔞氏，後改爲蔞氏。

羽弗氏，後改爲羽氏。

凡此四方諸部，歲時朝貢，登國初，太祖散諸部落，始同爲編民。

太和十九年，詔曰：「代人諸胄，先無姓族，雖功賢之胤，混然未分。故官達者位極公卿，其功衰之親，仍居猥任。比欲制定姓族，事多未就，且宜甄擢，隨時漸銓。其穆、陸、賀、劉、樓、于、嵇、尉八姓，皆太祖已降，勳著當世，位盡王公，灼然可知者，且下司州、吏部，勿充猥官，一同四姓。自此以外，應班士流者，尋續別敕。原出朔土，舊爲部落大人，而自皇始已來，有三世官在給事已上，及州刺史、鎮大將，及品登王公者爲姓。若本非大人，而皇始已來，職官三世尚書已上，及品登王公而中間不降官緒，亦爲姓。諸部落大人之後，而皇始已來官不及前列，而有三世爲中散、監已上，外爲太守、子都，品登子男者爲族。若本非大人，而皇始已來，三世有令已上，外爲副將、子都、太守，品登侯已上者，亦爲族。凡此姓族之支親，與其身有緦麻服已內，微有一二世官者，雖不全充美例，亦入姓族；五世已外，則各自計之，不蒙宗人之蔭也。雖緦麻而三世官不至姓班，有族官則入族官，無族官則不入姓族之例也。凡此定姓族者，皆具列由來，直擬姓族以呈聞，朕當決姓族之首末。其此諸狀，皆須問宗族，列疑明同，然後勾其舊籍，審其官宦，有實則奏，不得輕信其言，虛長僥僞。不實者，訴人皆加『傳旨問而詐不以實』之坐，選官依『職事答問不以實』之條。令司空公穆亮、領軍將軍元儼、中護軍廣陽王嘉、尚書陸琇等詳定北人姓，務令平均。隨所了者，三月一列簿帳，送門下以聞。」於是昇降區別矣。

世宗世，代人猶以姓族辭訟，又使尚書于忠、尚書元匡、侍中穆紹、尚書元長等量定之。〔四〕

校勘記

〔一〕待詔等官　諸本「等」訛「管」，不可通，今據御覽卷二〇三九七八頁改。

〔二〕二年正月　按上條已見「二年二月」，這裏不當又記「二年正月」，「二」字當是「三」之訛，下條記「四年五月」可證。

〔三〕但不治故爲重於刺史　按「但不治」下當脫「民」字，其下又有脫文，致語不可解。今於「治」字下句斷。

〔四〕司馬別駕　按此「司馬別駕」不舉所屬，若是公府，則上已有「公府司馬」。據下太和後令，從第四品上階有「司州別駕、從事史」，疑「司馬」乃「司州」之訛。

〔五〕令　按此「令」不知哪一官署之令，上當有脫文。

〔六〕通直散騎侍郎　百衲、南、北、汲四本「侍郎」作「侍常」，殿本、局本作「常侍」。按「侍常」顯誤。「通直散騎常侍」已見前第三品下，且員外散騎常侍在從第三品上，「通直」高於員外，豈有反在第四品中之理。檢第四品上有散騎侍郎，第四品下有「員外散騎侍郎」，這裏應是「通直散騎侍郎」，今改正。

〔七〕中軍鎮軍撫軍行參軍　諸本「鎮」及「撫」下無「軍」字。按上有「中軍、鎮軍、撫軍長史」，「中軍、鎮軍，撫軍正參軍」，這裏脫兩「軍」字，今補正。

〔八〕初置直齋御仗左右武官　諸本「齋」作「齊」，御覽卷二四〇一一三九頁作「齋」。按卷七五尒朱世隆傳稱「肅宗末爲直齋，轉直寢，後兼直閤」，卷一一出帝紀永熙三年五月丙戌稱「騎官秩比直齋」。通典卷三八載北齊職品，直寢、直齋在從五品，當循魏制。這裏「齊」乃「齋」字形近而訛，今據改。

〔九〕太尉司徒司空　按次行當有「右三公」三字爲行，故「開國郡公」另行。傳本脫去。

〔一〇〕撫軍將軍　通典卷三八載太和後令，於「中軍、鎮軍、撫軍將軍」下有注云：「三將軍加『大』者四鎮同之。」意謂與上四鎮將軍注「加『大』者，次衞將軍」同。當是此志傳本脫去。

〔一一〕四方郎將　通典卷三八「郎將」上有「中」字。按此指東、南、西、北四中郎將。「中」字不宜省，當是脫去。

〔一二〕尙書吏部郎中　諸本「郎中」作「侍郎」，通典卷三八作「郎中」。按太和定令時尙書諸曹郎都稱「郎中」，雖自漢以來，諸曹郎也間稱「侍郎」，但這是職令，應按當時正式官稱。前令從第四品上亦作「尙書吏部郎中」可證。這裏是涉下「給事黃門侍郎」而訛，今改正。

〔一三〕司徒諮議參軍事　按下從四品上階有「二大二公諮議參軍事」，二公即太尉、司徒，不應別出司徒諮議參軍，更不應高於二大和太尉的諮議參軍事。此條當是衍文或有訛字。通典卷三八「徒」訛「從」，知唐時已同今本。

〔一四〕平漢將軍　按前令第五品上作「平漠」，殿本據後令改「漢」。「平漠」指平朔漠，與「伏波」「臨江」軍號意相似。疑作「漠」是。但通典卷三八也作「漢」，今不改。

〔一五〕二大二公錄事　通典卷三八「錄事」下有「參軍事」三字。不宜省，當是脫文。

〔一六〕第三品將軍三蕃王功曹記室至參軍功曹史　諸本「第三品」上有「從」字，通典卷三八無。按三品將軍例與三蕃王爲一等，從三品將軍不得與三蕃王並列，且下文自有「從第三品將軍功曹、戶曹、倉曹、中兵參軍事」，不應重出。這裏「從」字顯衍，今據删。

〔一七〕太常博士　通典卷三八下有「武騎常侍」一官。疑此脫去。

〔一八〕二大二公長兼行參軍　按此官已見前上階，這裏重出，且在「司空、皇子長兼行參軍」之後，於例不合，當是衍文或有訛字。但通典卷三八亦重出，傳誤已久。

〔一九〕檢校御史　諸本「校」作「授」，通典卷三八作「校」。按東晉太元中置檢校御史，北魏、北齊皆有此官，見晉書卷二四職官志、隋書卷二七百官志中、通典卷二四監察侍御史條。今據改。又通典此下有「都水參事」一官。隋書百官志中，北齊都水臺有「參事」十人，當循魏制。此志脫去。

〔二〇〕太常光祿衞尉領護詹事功曹五官　諸本於「詹事」另提行，「太常、光祿、衞尉、領、護」自爲一行，令人不解何以太常等三品官忽列於九品。考隋書卷二七百官志中敍北齊列卿云：「太常、光祿、衞尉、宗正、太僕、大理、鴻臚、司農、太府，是爲九寺，中略各有功曹五官主簿、錄事等員。」其領軍府條、護軍府條及詹事條下屬官都有「功曹、五官主簿」。知這裏誤分，今改正。又功曹五官是主簿之名，「主簿」二字不宜省，疑此脫去。

〔二一〕令史亦隨事更立　諸本「更」作「史」，不可通。按下文詔書云「參軍、錄事並更置一」，「史」乃「更」形近而訛，今改正。

〔二二〕普泰初以尒朱世隆爲儀同三師位次上公　諸本「師」作「司」。按卷七五尒朱世隆傳云：「前廢帝特置儀同三師之官，次上公之下，以世隆爲之。」若「儀同三司」則舊已有之，何云「特置」。這裏原文當作「師」，後人以不經見妄改，今改正。

〔二三〕次兄爲拓拔氏後改爲長孫氏　魏書官氏志疏證下簡稱疏證據古今姓氏書辯證下簡稱辯證卷三七末韻下、通鑑卷一一九三七四六頁、卷一四〇四三九三頁，云：「拓跋氏當作拔拔氏。」北朝胡姓考下簡稱胡姓考引元宏弔比干碑陰題名有「拔拔臻」，證此「拓跋」爲「拔拔」之訛。

〔二四〕次弟爲俟氏後改爲亥氏　胡姓考據元和姓纂下簡稱姓纂卷六止韻下通志氏族略簡稱氏族略六、辯證卷二二止韻下，云：「俟氏當係『俟亥氏』之脫誤。」

〔二五〕拔列氏後改爲梁氏　沈濤銅熨斗齋隨筆下簡稱沈濤隨筆卷五云：「古今姓氏書辯證卷三七末韻作『拔列蘭』，蓋今本脫一『蘭』字，通志氏族略五亦作『拔列蘭』，列於代北三字姓。」疏證又據廣韻卷五末韻及姓解一並作「拔列蘭」，證沈說是。

〔二六〕撥略氏後改爲略氏　姓纂卷三模韻下、卷一〇末韻下，辯證卷三七末韻下引此志，氏族略三及五並作「拔略氏改爲蘇氏」。辯證云「一作拔畧」，誤。疏證以爲「拔」「撥」音近通用，「略氏」蓋「蘇」氏之訛。

〔二七〕阿伏于氏後改爲阿氏　姓纂卷五歌韻下、辯證卷二六哿韻下、通鑑卷一一八三七〇二頁胡注引此志，「阿伏于」並作「阿伏干」。胡姓考據此謂「今官氏志『于』爲『干』之刊誤」。

〔二八〕胡古口引氏後改爲侯氏　廣韻卷三姥韻下、姓纂卷六姥韻下、姓解一「胡古口引」作「古口引」；姓纂卷五侯韻下、辯證卷一九侯韻下、氏族略四及五作「古引」。沈濤隨筆五以爲「今本誤衍一『胡』字」。疏證以爲古「胡」「侯」音通，「氏既改侯，明舊氏必有『胡』字無疑」。胡姓考據本書卷九肅宗紀見「胡引祖」，以爲此姓「當爲『胡引氏』，官氏志作『胡古口引氏』，蓋涉上若口引氏而衍」。今按氏既改侯，舊氏必有「胡」字之說，實不盡然，如出連之改畢，是樓之改高，土難之改山，屋引之改房，在讀音上原姓與改姓並無關係。諸姓氏書皆無「胡」字，廣韻且注明「古」字「公戶切」，豈可一概視爲省文或脫字。疑志本作「古口引氏」，當時又別作「胡口引」，後人旁注「胡」字，羼入正文。「古口引」既亦作「胡口引」，亦可省作「古引」或「胡引」，故姓氏書或作「古引」，而肅宗紀有「胡引祖」。

〔二九〕阿單氏後改爲單氏　廣韻卷一寒韻下、姓解卷三、氏族略五、辯證卷八寒韻下及卷二六哿韻下「阿單」並作「可單」。胡姓考以爲與下「渴單氏後改爲單氏」重出，「可」「渴」音近相通，此「阿」字當是「可」之訛。

〔三〇〕俟幾氏後改爲幾氏　廣韻卷三止韻下及諸姓氏書「幾」並作「蟣」，姓纂卷二微韻下引志「俟」作「侯」。疏證以爲「幾」當作「蟣」，「俟」字不誤。胡姓考據本書卷七五尒朱天光傳、卷八〇賀拔岳傳見「侯幾岳傳作「機」長貴」，以爲「俟」當作「侯」，「幾」字不誤。今按「幾」「蟣」音近通用，但諸書並作「蟣」，姓纂於「蟣氏」前又別有「幾氏」，疑此志原文當作「蟣」。姓纂「俟」作「侯」，與「侯幾長賁」之姓合，胡姓考之說疑是。

〔三一〕出大汗氏後改爲韓氏　姓纂卷八暮韻下、氏族略五「出大汗」並作「步大汗」。疏證及胡姓考又據北齊書卷二〇步大汗薩傳，中岳嵩高廟碑陰題名有「步大汗契□眞」證此志「出」字爲「步」之訛。

〔三二〕扈地于氏後改爲扈氏　廣韻卷三姥韻下及諸姓氏書「于」並作「干」。疏證、胡姓考都以爲「于」當作「干」。

〔三三〕莫輿氏後改爲輿氏　姓纂卷八暮韻下、通志略五「莫輿」作「慕輿」，又「慕輿」之姓屢見晉書前、後、南燕等載記。疏證、胡姓考據此謂「莫」當作「慕」。

〔三四〕尸突氏後改爲屈氏　廣韻卷五物韻下、通志略五「尸突」作「屈突」。姓纂卷一〇物韻下屈氏條稱「屈六友改爲屈氏」，屈突氏條云「孝文改爲屈氏」。疏證以爲姓纂「屈六友」之「六友」乃隸書「⿱穴叐」即突字之訛，並據本書慕容暐傳屈突鐵侯、唐書卷八五屈突通傳，證此志「尸」字乃「屈」之訛。

〔三五〕⿰豸必邘氏後改爲邘氏　廣韻卷十質韻下引後魏書「邘」作「邦」，姓纂卷四寒韻下引志作「邗」，氏族略六作「邗」。疏證以爲廣韻作「邦」誤，未言「邘」「邗」「邗」孰是。今按姓纂列於寒韻，其字必作「邗」，所見官氏志自亦作「邗」，疑這裏「邘」字爲「邗」之訛。氏族略作「邗」亦誤。

〔三六〕樹洛于氏後改爲樹氏　姓解卷二、辯證卷三〇遇韻下「于」作「干」。疏證又據本書卷一〇一吐谷渾傳補見可汗「樹洛干」，以爲「于」字爲「干」之訛。

〔三七〕南方有茂眷氏後改爲茂氏　沈濤隨筆卷五云：「廣韻一東茙字注引作『茙眷氏後改爲茙氏』，元和姓纂一東所引亦同，是今本兩『茂』字皆『茙』字傳寫之訛。」今按廣韻、姓纂皆明引官氏志，又列於東韻下，此志兩「茂」字當如沈說爲「茙」之訛。姓纂卷九線韻下眷氏，稱「代北茙眷氏改爲眷氏」，不云引官氏志，但上一字亦作「茙」。辯證卷一東韻下作「茙」，而卷三四候韻下又採唐孔至姓氏雜錄作「茂」，沈氏譏其進退失據，可以不論。

〔三八〕庫狄氏後改爲狄氏　姓解卷三「庫」作「厙」，音「舍」。按「庫」字本有舍音，「庫狄」讀作「舍狄」。後人以去點作「厙」者讀作舍，以示區別。本書他處「庫狄」之「庫」都統一作「厙」，這裏不改，以存原字。

〔三九〕其連氏後改爲綦氏　廣韻卷二仙韻下、辯證卷四之韻下引志「其」並作「綦」，姓纂卷二之韻下有「綦連氏」，云「代北人號綦連部，因氏焉」。疏證云：「志作『其連』係『綦』奪半。姓纂二十四緩卷七引志作『纂』誤，然『綦』『纂』形似，可知唐已前志本作『綦』也。」

〔四〇〕宛賴氏後改爲就氏　沈濤隨筆云：「『宛』當作『菀』，字之誤。」元和姓纂卷九宥韻下、古今姓氏書辯證錢本校勘記中宥韻下、姓氏急就篇注引皆作『菀』。通志氏族略六代北複姓所引亦同，去聲就姓注又引作『就賴氏改爲就氏』，上『就』字乃傳寫之誤。」按疏證又引廣韻卷四暮韻及宥韻引後魏宥韻下訛後漢書亦作「菟」，沈氏未舉。

〔四一〕郁都甄氏後改爲甄氏　廣韻卷五屋韻下引後魏書「都」作「原」。諸姓氏書同。按卷一五常山王遵傳附見子素，稱「休屠郁原等叛」，「郁原」當是休屠部落名。疑即此「郁原甄氏」。「都」字涉上「郁」字而訛。

〔四二〕越勒氏後改爲越氏　疏證云：「姓纂十月卷一〇引志，『越勒、越彊並改姓越』，通志略二引志亦云『越彊改越』。『勒』『彊』古韻相通，故歧爲二氏，即此可證字當作『勒』。」並引本書卷二太祖紀天興五年十二月、卷三太宗紀永興五年四月及七月、卷一六陽平王熙傳並見「越勒部」，證此志「勒」字爲「勒」之訛。胡姓考又引北齊書卷一七斛律光傳見周將「越勒世良」，補疏證所未舉。按字疑當作「勤」，但卷二六尉古眞傳、卷二九奚斤傳、卷一〇三高車傳補並作「越勤」，今皆不改。

〔四三〕渴燭渾氏後改爲味氏　廣韻卷五曷韻下引後魏書「味」作「朱」。諸姓氏書同。疏證據謂「朱」或作「咮」，訛作「味」。

〔四四〕侍中穆紹尙書元長等量定之　諸本「紹」作「詔」。按穆紹附卷二七穆崇傳，「詔」乃「紹」形近而訛，今改正。又「元長」即「元萇」，附卷一四高涼王孤傳，「萇」「長」同音通用。

魏書卷一百一十四

釋老志十第二十

大人有作，司牧生民，結繩以往，書契所絕，故靡得而知焉。自羲軒已還，至於三代，其神言秘策，蘊圖緯之文，範世率民，垂墳典之迹。秦肆其毒，滅於灰燼；漢採遺籍，復若丘山。司馬遷區別異同，有陰陽、儒、墨、名、法、道德六家之義。劉歆著七略，班固志藝文，釋氏之學，所未曾紀。案漢武元狩中，遣霍去病討匈奴，至皐蘭，過居延，斬首大獲。昆邪王殺休屠王，將其衆五萬來降。獲其金人，帝以爲大神，列於甘泉宮。金人率長丈餘，不祭祀，但燒香禮拜而已。此則佛道流通之漸也。

及開西域，遣張騫使大夏還，傳其旁有身毒國，一名天竺，始聞有浮屠之教。哀帝元壽元年，博士弟子秦景憲受大月氏王使伊存口授浮屠經。中土聞之，未之信了也。後孝明帝夜夢金人，項有日光，〔一〕飛行殿庭，乃訪羣臣，傅毅始以佛對。帝遣郎中蔡愔、博士弟子秦景等使於天竺，寫浮屠遺範。愔仍與沙門攝摩騰、竺法蘭東還洛陽。中國有沙門及跪拜之法，自此始也。愔又得佛經四十二章及釋迦立像。明帝令畫工圖佛像，置淸涼臺及顯節陵上，經緘於蘭臺石室。愔之還也，以白馬負經而至，漢因立白馬寺於洛城雍門西。〔二〕摩騰、法蘭咸卒於此寺。

浮屠正號曰佛陀，佛陀與浮圖聲相近，皆西方言，其來轉爲二音。華言譯之則謂淨覺，言滅穢成明，道爲聖悟。凡其經旨，大抵言生生之類，皆因行業而起。有過去、當今、未來，歷三世，識神常不滅。凡爲善惡，必有報應。漸積勝業，陶冶粗鄙，經無數形，澡練神明，〔三〕乃致無生而得佛道。其間階次心行，等級非一，皆緣淺以至深，藉微而爲著。率在於積仁順，蠲嗜慾，習虛靜而成通照也。故其始修心則依佛、法、僧，謂之三歸，若君子之三畏也。又有五戒，去殺、盜、淫、妄言、飲酒，大意與仁、義、禮、智、信同，名爲異耳。云奉持之，則生天人勝處，虧犯則墜鬼畜諸苦。又善惡生處，凡有六道焉。

諸服其道者，則剃落鬚髮，釋累辭家，結師資，遵律度，相與和居，治心修淨，行乞以自給。謂之沙門，或曰桑門，亦聲相近，總謂之僧，皆胡言也。僧，譯爲和命衆，桑門爲息心，比丘爲行乞。俗人之信憑道法者，男曰優婆塞，女曰優婆夷。其爲沙門者，初修十誡，曰沙彌，而終於二百五十，則具足成大僧。婦入道者曰比丘尼。〔四〕其誡至于五百，皆以□爲本，〔五〕隨事增數，在於防心、攝身、正口。心去貪、忿、癡，身除殺、淫、盜，口斷妄、雜、諸非正言，總謂之十善道。能具此，謂之三業淸淨。凡人修行粗爲極。〔六〕云可以達惡善報，漸階聖迹。初階聖者，有三種人，其根業各差，〔七〕謂之三乘，聲聞乘、緣覺乘、大乘。取其可乘運以至道爲名。此三人惡迹已盡，但修心盪累，濟物進德。初根人爲小乘，行四諦法；中根人爲中乘，受十二因緣；上根人爲大乘，則修六度。雖階三乘，而要由修進萬行，拯度億流，彌歷長遠，〔八〕乃可登佛境矣。

所謂佛者，本號釋迦文者，譯言能仁，謂德充道備，堪濟萬物也。釋迦前有六佛，釋迦繼六佛而成道，處今賢劫。文言將來有彌勒佛，〔九〕方繼釋迦而降世。釋迦卽天竺迦維衞國王之子。天竺其總稱，迦維別名也。初，釋迦於四月八日夜，從母右脅而生。既生，姿相超異者三十二種。天降嘉瑞以應之，亦三十二。其本起經說之備矣。釋迦生時，當周莊王九年。春秋魯莊公七年夏四月，恒星不見，夜明，是也。至魏武定八年，凡一千二百三十七年云。釋迦年三十成佛，導化羣生，四十九載，乃於拘尸那城娑羅雙樹間，以二月十五日而入般涅槃。涅槃譯云滅度，或言常樂我淨，明無遷謝及諸苦累也。

諸佛法身有二種義，一者眞實，二者權應。眞實身，謂至極之體，妙絕拘累，不得以方處期，不可以形量限，有感斯應，體常湛然。權應身者，謂和光六道，同塵萬類，生滅隨時，修短應物，形由感生，體非實有。權形雖謝，眞體不遷，但時無妙感，故莫得常見耳。明佛生非實生，滅非實滅也。佛既謝世，香木焚尸。靈骨分碎，大小如粒，擊之不壞，焚亦不燋，或有光明神驗，胡言謂之「舍利」。弟子收奉，置之寶瓶，竭香花，致敬慕，建宮宇，謂爲「塔」。塔亦胡言，猶宗廟也，故世稱塔廟。於後百年，有王阿育，以神力分佛舍利，役諸鬼神，〔一〇〕造八萬四千塔，布於世界，皆同日而就。今洛陽、彭城、姑臧、臨淄皆有阿育王寺，〔一一〕蓋承其遺迹焉。釋迦雖般涅槃，而留影迹爪齒於天竺，於今猶在。中土來往，並稱見之。

初，釋迦所說教法，既涅槃後，有聲聞弟子大迦葉、阿難等五百人，撰集著錄。阿難親承囑授，多聞總持，蓋能綜覈深致，無所漏失。乃綴文字，撰載三藏十二部經，如九流之異統，其大歸終以三乘爲本。後數百年，有羅漢、菩薩相繼著論，贊明經義，以破外道，摩訶衍、大、小阿毗曇，中論，十二門論，百法論，成實論等是也。皆傍諸藏部大義，假立外問，而以內法釋之。

漢章帝時，楚王英喜爲浮屠齋戒，遣郎中令奉黃縑白紈三十匹，詣國相以贖愆。詔報曰：「楚王尙浮屠之仁祠，潔齋三月，與神爲誓，何嫌何疑，當有悔吝。其還贖，以助伊蒲塞、桑門之盛饌。」因以班示諸國。桓帝時，襄楷言佛陀、黃老道以諫，欲令好生惡殺，少嗜慾，去奢泰，尙無爲。魏明帝曾欲壞宮西佛圖。外國沙門乃金盤盛水，置於殿前，以佛舍利投之於水，乃有五色光起，於是帝歎曰：「自非靈異，安得爾乎？」遂徙於道東，〔一三〕爲作周閣百間。佛圖故處，鑿爲濛汜池，種芙蓉於中。後有天竺沙門曇柯迦羅入洛，宣譯誡律，中國誡律之始也。自洛中構白馬寺，盛飾佛圖，畫迹甚妙，爲四方式。凡宮塔制度，猶依天竺舊狀而重構之，從一級至三、五、七、九。世人相承，謂之「浮圖」，或云「佛圖」。晉世，洛中佛圖有四十二所矣。漢世沙門，皆衣赤布，後乃易以雜色。

晉元康中，有胡沙門支恭明譯佛經維摩、法華、三本起等。微言隱義，未之能究。後有沙門常山衞道安性聰敏，日誦經萬餘言，研求幽旨。慨無師匠，獨坐靜室十二年，覃思構精，神悟妙賾，以前所出經，多有舛駁，乃正其乖謬。石勒時，有天竺沙門浮圖澄，少於烏萇國就羅漢入道，劉曜時到襄國。後爲石勒所宗信，號爲大和尙，軍國規謨頗訪之，所言多驗。道安曾至鄴候澄，澄見而異之。澄卒後，中國紛亂，道安乃率門徒，南遊新野。欲令玄宗在所流布，分遣弟子，各趣諸方。法汰詣揚州，法和入蜀，道安與慧遠之襄陽。道安後入苻堅，堅素欽德問，既見，宗以師禮。時西域有胡沙門鳩摩羅什，思通法門，道安思與講釋，每勸堅致羅什。什亦承安令問，謂之東方聖人，或時遙拜致敬。道安卒後二十餘載而羅什至長安，恨不及安，以爲深慨。道安所正經義，與羅什譯出，符會如一，初無乖舛。於是法旨大著中原。

魏先建國於玄朔，風俗淳一，無爲以自守，與西域殊絕，莫能往來。故浮圖之教，未之得聞，或聞而未信也。及神元與魏、晉通聘，文帝久在洛陽，〔三〕昭成又至襄國，乃備究南夏佛法之事。太祖平中山，經略燕趙，所逕郡國佛寺，見諸沙門、道士，皆致精敬，禁軍旅無有所犯。帝好黃老，頗覽佛經。但天下初定，戎車屢動，庶事草創，未建圖宇，招延僧衆也。然時時旁求。先是，有沙門僧朗，與其徒隱于泰山之琨瑞谷。帝遣使致書，以繒、素、旃罽、銀鉢爲禮。今猶號曰朗公谷焉。天興元年，下詔曰：「夫佛法之興，其來遠矣。濟益之功，冥及存沒，神蹤遺軌，信可依憑。其勑有司，於京城建飾容範，修整宮舍，〔四〕令信向之徒，有所居止。」是歲，始作五級佛圖、耆闍崛山及須彌山殿，加以繢飾。別構講堂、禪堂及沙門座，莫不嚴具焉。太宗踐位，遵太祖之業，亦好黃老，又崇佛法，京邑四方，建立圖像，仍令沙門敷導民俗。

初，皇始中，趙郡有沙門法果，誡行精至，開演法籍。太祖聞其名，詔以禮徵赴京師。後以爲道人統，綰攝僧徒。每與帝言，多所愜允，供施甚厚。至太宗，彌加崇敬，永興中，前後授以輔國、宜城子、忠信侯、安成公之號，皆固辭。帝常親幸其居，以門小狹，不容輿輦，更廣大之。年八十餘，泰常中卒。未殯，帝三臨其喪，追贈老壽將軍、趙胡靈公。初，法果每言太祖明叡好道，即是當今如來，沙門宜應盡禮，遂常致拜。謂人曰：「能鴻道者人主也，我非拜天子，乃是禮佛耳。」法果四十，始爲沙門。有子曰猛，詔令襲果所加爵。帝後幸廣宗，有沙門曇證，年且百歲。邀見於路，奉致果物。帝敬其年老志力不衰，亦加以老壽將軍號。

是時，鳩摩羅什爲姚興所敬，於長安草堂寺集義學八百人，重譯經本。羅什聰辯有淵思，達東西方言。時沙門道彤、〔一三〕僧略、道恒、道檦、僧肇、曇影等，與羅什共相提挈，發明幽致。諸深大經論十有餘部，更定章句，辭義通明，至今沙門共所祖習。道彤等皆識學洽通，僧肇尤爲其最。羅什之撰譯，僧肇常執筆，定諸辭義，注維摩經，又著數論，皆有妙旨，學者宗之。

又沙門法顯，慨律藏不具，自長安遊天竺。歷三十餘國，隨有經律之處，學其書語，譯而寫之。十年，乃於南海師子國，隨商人汎舟東下。晝夜昏迷，將二百日。乃至青州長廣郡不其勞山，南下乃出海焉。是歲，神瑞二年也。法顯所逕諸國，傳記之，今行於世。其所得律，通譯未能盡正。至江南，更與天竺禪師跋陀羅辯定之，謂之僧祇律，大備于前，爲今沙門所持受。先是，有沙門法領，從揚州入西域，得華嚴經本。定律後數年，跋陀羅共沙門法業重加譯撰，宣行於時。

世祖初卽位，亦遵太祖、太宗之業，每引高德沙門，與共談論。於四月八日，輿諸佛像，行於廣衢，帝親御門樓，臨觀散花，以致禮敬。

先是，沮渠蒙遜在涼州，亦好佛法。有罽賓沙門曇摩讖，習諸經論。於姑臧，與沙門智嵩等，譯涅槃諸經十餘部。又曉術數、禁呪，歷言他國安危，多所中驗。蒙遜每以國事諮之。神䴥中，帝命蒙遜送讖詣京師，惜而不遣。既而，懼魏威責，遂使人殺讖。讖死之日，謂門徒曰：「今時將有客來，可早食以待之。」食訖而走使至。時人謂之知命。智嵩亦爽悟，篤志經籍。後乃以新出經論，於涼土教授。辯論幽旨，著涅槃義記。戒行峻整，門人齊肅。知涼州將有兵役，與門徒數人，欲往胡地。道路飢饉，絕糧積日，弟子求得禽獸肉，請嵩強食。嵩以戒自誓，遂餓死於酒泉之西山。弟子積薪焚其屍，骸骨灰燼，唯舌獨全，色狀不變。時人以爲誦說功報。涼州自張軌後，世信佛教。敦煌地接西域，道俗交得其舊式，村塢相屬，多有塔寺。太延中，涼州平，徙其國人於京邑，沙門佛事皆俱東，象教彌增矣。尋以沙門衆多，詔罷年五十已下者。

世祖初平赫連昌，得沙門惠始，姓張。家本清河，聞羅什出新經，遂詣長安見之，觀習經典。坐禪於白渠北，晝則入城聽講，夕則還處靜坐。三輔有識多宗之。劉裕滅姚泓，留子義眞鎭長安，義眞及僚佐皆敬重焉。義眞之去長安也，赫連屈丐追敗之，道俗少長咸見坑戮。惠始身被白刃，而體不傷。衆大怪異，言於屈丐。屈丐大怒，召惠始於前，以所持寶劍擊之，又不能害，乃懼而謝罪。統萬平，惠始到京都，多所訓導，時人莫測其迹。世祖甚重之，每加禮敬。始自習禪，至於沒世，稱五十餘年，未嘗寢臥。或時跣行，雖履泥塵，初不汙足，色愈鮮白，世號之曰白脚師。太延中，臨終於八角寺，齊潔端坐，僧徒滿側，凝泊而絕。停屍十餘日，坐旣不改，容色如一，擧世神異之。遂瘞寺內。至眞君六年，制城內不得留瘞，乃葬於南郊之外。始死十年矣，開殯儼然，初不傾壞。送葬者六千餘人，莫不感慟。中書監高允爲其傳，頌其德迹。惠始冢上，立石精舍，圖其形像。經毀法時，猶自全立。

世祖卽位，富於春秋。旣而銳志武功，每以平定禍亂爲先。雖歸宗佛法，敬重沙門，而未存覽經教，深求緣報之意。及得寇謙之道，帝以淸淨無爲，有仙化之證，遂信行其術。時司徒崔浩，博學多聞，帝每訪以大事。浩奉謙之道，尤不信佛，與帝言，數加非毀，常謂虛誕，爲世費害。帝以其辯博，頗信之。會蓋吳反杏城，關中騷動，帝乃西伐，至於長安。先是，長安沙門種麥寺內，御騶牧馬於麥中，帝入觀馬。沙門飮從官酒，從官入其便室，見大有弓矢矛盾，出以奏聞。帝怒曰：「此非沙門所用，當與蓋吳通謀，規害人耳！」命有司案誅一寺，閱其財產，大得釀酒具及州郡牧守富人所寄藏物，蓋以萬計。又爲屈室，與貴室女私行淫亂。帝既忿沙門非法，浩時從行，因進其說。詔誅長安沙門，焚破佛像，敕留臺下四方，令一依長安行事。又詔曰：「彼沙門者，假西戎虛誕，妄生妖孽，非所以一齊政化，布淳德於天下也。自王公已下，有私養沙門者，皆送官曹，不得隱匿。限今年二月十五日，過期不出，沙門身死，容止者誅一門。」

時恭宗爲太子監國，素敬佛道。頻上表，陳刑殺沙門之濫，又非圖像之罪。今罷其道，杜諸寺門，世不修奉，土木丹青，自然毀滅。如是再三，不許。乃下詔曰：「昔後漢荒君，信惑邪僞，妄假睡夢，事胡妖鬼，以亂天常，自古九州之中無此也。夸誕大言，不本人情。叔季之世，闇君亂主，莫不眩焉。由是政教不行，禮義大壞，鬼道熾盛，視王者之法，蔑如也。自此以來，代經亂禍，天罰亟行，生民死盡，五服之內，鞠爲丘墟，千里蕭條，不見人迹，皆由於此。朕承天緒，屬當窮運之弊，欲除僞定眞，復羲農之治。其一切盪除胡神，滅其蹤迹，庶無謝於風氏矣。自今以後，敢有事胡神及造形像泥人、銅人者，門誅。雖言胡神，問今胡人，共云無有。皆是前世漢人無賴子弟劉元眞、呂伯强之徒，接乞胡之誕言，〔一六〕用老莊之虛假，附而益之，皆非眞實。至使王法廢而不行，蓋大姦之魁也。有非常之人，然後能行非常之事。非朕孰能去此歷代之僞物！有司宣告征鎭諸軍、刺史，諸有佛圖形像及胡經，盡皆擊破焚燒，沙門無少長悉坑之。」是歲，眞君七年三月也。恭宗言雖不用，然猶緩宣詔書，遠近皆豫聞知，得各爲計。四方沙門，多亡匿獲免，在京邑者，亦蒙全濟。金銀寶像及諸經論，大得秘藏。而土木宮塔，聲教所及，莫不畢毁矣。

始謙之與浩同從車駕，苦與浩諍，浩不肯，謂浩曰：「卿今促年受戮，滅門戶矣。」後四年，浩誅，備五刑，時年七十。浩既誅死，帝頗悔之。業已行，難中修復。恭宗潛欲興之，未敢言也。佛淪廢終帝世，積七八年。然禁稍寬弛，篤信之家，得密奉事，沙門專至者，猶竊法服誦習焉。唯不得顯行於京都矣。

先是，沙門曇曜有操尙，又爲恭宗所知禮。佛法之滅，沙門多以餘能自效，還俗求見。曜誓欲守死，恭宗親加勸喻，至於再三，不得已，乃止。密持法服器物，不暫離身，聞者歎重之。

高宗踐極，下詔曰：「夫爲帝王者，必祗奉明靈，顯彰仁道，其能惠著生民，濟益群品者，雖在古昔，猶序其風烈。是以春秋嘉崇明之禮，祭典載功施之族。況釋迦如來功濟大千，惠流塵境，等生死者歎其達觀，覽文義者貴其妙明，助王政之禁律，益仁智之善性，排斥群邪，開演正覺。故前代已來，莫不崇尚，亦我國家常所尊事也。世祖太武皇帝，開廣邊荒，德澤遐及。沙門道士善行純誠，惠始之倫，無遠不至，風義相感，往往如林。夫山海之深，怪物多有，姦淫之徒，得容假託，講寺之中，致有凶黨。是以先朝因其瑕釁，戮其有罪。有司失旨，一切禁斷。景穆皇帝每爲慨然，値軍國多事，未遑修復。朕承洪緒，君臨萬邦，思述先志，以隆斯道。今制諸州郡縣，於衆居之所，各聽建佛圖一區，任其財用，不制會限。其好樂道法，欲爲沙門，不問長幼，出於良家，性行素篤，無諸嫌穢，鄕里所明者，聽其出家。率大州五十，小州四十人，其郡遙遠臺者十人。各當局分，皆足以化惡就善，播揚道教也。」天下承風，朝不及夕，往時所毁圖寺，仍還修矣。佛像經論，皆復得顯。

京師沙門師賢，本罽賓國王種人，少入道，東遊涼城，涼平赴京。罷佛法時，師賢假爲醫術還俗，而守道不改。於修復日，卽反沙門，其同輩五人。帝乃親爲下髮。師賢仍爲道人統。是年，詔有司爲石像，令如帝身。旣成，顏上足下，各有黑石，冥同帝體上下黑子。論者以爲純誠所感。興光元年秋，敕有司於五級大寺內，〔一七〕爲太祖已下五帝，鑄釋迦立像五，各長一丈六尺，都用赤金二十五萬斤。〔一八〕太安初，有師子國胡沙門邪奢遺多、浮陀難提等五人，奉佛像三，到京都。皆云，備歷西域諸國，見佛影迹及肉髻，外國諸王相承，咸遣工匠，摹寫其容，莫能及難提所造者，去十餘步，視之炳然，轉近轉微。又沙勒胡沙門，赴京師致佛鉢幷畫像迹。

和平初，師賢卒。曇曜代之，更名沙門統。初曇曜以復佛法之明年，自中山被命赴京，值帝出，見于路，御馬前銜曜衣，時以爲馬識善人。帝後奉以師禮。曇曜白帝，於京城西武州塞，鑿山石壁，開窟五所，鐫建佛像各一。高者七十尺，次六十尺，彫飾奇偉，冠於一世。曇曜奏：平齊戶及諸民，有能歲輸穀六十斛入僧曹者，卽爲「僧祇戶」，粟爲「僧祇粟」，至於儉歲，賑給飢民。又請民犯重罪及官奴以爲「佛圖戶」，以供諸寺掃洒，歲兼營田輸粟。高宗並許之。於是僧祇戶、粟及寺戶，徧於州鎭矣。曇曜又與天竺沙門常那邪舍等，譯出新經十四部。又有沙門道進、僧超、法存等，並有名於時，演唱諸異。〔一九〕

顯祖卽位，敦信尤深，覽諸經論，好老莊。每引諸沙門及能談玄之士，與論理要。初，高宗太安末，劉駿於丹陽中興寺設齋。有一沙門，容止獨秀，舉衆往目，皆莫識焉。沙門惠璩起問之，答名惠明。又問所住，答云，從天安寺來。語訖，忽然不見。駿君臣以爲靈感，改中興爲天安寺。是後七年而帝踐祚，號天安元年。是年，劉彧徐州刺史薛安都始以城地來降。明年，盡有淮北之地。其歲，高祖誕載。於時起永寧寺，構七級佛圖，高三百餘尺，基架博敞，爲天下第一。又於天宮寺，造釋迦立像。高四十三尺，用赤金十萬斤，黃金六百斤。皇興中，又構三級石佛圖。榱棟楣楹，上下重結，大小皆石，高十丈。鎮固巧密，爲京華壯觀。

高祖踐位，顯祖移御北苑崇光宮，覽習玄籍。建鹿野佛圖於苑中之西山，去崇光右十里，巖房禪堂，禪僧居其中焉。

延興二年夏四月，詔曰：「比丘不在寺舍，遊涉村落，交通姦猾，經歷年歲。令民間五五相保，不得容止。無籍之僧，精加隱括，有者送付州鎮，其在畿郡，送付本曹。若爲三寶巡民教化者，在外齎州鎮維那文移，在臺者齎都維那等印牒，然後聽行。違者加罪。」又詔曰：「內外之人，興建福業，造立圖寺，高敞顯博，亦足以輝隆至教矣。然無知之徒，各相高尙，貧富相競，費竭財產，務存高廣，傷殺昆蟲含生之類。苟能精致，累土聚沙，福鍾不朽。欲建爲福之因，未知傷生之業。朕爲民父母，慈養是務。自今一切斷之。」又詔曰：「夫信誠則應遠，行篤則感深，歷觀先世靈瑞，乃有禽獸易色，草木移性。濟州東平郡，靈像發輝，變成金銅之色。殊常之事，絕於往古；熙隆妙法，理在當今。有司與沙門統曇曜令州送像達都，使道俗咸覩實相之容，普告天下，皆使聞知。」

三年十二月，顯祖因田鷹獲鴛鴦一，其偶悲鳴，上下不去。帝乃惕然，問左右曰：「此飛鳴者，爲雌爲雄？」左右對曰：「臣以爲雌。」帝曰：「何以知？」對曰：「陽性剛，陰性柔，以剛柔推之，必是雌矣。」帝乃慨然而歎曰：「雖人鳥事別，至於資識性情，竟何異哉！」於是下詔，禁斷鷙鳥，不得畜焉。

承明元年八月，高祖於永寧寺，設太法供，度良家男女爲僧尼者百有餘人，帝爲剃髮，施以僧服，令修道戒，資福於顯祖。是月，又詔起建明寺。太和元年二月，幸永寧寺設齋，赦死罪囚。三月，又幸永寧寺設會，行道聽講，命中、祕二省與僧徒討論佛義，施僧衣服、寶器有差。又於方山太祖營壘之處，建思遠寺。自興光至此，〔二〇〕京城內寺新舊且百所，僧尼二千餘人，四方諸寺六千四百七十八，僧尼七萬七千二百五十八人。四年春，詔以鷹師爲報德寺。〔二一〕九年秋，有司奏，上谷郡比丘尼惠香，在北山松樹下死，屍形不壞。爾來三年，士女觀者有千百。於時人皆異之。十年冬，有司又奏：「前被敕以勒籍之初，愚民僥倖，假稱入道，以避輸課，其無籍僧尼罷遣還俗。重被旨，所檢僧尼，寺主、維那當寺隱審。其有道行精勤者，聽仍在道；爲行凡粗者，有籍無籍，悉罷歸齊民。今依旨簡遣，其諸州還俗者，僧尼合一千三百二十七人。」奏可。十六年詔：「四月八日、七月十五日，聽大州度一百人爲僧尼，中州五十人，下州二十人，以爲常準，著於令。」十七年，詔立僧制四十七條。十九年四月，帝幸徐州白塔寺。顧謂諸王及侍官曰：「此寺近有名僧嵩法師，受成實論於羅什，在此流通。後授淵法師，淵法師授登、紀二法師。朕每玩成實論，可以釋人染情，〔二二〕故至此寺焉。」時沙門道登，雅有義業，爲高祖眷賞，恒侍講論。曾於禁內與帝夜談，同見一鬼。二十年卒，高祖甚悼惜之，詔施帛一千匹。又設一切僧齋，幷命京城七日行道。又詔：「朕師登法師奄至徂背，痛怛摧慟，不能已已。比藥治慎喪，未容卽赴，便準師義，哭諸門外。」緇素榮之。〔二三〕又有西域沙門名跋陀，有道業，深爲高祖所敬信。詔於少室山陰，立少林寺而居之，公給衣供。二十一年五月，詔曰：「羅什法師可謂神出五才，志入四行者也。今常住寺，猶有遺地，欽悅修蹤，情深遐遠，可於舊堂所，爲建三級浮圖。又見逼昏虐，爲道殄軀，既暫同俗禮，應有子胤，可推訪以聞，當加敘接。」

先是，立監福曹，又改爲昭玄，備有官屬，以斷僧務。高祖時，沙門道順、惠覺、僧意、惠紀、僧範、道弁、惠度、智誕、僧顯、僧義、僧利，並以義行知重。

世宗卽位，永平元年秋，詔曰：「緇素既殊，法律亦異。故道教彰於互顯，〔二四〕禁勸各有所宜。自今已後，衆僧犯殺人已上罪者，仍依俗斷，餘犯悉付昭玄，以內律僧制治之。〔二五〕二年冬，沙門統惠深上言：「僧尼浩曠，清濁混流，不遵禁典，精粗莫別。輒與經律法師群議立制：諸州、鎭、郡維那、上坐、寺主，各令戒律自修，咸依內禁，若不解律者，退其本次。又，出家之人，不應犯法，積八不淨物。然經律所制，通塞有方。依律，車牛淨人，〔三六〕不淨之物，不得爲己私畜。唯有老病年六十以上者，限聽一乘。又，比來僧尼，或因三寶，出貸私財。緣州外。〔三七〕又，出家捨著，本無凶儀，不應廢道從俗。其父母三師，遠聞凶問，聽哭三日。若在見前，限以七日。或有不安寺舍，遊止民間，亂道生過，皆由此等。若有犯者，脫服還民。其有造寺者，限僧五十以上，啓聞聽造。若有輒營置者，處以違敕之罪，其寺僧衆擯出外州。〔三八〕僧尼之法，不得爲俗人所使。若有犯者，還配本屬。其外國僧尼來歸化者，求精檢有德行合三藏者聽住，若無德行，遣還本國，若其不去，依此僧制治罪。」詔從之。

先是，於恒農荆山造珉玉丈六像一。三年冬，迎置於洛濱之報德寺，世宗躬觀致敬。

四年夏，詔曰：「僧祇之粟，本期濟施，儉年出貸，豐則收入。山林僧尼，隨以給施；民有窘弊，亦卽賑之。但主司冒利，規取贏息，及其徵責，不計水旱，或償利過本，或翻改券契，侵蠹貧下，莫知紀極。細民嗟毒，歲月滋深。非所以矜此窮乏，宗尚慈拯之本意也。自今已後，不得專委維那、都尉，〔三九〕可令刺史共加監括。尙書檢諸有僧祇穀之處，州別列其元數，出入贏息，賑給多少，并貸償歲月，見在未收，上臺錄記。若收利過本，及翻改初券，依律免之，勿復徵責。或有私債，轉施償僧，卽以丐民，不聽收檢。後有出貸，先盡貧窮，徵債之科，一準舊格。富有之家，不聽輒貸。脫仍冒濫，依法治罪。」

又尚書令高肇奏言：「謹案：故沙門統曇曜，昔於承明元年，奏涼州軍戶趙苟子等二百家爲僧祇戶，立課積粟，擬濟飢年，不限道俗，皆以拯施。又依內律，僧祇戶不得別屬一寺。而都維那僧暹、僧頻等，進違成旨，退乖內法，肆意任情，奏求逼召，致使吁嗟之怨，盈於行道，棄子傷生，自縊溺死，五十餘人。豈是仰贊聖明慈育之意，深失陛下歸依之心。遂令此等，行號巷哭，叫訴無所，至乃白羽貫耳，列訟宮闕。悠悠之人，尙爲哀痛，況慈悲之士，而可安之。請聽苟子等還鄉課輸，儉乏之年，周給貧寡，若有不虞，以擬邊捍。其暹等違旨背律，謬奏之愆，請付昭玄，依僧律推處。」詔曰：「暹等特可原之，餘如奏。」

世宗篤好佛理，每年常於禁中，親講經論，廣集名僧，標明義旨。沙門條錄，爲內起居焉。上既崇之，下彌企尙。至延昌中，天下州郡僧尼寺，〔三〇〕積有一萬三千七百二十七所，徒侶逾衆。

熙平元年，詔遣沙門惠生使西域，採諸經律。正光三年冬，還京師。所得經論一百七十部，行於世。

二年春，靈太后令曰：「年常度僧，依限大州應百人者，州郡於前十日解送三百人，其中州二百人，小州一百人。州統、維那與官及精練簡取充數。〔三〕若無精行，不得濫採。若取非人，刺史爲首，以違旨論，太守、縣令、綱僚節級連坐，統及維那移五百里外異州爲僧。自今奴婢悉不聽出家，諸王及親貴，亦不得輒啓請。有犯者，以違旨論。其僧尼輒度他人奴婢者，亦移五百里外爲僧。僧尼多養親識及他人奴婢子，年大私度爲弟子，自今斷之。有犯還俗，被養者歸本等。寺主聽容一人，出寺五百里，二人千里。私度之僧，皆由三長罪不及已，容多隱濫。自今有一人私度，皆以違旨論。隣長爲首，里、黨各相降一等。縣滿十五人，郡滿三十人，州鎮滿三十人，免官，僚吏節級連坐。私度之身，配當州下役。」時法禁寬褫，不能改肅也。

景明初，世宗詔大長秋卿白整準代京靈巖寺石窟，於洛南伊闕山，爲高祖、文昭皇太后營石窟二所。初建之始，窟頂去地三百一十尺。至正始二年中，始出斬山二十三丈。至大長秋卿王質，謂斬山太高，費功難就，奏求下移就平，去地一百尺，南北一百四十尺。永平中，中尹劉騰奏爲世宗復造石窟一，凡爲三所。從景明元年至正光四年六月已前，用功八十萬二千三百六十六。肅宗熙平中，於城內太社西，起永寧寺。靈太后親率百僚，表基立剎。佛圖九層，高四十餘丈，其諸費用，不可勝計。景明寺佛圖，亦其亞也。至於官私寺塔，其數甚衆。

神龜元年冬，司空公、尚書令、任城王澄奏曰：

仰惟高祖，定鼎嵩瀍，卜世悠遠。慮括終始，制洽天人，造物開符，垂之萬葉。故都城制云，城內唯擬一永寧寺地，郭內唯擬尼寺一所，餘悉城郭之外。欲令永遵此制，無敢踰矩。逮景明之初，微有犯禁。故世宗仰修先志，爰發明旨，城內不造立浮圖、僧尼寺舍，亦欲絕其希覬。文武二帝，豈不愛尚佛法，蓋以道俗殊歸，理無相亂故也。但俗眩虛聲，僧貪厚潤，雖有顯禁，猶自冒營。至正始三年，沙門統惠深有違景明之禁，便云：「營就之寺，不忍移毀，求自今已後，更不聽立。」先旨含寬，抑典從請。前班之詔，仍卷不行，後來私謁，彌以奔競。永平二年，深等復立條制，啓云：「自今已後，欲造寺者，限僧五十已上，聞徹聽造。若有輒營置者，依俗違敕之罪，其寺僧衆，擯出外州。」爾來十年，私營轉盛，罪擯之事，寂爾無聞。豈非朝格雖明，恃福共毀，僧制徒立，顧利莫從者也。不俗不道，務爲損法，人而無厭，其可極乎！

夫學迹沖妙，非浮識所辯；玄門曠寂，豈短辭能究。然淨居塵外，道家所先，功緣冥深，匪尚華遁。苟能誠信，童子聚沙，可邁於道場；純陀儉設，足薦於雙樹。何必縱其盜竊，資營寺觀。此乃民之多幸，非國之福也。然比日私造，動盈百數。或乘請公地，〔三二〕輒樹私福；或啓得造寺，限外廣制。如此欺罔，非可稍計。臣以才劣，誠忝工務，奉遵成規，裁量是總。所以披尋舊旨，研究圖格，輒遣府司馬陸昶、屬崔孝芬，都城之中及郭邑之內檢括寺舍，數乘五百，〔三三〕空地表刹，未立塔宇，不在其數。民不畏法，乃至於斯！自遷都已來，年踰二紀，寺奪民居，三分且一。高祖立制，非徒欲使緇素殊途，抑亦防微深慮。世宗述之，亦不錮禁營福，當在杜塞未萌。今之僧寺，無處不有。或比滿城邑之中，或連溢屠沽之肆，或三五少僧，共爲一寺。梵唱屠音，連簷接響，像塔纏於腥臊，性靈沒於嗜慾，眞僞混居，往來紛雜。下司因習而莫非，〔三四〕僧曹對制而不問。其於汙染眞行，塵穢練僧，薰蕕同器，不亦甚歟！往在北代，有法秀之謀；近日冀州，遭大乘之變。皆初假神教，以惑衆心，終設姦誑，用逞私悖。太和之制，因法秀而杜遠；景明之禁，慮大乘之將亂。始知祖宗叡聖，防遏處深。〔三五〕履霜堅冰，不可不愼。

昔如來闡教，多依山林，今此僧徒，戀著城邑。豈湫隘是經行所宜，浮諠必栖禪之宅，當由利引其心，莫能自止。處者旣失其眞，造者或損其福，乃釋氏之糟糠，法中之社鼠，內戒所不容，王典所應棄矣。非但京邑如此，天下州、鎭僧寺亦然。侵奪細民，廣占田宅，有傷慈矜，用長嗟苦。且人心不同，善惡亦異。或有栖心眞趣，道業淸遠者；或外假法服，內懷悖德者。如此之徒，宜辨涇渭。若雷同一貫，何以勸善。然覩法贊善，凡人所知；矯俗避嫌，〔三六〕物情同趣。臣獨何爲，孤議獨發。誠以國典一廢，追理至難，法網暫失，條綱將亂。是以冒陳愚見，兩願其益。

臣聞設令在於必行，立罰貴能肅物。令而不行，不如無令。罰不能肅，孰與亡罰。頃明詔屢下，而造者更滋，嚴限驟施，而違犯不息者，豈不以假福託善，幸罪不加。人殉其私，吏難苟劾。前制無追往之辜，後旨開自今之恕，悠悠世情，遂忽成法。今宜加以嚴科，特設重禁，糾其來違，懲其往失。脫不峻檢，方垂容借，恐今旨雖明，復如往日。又旨令所斷，標榜禮拜之處，悉聽不禁。愚以爲，樹榜無常，禮處難驗，欲云有造，立榜證公，須營之辭，指言嘗禮。如此則徒有禁名，實通造路。且徙御已後，斷詔四行，而私造之徒，不懼制旨。豈是百官有司，怠於奉法？將由網漏禁寬，容託有他故耳。如臣愚意，都城之中，雖有標榜，營造粗功，事可改立者，請依先制。在於郭外，任擇所便。其地若買得，券證分明者，聽其轉之。若官地盜作，卽令還官。若靈像旣成，不可移撤，請依今敕，如舊不禁，悉令坊內行止，不聽毀坊開門，以妨里內通巷。若被旨者，不在斷限。郭內準此商量。其廟像嚴立，而逼近屠沽，請斷旁屠殺，以潔靈居。雖有僧數，而事在可移者，令就閑敞，以避隘陋。如今年正月赦後造者，求依僧制，案法科治。若僧不滿五十者，共相通容，小就大寺，必令充限。其地賣還，一如上式。自今外州，若欲造寺，僧滿五十已上，先令本州表列，昭玄量審，奏聽乃立。若有違犯，悉依前科。州郡已下，容而不禁，罪同違旨。庶仰遵先皇不朽之業，俯奉今旨慈悲之令，則繩墨可全，聖道不墜矣。」奏可。未幾，天下喪亂，加以河陰之酷，朝士死者，其家多捨居宅，以施僧尼，京邑第舍，略爲寺矣。前日禁令，不復行焉。

元象元年秋，詔曰：「梵境幽玄，義歸淸曠，伽藍淨土，理絕囂塵。前朝城內，先有禁斷，自聿來遷鄴，率由舊章。而百辟士民，屆都之始，城外新城，並皆給宅。舊城中暫時普借，更擬後須，非爲永久。如聞諸人，多以二處得地，或捨舊城所借之宅，擅立爲寺。知非己有，假此一名。終恐因習滋甚，有虧恒式。宜付有司，精加隱括。且城中舊寺及宅，並有定帳，其新立之徒，悉從毀廢。」冬，又詔：「天下牧守令長，悉不聽造寺。若有違者，不問財之所出，幷計所營功庸，悉以枉法論。」興和二年春，詔以鄴城舊宮爲天平寺。

世宗以來至武定末，沙門知名者，有惠猛、惠辨、惠深、僧暹、道欽、僧獻、道晞、僧深、惠光、惠顯、法榮、道長，並見重於當世。

魏有天下，至於禪讓，佛經流通，大集中國，凡有四百一十五部，合一千九百一十九卷。正光已後，天下多虞，王役尤甚，於是所在編民，相與入道，假慕沙門，實避調役，猥濫之極，自中國之有佛法，未之有也。略而計之，僧尼大衆二百萬矣，其寺三萬有餘。流弊不歸，一至於此，識者所以歎息也。

道家之原，出於老子。其自言也，先天地生，以資萬類。上處玉京，爲神王之宗；下在紫微，爲飛仙之主。千變萬化，有德不德，隨感應物，厥迹無常。授軒轅於峨嵋，教帝嚳於牧德，大禹聞長生之訣，尹喜受道德之旨。至於丹書紫字，昇玄飛步之經；玉石金光，妙有靈洞之說。如此之文，不可勝紀。其爲教也，咸蠲去邪累，澡雪心神，積行樹功，累德增善，乃至白日昇天，長生世上。所以秦皇、漢武，甘心不息。靈帝置華蓋於濯龍，〔三七〕設壇場而爲禮。及張陵受道於鵠鳴，因傳天官章本千有二百，弟子相授，其事大行。齋祠跪拜，各成法道，〔三八〕有三元九府、百二十官，一切諸神，咸所統攝。又稱劫數，頗類佛經。其延康、龍漢、赤明、開皇之屬，皆其名也。及其劫終，稱天地俱壞。其書多有禁祕，非其徒也，不得輒觀。至於化金銷玉，行符敕水，奇方妙術，萬等千條，上云羽化飛天，次稱消災滅禍。故好異者往往而尊事之。

初文帝入賓於晉，從者務勿塵，姿神奇偉，登仙於伊闕之山寺。識者咸云魏祚之將大。太祖好老子之言，誦詠不倦。天興中，儀曹郎董謐因獻服食仙經數十篇。於是置仙人博士，立仙坊，煮錬百藥，封西山以供其薪蒸。令死罪者試服之，非其本心，多死無驗。太祖猶將修焉。太醫周澹，苦其煎採之役，欲廢其事。乃陰令妻貨仙人博士張曜妾，得曜隱罪。曜懼死，因請辟穀。太祖許之，給曜資用，爲造靜堂於苑中，給洒掃民二家。而錬藥之官，仍爲不息。久之，太祖意少懈，乃止。

世祖時，道士寇謙之，字輔眞，南雍州刺史讚之弟，自云寇恂之十三世孫。早好仙道，有絕俗之心。少修張魯之術，服食餌藥，歷年無效。幽誠上達，有仙人成公興，不知何許人，至謙之從母家傭賃。謙之嘗覲其姨，見興形貌甚强，力作不倦，請回賃興代己使役。乃將還，令其開舍南辣田。〔三九〕謙之樹下坐算，興墾發致勤，〔四〇〕時來看算。謙之謂曰：「汝但力作，何爲看此？」二三日後，復來看之，如此不已。後謙之算七曜，有所不了，惘然自失。興謂謙之曰：「先生何爲不懌？」謙之曰：「我學算累年，而近算周髀不合，以此自愧。且非汝所知，何勞問也。」興曰：「先生試隨興語布之。」俄然便決。謙之歎伏，不測興之深淺，請師事之。興固辭不肯，但求爲謙之弟子。未幾，謂謙之曰：「先生有意學道，豈能與興隱遁？」謙之欣然從之。興乃令謙之潔齋三日，共入華山。令謙之居一石室，自出採藥，還與謙之食藥，不復飢。乃將謙之入嵩山。有三重石室，令謙之住第二重。歷年，興謂謙之曰：「興出後，當有人將藥來。得但食之，莫爲疑怪。」尋有人將藥而至，皆是毒蟲臭惡之物，謙之大懼出走。興還問狀，謙之具對，興歎息曰：「先生未便得仙，政可爲帝王師耳。」興事謙之七年，而謂之曰：「興不得久留，明日中應去。興亡後，先生幸爲沐浴，自當有人見迎。」興乃入第三重石室而卒。謙之躬自沐浴。明日中，有叩石室者，謙之出視，見兩童子，一持法服，一持鉢及錫杖。謙之引入，至興尸所，興欻然而起，著衣持鉢、執杖而去。先是，有京兆灞城人王胡兒，其叔父亡，頗有靈異。曾將胡兒至嵩高別嶺，同行觀望，見金室玉堂，有一館尤珍麗，空而無人，題曰「成公興之館」。胡兒怪而問之，其叔父曰：「此是仙人成公興館，坐失火燒七間屋，被謫爲寇謙之作弟子七年。」始知謙之精誠遠通，興乃仙者謫滿而去。

謙之守志嵩岳，精專不懈，以神瑞二年十月乙卯，忽遇大神，乘雲駕龍，導從百靈，仙人玉女，左右侍衞，集止山頂，稱太上老君。謂謙之曰：「往辛亥年，嵩岳鎭靈集仙宮主，表天曹，稱自天師張陵去世已來，地上曠誠，〔四一〕修善之人，無所師授。嵩岳道士上谷寇謙之，立身直理，行合自然，才任軌範，首處師位，〔四二〕吾故來觀汝，授汝天師之位，賜汝雲中音誦新科之誡二十卷。號曰『並進』。」〔四三〕言：「吾此經誡，自天地開闢已來，不傳於世，今運數應出。汝宜吾新科，淸整道教，除去三張僞法，租米錢稅，及男女合氣之術。大道淸虛，豈有斯事。專以禮度爲首，而加之以服食閉練。」使王九疑人長客之等十二人，〔四四〕授謙之服氣導引口訣之法。遂得辟穀，氣盛體輕，顏色殊麗。弟子十餘人，皆得其術。

泰常八年十月戊戌，有牧土上師李譜文來臨嵩岳，云：老君之玄孫，昔居代郡桑乾，以漢武之世得道，爲牧土宮主，領治三十六土人鬼之政。地方十八萬里有奇，蓋歷術一章之數也。其中爲方萬里者有三百六十方。〔四五〕遣弟子宣敎，云嵩岳所統廣漢平土方萬里，以授謙之。作誥曰：「吾處天宮，敷演眞法，處汝道年二十二歲，除十年爲竟蒙，其餘十二年，敎化雖無大功，且有百授之勞。〔四六〕今賜汝遷入內宮，太眞太寶九州眞師、治鬼師、治民師、繼天師四錄。修勤不懈，依勞復遷。賜汝天中三眞太文錄，劾召百神，以授弟子。文錄有五等，一曰陰陽太官，二曰正府眞官，三曰正房眞官，四曰宿宮散官，五曰並進錄主。壇位、禮拜、衣冠儀式各有差品。凡六十餘卷，號曰錄圖眞經。付汝奉持，輔佐北方泰平眞君，〔四七〕出天宮靜輪之法。〔四八〕能興造克就，則起眞仙矣。〔四九〕又地上生民，末劫垂及，其中行敎甚難。但令男女立壇宇，朝夕禮拜，若家有嚴君，功及上世。其中能修身練藥，學長生之術，卽爲眞君種民。」藥別授方，銷練金丹、雲英、八石、玉漿之法，皆有決要。上師李君手筆有數篇，其餘，皆正眞書曹趙道覆所書。古文鳥迹，篆隸雜體，辭義約辯，婉而成章。大自與世禮相準，擇賢推德，信者爲先，勤者次之。又言二儀之間有三十六天，中有三十六宮，〔五〇〕宮有一主。最高者無極至尊，次曰大至眞尊，次天覆地載陰陽眞尊。次洪正眞尊，姓趙名道隱，以殷時得道，牧土之師也。牧土之來，赤松、王喬之倫，及韓終、張安世、劉根、張陵，近世仙者，並爲翼從。牧土命謙之爲子，與群仙結爲徒友。幽冥之事，世所不了，謙之具問，一一告焉。經云：佛者，昔於西胡得道，在三十二天，〔五一〕爲延眞宮主。勇猛苦敎，故其弟子皆髡形染衣，斷絕人道，諸天衣服悉然。

始光初，奉其書而獻之，世祖乃令謙之止於張曜之所，供其食物。時朝野聞之，若存若亡，未全信也。崔浩獨異其言，因師事之，受其法術。於是上疏，讚明其事曰：「臣聞聖王受命，則有大應。而河圖、洛書，皆寄言於蟲獸之文。未若今日人神接對，手筆粲然，辭旨深妙，自古無比。昔漢高雖復英聖，四皓猶或恥之，不爲屈節。今淸德隱仙，不召自至。斯誠陛下侔蹤軒黃，應天之符也，豈可以世俗常談，而忽上靈之命。臣竊懼之。」世祖欣然，乃使謁者奉玉帛牲牢，祭嵩岳，迎致其餘弟子在山中者。於是崇奉天師，顯揚新法，宣布天下，道業大行。浩事天師，拜禮甚謹。人或譏之，浩聞之曰：「昔張釋之爲王生結襪。吾雖才非賢哲，今奉天師，足以不愧於古人矣。」及嵩高道士四十餘人至，遂起天師道場於京城之東南，重壇五層，遵其新經之制。給道士百二十人衣食，齊肅祈請，六時禮拜，月設厨會數千人。

世祖將討赫連昌，太尉長孫嵩難之，世祖乃問幽徵於謙之。謙之對曰：「必克。陛下神武應期，天經下治，當以兵定九州，後文先武，以成太平眞君。」眞君三年，謙之奏曰：「今陛下以眞君御世，建靜輪天宮之法，開古以來，未之有也。應登受符書，以彰聖德。」世祖從之。於是親至道壇，受符籙。備法駕，旗幟盡青，以從道家之色也。自後諸帝，每即位皆如之。恭宗見謙之奏造靜輪宮，必令其高不聞雞鳴狗吠之聲，欲上與天神交接，功役萬計，經年不成。乃言於世祖曰：「人天道殊，卑高定分。今謙之欲要以無成之期，說以不然之事，財力費損，百姓疲勞，無乃不可乎？必如其言，未若因東山萬仞之上，爲功差易。」世祖深然恭宗之言，但以崔浩贊成，難違其意，沉吟者久之，乃曰：「吾亦知其無成，事既爾，何惜五三百功。」

九年，謙之卒，葬以道士之禮。先於未亡，謂諸弟子曰：「及謙之在，汝曹可求遷錄。吾去之後，天宮眞難就。」復遇設會之日，更布二席於上師坐前。弟子問其故，謙之曰：「仙官來。」是夜卒。前一日，忽言「吾氣息不接，腹中大痛」，而行止如常，至明旦便終。須臾，口中氣狀若烟雲，上出窗中，至天半乃消。屍體引長，弟子量之，八尺三寸。三日已後，稍縮，至歛量之，長六寸。〔五三〕於是諸弟子以爲尸解變化而去，不死也。

時有京兆人韋文秀，隱於嵩高，徵詣京師。世祖曾問方士金丹事，多曰可成。文秀對曰：「神道幽昧，變化難測，可以闇遇，難以豫期。臣昔者受教於先師，曾聞其事，未之爲也。」世祖以文秀關右豪族，風操溫雅，言對有方，遣與尚書崔賾詣王屋山合丹，竟不能就。時方士至者前後數人。河東祁纖，好相人。世祖賢之，拜纖上大夫。潁陽絳略、聞喜吳劭，道引養氣，積年百餘歲，神氣不衰。恒農閻平仙，博覽百家之言，然不能達其意，辭占應對，義旨可聽。世祖欲授之官，終辭不受。扶風魯祈，遭赫連屈孑暴虐，避地寒山，教授弟子數百人，好方術，少嗜慾。河東羅崇之，常餌松脂，不食五穀，自稱受道於中條山。世祖令崇還鄉里，立壇祈請。崇云：「條山有穴，與崐崘、蓬萊相屬。入穴中得見仙人，與之往來。」詔令河東郡給所須。崇入穴，行百餘步，遂窮。後召至，有司以崇誣罔不道，奏治之。世祖曰：「崇修道之人，豈至欺妄以詐於世，或傳聞不審，而至於此。古之君子，進人以禮，退人以禮。今治之，是傷朕待賢之意。」遂赦之。又有東萊人王道翼，少有絕俗之志，隱韓信山，四十餘年，斷粟食麥，〔五三〕通達經章，書符錄。常隱居深山，不交世務，年六十餘。顯祖聞而召焉。青州刺史韓頹遣使就山徵之，翼乃赴都。顯祖以其仍守本操，遂令僧曹給衣食，以終其身。

太和十五年秋，詔曰：「夫至道無形，虛寂爲主。自有漢以後，置立壇祠，先朝以其至順可歸，用立寺宇。昔京城之內，居舍尙希。今者里宅櫛比，人神猥湊，非所以祗崇至法，淸敬神道。可移於都南桑乾之陰，岳山之陽，永置其所。給戶五十，以供齋祀之用，仍名爲崇虛寺。可召諸州隱士，員滿九十人。」

遷洛移鄴，踵如故事。其道壇在南郊，方二百步，以正月七日、七月七日、十月十五日，壇主、道士、哥人一百六人，〔五四〕以行拜祠之禮。諸道士罕能精至，又無才術可高。武定六年，有司執奏罷之。其有道術，如河東張遠遊、河間趙靜通等，齊文襄王別置館京師而禮接焉。

校勘記

〔一〕項有日光　諸本作「項有白光」，册府卷五一五六六頁作「項有日光」，廣弘明集卷二錄釋老志如上摘句。按水經注卷一六穀水篇作「項佩日光」，洛陽伽藍記卷四白馬寺條作「項背日月光明」，牟子理惑論作「身有日光」。可證廣弘明集引志是，今據改。

〔二〕漢因立白馬寺於洛城雍門西　諸本「門」作「關」。按水經注穀水篇、伽藍記並稱北魏洛陽之西陽門卽漢之「雍門」，牟子理惑論云：「時於洛陽城西雍門外起佛寺。」這裏「關」乃「門」之訛，今改正。

〔三〕澡練神明　諸本「澡」作「藻」，御覽卷六五三二九一七頁、廣弘明集卷二引志作「澡」。按下文敍道教也說「澡雪精神」，這裏「藻」字訛，今據改。

〔四〕婦入道者曰比丘尼　百衲、南、汲、局四本「入」作「人」，北本、殿本作「入」。疑當作「婦人入道者」，舊本脫「入」字，北本改「人」爲「入」。今姑從北、殿本。

〔五〕皆以□爲本　百衲本空格作墨釘，北、汲、殿三本注「闕」，南本、局本作「五戒」。按南本當是以意補，今作空格。

〔六〕凡人修行粗爲極　按語不可解，疑有訛脫，今於「極」字句斷。

〔七〕其根業各差　諸本「各」作「太」，廣弘明集卷二作「各」。按上云「有三種人」，作「各」是，今據改。

〔八〕彌歷長遠　諸本無「歷」字，廣弘明集卷二有。按文義當有此字，今據補。

〔九〕文言將來有彌勒佛　按「文」疑當作「又」。

〔一〇〕役諸鬼神　諸本「役」作「於」，廣弘明集卷二作「役」。按阿育王役鬼神，一日一夜造八萬四千塔的神話屢見佛教紀載。「於」乃「役」之訛，今據改。

〔一一〕今洛陽彭城姑臧臨淄皆有阿育王寺　諸本「淄」作「渭」，廣弘明集卷二作「淄」。按廣弘明集卷一五列塔像神瑞迹列舉所謂阿育王塔無「臨渭」而有「臨淄」，云「青州臨淄城中有阿育王寺，其形象露盤在深林巨樹下」。語出高僧傳卷一〇竺佛圖澄傳。這裏「渭」字乃「淄」形近而訛，今據改。

〔一二〕遂徙於道東　百衲本「東」字空格，諸本注「闕」字。按法苑珠林卷五三舍利篇敍此云：「乃於道東造周閤百間」，知此志所脱是「東」字，今據補。「閤」「閭」皆可通。

〔一三〕文帝久在洛陽　諸本「久」作「又」，册府卷五一（五六七頁）作「久」。按下稱「昭成又至襄國」，兩「又」字重複。卷一序紀稱文帝沙漠汗自力微之四十二年至洛陽，四十八年始返，故云「久在洛陽」，「又」字訛，今據改。

〔一四〕修整宮舍　百衲、南、汲、局四本「宮」作「官」，北本、殿本作「宮」。按册府卷五一（五六七頁）作「宮室」，知上一字當作「宮」，今從北、殿本。

〔一五〕時沙門道肜　諸本「肜」作「彤」。按高僧傳卷六有道融傳，曾參預鳩摩羅什譯經。「融」古亦作「肜」，訛作「彤」，今改正。

〔一六〕接乞胡之誕言　諸本無「接」字，廣弘明集卷二有。按「接乞胡」與下「用老莊」相對，原當有此字，今據補。

〔一七〕敕有司於五級大寺內　諸本「級」作「緞」，册府卷五一五六八頁、廣弘明集卷二作「級」。按五級，指寺之塔，也卽稱此寺爲「五級寺」。卷七五尒朱兆傳見晉陽五級寺，高僧傳卷五釋道安傳見長安五級寺，亦名五重寺，雖非一地，可以類比。「緞」字訛，今據改。

〔一八〕都用赤金二十五萬斤　諸本「二十五萬斤」作「二萬五千斤」，册府同上卷頁、廣弘明集卷二作「二十五萬斤」。按下文稱造釋伽立像，高四十三尺，用赤金十萬斤，黄金六百斤。這次造像五，各長一丈六尺。像雖較小，却有五個，決不會僅用二萬五千斤。今據改。

〔一九〕演唱諸異　册府卷五一五六九頁「異」作「典」。按「諸異」指諸故事，亦通。

〔二〇〕興光至此　諸本「興」作「正」，册府同上卷頁作「興」。按上文敍太和元年四七七事，正光五二〇遠在其後。興光是文成帝元濬年號四五四—四五九，其時佛教重興。這裏「正」字顯訛，今據改。

〔二一〕詔以鷹師爲報德寺　按卷一三文明皇后馮氏傳稱：「罷鷹師曹，以其地爲報德佛寺。」卷七上高祖紀上太和四年正月丁巳作「罷畜鷹鷂之所，以其地爲報德佛寺」。鷹師是訓練鷹的人，鷹師曹是畜養鷹的機構與場所，「曹」字不宜省，當是脫文。

〔二二〕可以釋人染情　諸本「染」作「深」，册府同上卷頁作「染」。按「染污」是佛教術語，「釋人染情」意爲

「破除煩惱障」。「深情」用在這裏不適合，「深」乃「染」之形訛，今據改。

〔二三〕緇素榮之　諸本此句作「繢素之」三字，百衲本作「績素之」，冊府卷五一五七〇頁作「祭奠之」，廣弘明集卷二如上摘句。按「緇素」卽僧俗，傳本「緇」訛「繢」、「績」，又脫「榮」字，語不可解，冊府以意改作，今據廣弘明集補正。

〔二四〕故道教彰於互顯　冊府同上卷頁「互」作「玄」。按「玄顯」猶言「幽顯」，疑作「玄」是。

〔二五〕以內律僧制治之　諸本脫「治」字，不可通，今據冊府同上卷頁補。廣弘明集卷二引志「治」作「判」，乃避唐諱改。

〔二六〕車牛淨人　諸本「淨」作「淫」，冊府同上卷頁作「淨」。按「淨人」是僧寺的僕役，「淫」乃「淨」形近而訛，今據改。

〔二七〕緣州外　按此三字文義不相連，疑有訛脫，冊府同上卷頁作「自此不得更爾」，或是以意改，今於「外」字句斷。

〔二八〕其寺僧衆擯出外州　諸本「寺」上有「僧」字，冊府同上卷頁無。按下文元澄上奏引此條制，「寺」上亦無「僧」字，知這裏衍文，今據刪。

〔二九〕不得專委維那都尉　諸本「專」作「傳」，冊府卷五一五七一頁作「專」。按文義當作「專」，今據改。又當時管理僧人的機構「昭玄」，有都統、維那等，不聞有都尉，下文正光二年靈太后令有「州統、維那」，卷一一〇食貨志敍莊帝初入粟買官之制，僧人依入粟多寡授州統、大州都脫「統」字、畿郡都統、郡維那、縣維那等。疑此「都尉」當作「都統」。

〔三〇〕天下州郡僧尼寺　諸本「寺」作「等」，冊府同上卷頁作「寺」。按下接稱「積有一萬三千七百二十七所」，明是指「寺」，非指人。「等」乃「寺」之形訛，今據改。

〔三一〕州統維那與官及精練簡取充數　按「及」字與文義不協，疑是「司」之訛，或衍文。

〔三二〕或乘請公地　冊府卷五一五七二頁「乘」作「剩」。按「剩」是額外多餘之意，通典卷二引關東風俗傳有「至有貧人，實非賸卽剩長買匿」語，意爲實非額外多買，隱匿田地。所謂「剩請公田」，亦卽額外多請公地。「乘」疑當作「剩」。

〔三三〕數乘五百　冊府同上卷頁作「剩」。按「數剩五百」卽數踰五百之意，「乘」也是「剩」之訛。

〔三四〕下司因習而莫非　冊府同上卷頁「下」作「有」，疑是。

〔三五〕防遏處深　冊府同上卷頁「處」作「慮」，疑是。

〔三六〕矯俗避嫌　冊府同上卷頁「矯」作「隨」。按「矯俗」與下「物情同趣」相背，疑作「隨」是。

〔三七〕靈帝置華蓋於濯龍　諸本「濯」作「灌」，廣弘明集卷二作「濯」，注一作「灌」。按後漢書卷七桓帝紀延熹九年七月庚午「祠黃老於濯龍池」，續漢書祭祀志同。「灌」乃「濯」形近而訛，今據改。又「靈帝」也當作「桓帝」。

〔三八〕各成法道　廣弘明集卷二作「各有成法」，疑是。

〔三九〕令其開舍南辣田　册府卷五三五八五頁「辣」作「棗」，疑是。

〔四〇〕興墾發致勤　諸本「墾」作「懇」，下有「一」字，册府同上卷頁也作「懇」，但無「一」字。按「一」字乃衍文，據删。「懇」必是「墾」之訛，今改正。

〔四一〕地上曠誠　廣弘明集卷二「誠」作「職」。疑是。

〔四二〕才任軌範首處師位　册府卷五三五八六頁作「才任範首，可處師位」。按前有「天師張陵」，不得云「首處師位」，且這是捏造所謂太上老君的命令，「才任」什麽，可官什么也是通用格式。疑册府是。

〔四三〕號曰並進　並進不可解，下見「並進錄主」，疑「並進」下有脱文。

〔四四〕使王九疑人長客之等十二人　册府同上卷頁無「王」字，「客」作「容」，廣弘明集卷二作「玉女九疑十二人」。按「使」字下人名訛脱，廣弘明集恐也是以意節改，今仍之。

〔四五〕其中爲方萬里者有三百六十方　諸本「方」作「万」，廣弘明集卷二作「方」。按上云「爲方萬里」，下稱「廣漢平土方」。「万」乃「方」的殘缺，今據改。

〔四六〕且有百授之勞　册府同上卷頁「百授」作「指授」。按「百授」語晦，疑作「指授」是。

〔四七〕輔佐北方泰平眞君　諸本「輔」訛「轉」，今據册府同上卷頁、廣弘明集卷二、通鑑卷一一九三七六二頁改。

〔四八〕出天宮靜輪之法　諸本「輪」作「論」，册府卷五三五八七頁、廣弘明集卷二、通鑑同上卷頁並作「輪」。按下文寇謙之奏有云：「陛下以眞君御世，建靜輪天宮之法」，此「靜輪宮」又見於水經注卷一三㶟水篇。「論」乃「輪」形近而訛，今據改。

〔四九〕則起眞仙矣　廣弘明集卷二作「超登眞仙矣」。按「起眞仙」語晦，「起」當是「超」之訛。

〔五〇〕中有三十六宮　諸本脫「六」字，今據册府同上卷頁、廣弘明集卷二補。

〔五一〕在三十二天　諸本「三」作「四」，廣弘明集卷二作「三」。按上云：「兩儀之間有三十六天」，雖荒誕無稽，前後也應照應不得又稱「四十二天」。「四」乃「三」之訛，今據改。

〔五二〕長六寸　册府卷五三五八八頁作「長六尺六寸」，疑此脫「六尺」二字。

〔五三〕斷粟食荾　諸本「荾」作「麥」，册府同上卷頁作「荾」。按「斷粟食麥」，又何足異。「荾」是香草。今據改。

〔五四〕壇主道士哥人一百六人　北本、殿本「哥」作「高」，百衲本、南本、汲本作「哥」，册府卷五五五五八九頁作「奇」。按「哥人」不可解，北、殿本作「高人」，當是以意改。「奇」字與「哥」形近，但無他證。今仍之。

舊本魏書目錄叙

魏書，十二紀、九十二列傳、十志，凡一百一十四篇，舊分爲一百三十卷，北齊尚書右僕射魏收撰。

初，魏史官鄧淵、崔浩、高允皆作編年書，遺落時事，三不存一。太和中，李彪、崔光始分紀、傳、表、志之目。宣武時，邢巒撰高祖起居注，崔鴻、王遵業補續，下逮明帝。其後，溫子昇作莊帝紀三卷，濟陰王暉業撰辨宗室錄三十卷。魏末山偉以代人諂附元天穆、尒朱世隆，與綦儁更主國書，二十餘年，事迹蕩然，萬不記一。

北齊文宣天保二年，詔魏收修魏史。博訪百家譜狀，搜采遺軼，包舉一代始終，頗爲詳悉。收所取史官，本欲才不逮己，故房延祐、辛元植、眭仲讓、〔校注：原作「睦仲」，據北齊書改。說見北齊書卷三十七、卷四十五校記。〕刁柔、裴昂之、高孝幹皆不工纂述，其三十五例、二十五序、九十四論、前後二表、一啓，咸出於收。五年，表上之。悉焚崔、李舊書。收黨齊毀魏，褒貶肆情，時論以爲不平。文宣命收於尚書省與諸家子孫訴訟者百餘人評論。收始亦辯答，後不能抗。范陽盧斐、頓丘李庶、太原王松年，並坐謗史，受鞭配甲坊，有致死者。衆口沸騰，號爲「穢史」。時僕射楊愔、高德正用事，收皆爲其家作傳，二人深黨助之，抑塞訴辭，不復重論，亦未頒行。孝昭皇建中，命收更加審覈。收請寫二本，一送并省，一付鄴下，欲傳錄者，聽之。羣臣競攻其失。武成復敕收更易刊正。收既以魏史招衆怨咎，齊亡之歲，盜發其冢，棄骨于外。

隋文帝以收書不實，平繪中興書敍事不倫，命魏澹、顏之推、辛德源更撰魏書九十二卷，以西魏爲正，東魏爲僞，義例簡要，大矯收、繪之失，文帝善之。煬帝以澹書猶未盡善，更敕楊素及潘徽、褚亮、歐陽詢別修魏書。未成而素卒。唐高祖武德五年，詔侍中陳叔達等十七人分撰後魏、北齊、周、隋、梁、陳六代史，歷年不成。太宗初，從祕書奏，罷修魏書，止撰五代史。高宗時，魏澹孫同州刺史克己續十志十五卷，魏之本系附焉。唐書藝文志又有張大素後魏書一百卷、裴安時元魏書三十卷，今皆不傳。稱魏史者，惟以魏收書爲主焉。

孔子稱「質勝文則野，文勝質則史」。三代文章，莫盛於周。東周、秦、漢雖戰爭喪亂，前古遺風餘烈，流而未絕。賢君忠臣蹈道之徒，功業行誼，彰灼顯布。高才秀士，詞章論議，諫諍辯說，嘉謀奇策，皆可以驚聽動俗，爲後世軌範。而左丘明、司馬遷、班固，以良史之才，博學善敍事，不虛美隱惡，故傳之簡牘，千餘年而不磨滅。東漢、魏、晉，去聖人稍遠，史官才益淺薄。永興失政，戎狄亂華，先王之澤掃地盡矣。拓跋氏乘後燕之衰，蠶食幷、冀，暴師喋血三十餘年，而中國略定。其始也，公卿方鎮皆故部落酋大，雖參用趙魏舊族，往往以猜忌夷滅。爵而無祿，故吏多貪墨；刑法峻急，故人相殘賊；不貴禮義，故士無風節；貨賂大行，故俗尚傾奪。遷洛之後，稍用夏禮。宣武柔弱，孝明沖幼，政刑弛緩，風俗媮惡，上下相蒙，紀綱大壞。母后亂於內，羣盜撓其外，禍始於六鎮，釁成於尒朱，國分爲二而亡矣。雖享國百餘年，典章制度，內外風俗，大抵與劉、石、慕容、苻、姚略同。道武、太武暴戾甚於聰、虎，孝文之强，不及苻堅。其文章儒學之流，既無足紀述，謀臣辯士將帥功名，又不可希望前世。而修史者言詞質俚，取捨失衷，其文不直，其事不核，終篇累卷，皆官爵州郡名號，雜以冗委瑣曲之事，覽之厭而遺忘，學者陋而不習，故數百年間，其書亡逸不完者，無慮三十卷。今各疏于逐篇之末。然上繼魏、晉，下傳周、齊、隋、唐，百六十年廢興大略，不可闕也。臣攽、臣恕、臣燾、臣祖禹，謹敍目錄，昧死上。